Eberhard Schallhorn

Erdkunde-Methodik

Handbuch für die
Sekundarstufe I und II

Der Autor

Dr. Eberhard Schallhorn, ist Lehrer am Gymnasium und Fachberater für Geographie bei der Schulaufsicht. Er ist in der Gesellschaft für Geographie und dem Verband Deutscher Schulgeographen engagiert.

Eberhard Schallhorn

ERDKUNDE
Methodik
Handbuch für die
Sekundarstufe I und II

Die in diesem Werk angegebenen Internetadressen haben wir überprüft
(Redaktionsschluss 31.5.2007). Dennoch können wir nicht ausschließen, dass unter
einer solchen Adresse inzwischen ein ganz anderer Inhalt angeboten wird.

Nicht in allen Fällen konnten die Rechteinhaber von Abbildungen ermittelt werden.
Berechtigte Ansprüche werden im Rahmen der üblichen Vereinbarungen abgegolten.

www.cornelsen.de

Bibliografische Information: Die Deutsche Bibliothek verzeichnet diese Publikation in
der Deutschen Nationalbibliografie; detaillierte bibliografische Daten sind im Internet
über http://dnb.ddb.de abrufbar.

Dieser Band folgt den Regeln der deutschen Rechtschreibung,
die seit August 2006 gelten.

5.	4.	3.	2.	1.	Die letzten Ziffern bezeichnen
11	10	09	08	07	Zahl und Jahr der Auflage.

© 2007 Cornelsen Verlag Scriptor GmbH & Co. KG, Berlin
Das Werk und seine Teile sind urheberrechtlich geschützt. Jede Nutzung
in anderen als den gesetzlich zugelassenen Fällen bedarf deshalb der vorherigen
schriftlichen Einwilligung des Verlags.
Hinweis zu § 52a UrhG: Weder das Werk noch seine Teile dürfen ohne eine solche
Einwilligung eingescannt und in ein Netzwerk eingestellt werden. Dies gilt auch für
Intranets von Schulen und sonstigen Bildungseinrichtungen.
Redaktion: Gabriele Teubner-Nicolai, Berlin
Umschlagentwurf: Magdalene Krumbeck, Wuppertal
Satz: stallmeister publishing, Wuppertal
Druck und Bindearbeiten: Druckpartner Rübelmann GmbH, Hemsbach
Printed in Germany
ISBN 978-3-589-22528-6

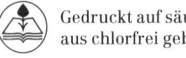 Gedruckt auf säurefreiem Papier, umweltschonend hergestellt
aus chlorfrei gebleichten Faserstoffen.

Inhalt

Vorwort 7

■■ Einführung – Methoden in der Schule 9

■■ Methoden im Schulfach Geographie – alphabetisch 25
Abiturprüfung 28
Außerunterrichtliches 32
Beobachtung 36
Bildbeschreibung 39
Computerarbeit und Internetrecherche 43
Einzel-/Partner-/Gruppenarbeit 54
Erdkundeheft 56
Evaluation 60
Experiment und Versuch 65
Facharbeit 68
Fächerverbindung 71
Film 75
Freiarbeit 78
Frontalunterricht 81
Geographische Informationssysteme (GIS)
   und Global Positioning System (GPS) 84
Gleichwertige Feststellung von Schülerleistungen 88
Hausaufgaben 90
Interview 94
Karte und Atlas 97
Kartierung 101
Klimadiagramm 104
Luftbild und Fernerkundung 109
Moderation 112
Originale Begegnung 115
Portfolio 118
Poster und Ausstellungen 122
Präsentationsprogramm 125
Projekt 128

Referat 131
Reflexion 136
Regionale Geographie und Länderkunde 139
Reisende, Entdecker und Forscher 142
Rollenspiel 148
Schriftliches und Mündliches 151
Schulbuch 154
Statistik 157
Systematische Suche 161
Tafelbild und Tafelanschrieb 165
Unterrichtet werden 168
Unterrichtsgespräch 171
Wettbewerbe 173
Zeitung in der Schule 177
Zusammenhänge 179

■■ **Unterrichtsstunde** 188

■■ **Anhang** 194
Literatur 194
Register 202

Vorwort

Diese „Erdkunde-Methodik" ist aus der Unterrichtspraxis heraus entstanden. Sie ergänzt und erweitert die „Erdkunde-Didaktik", die im gleichen Verlag vom Autor herausgegeben werden konnte. Sie wendet sich insbesondere an Studien- und Lehreranfänger. Die Darstellung der einzelnen Methoden verzichtet bewusst weitgehend auf die historisch-didaktische Herleitung. Sie gibt konkrete Hinweise, die das Ergebnis langjähriger Unterrichtserfahrung und -beobachtung sind. Es werden zu den einzelnen Methoden nur wenige inhaltliche Anregungen gegeben, weil sie der Lehrer[1] aufgrund seiner eigenen Studienschwerpunkte und Interessen selbst zu finden in der Lage ist.

Die Anzahl der hier beschriebenen Methoden beansprucht keineswegs Vollständigkeit. Es sind Methoden, die erprobt sind und ohne besonderen Aufwand im Unterricht angewendet werden können. Manche Methoden beziehen sich auf den Unterricht insgesamt, manche auf die Arbeiten der Schüler. Die Anordnung erfolgte schlicht alphabetisch.

Methoden werden im Unterricht nach der Präferenz des Lehrers unter Berücksichtigung der Klassensituation und des Lehrplanes ausgewählt. Manche der hier angesprochenen Methoden sind besonders innovativ, manche eher konservativ angehaucht, ohne deshalb angestaubt zu sein. Die Bewertung der Anwendbarkeit einer bestimmten Methode erfolgte nach den Erfahrungen des Verfassers.

Im Vorlauf jedes Kapitels steht die Rubrik „Notizen", in der die wesentlichen Aussagen festgehalten sind. Zur ersten Übersicht genügt ein Blick hierauf. Über den Text hinausreichende Anregungen gibt das Literaturverzeichnis.

Unterricht ist ein komplexes Zusammenspiel von Inhalten, Methoden, Lehrer, Schülern, Schulorganisation, aktuellen Befindlichkeiten, Unterrichtserfahrung und Zielorientierung. Jeder Lehrer muss letztlich selbst die Methode finden, die allen diesen den Unterricht bestimmenden Parametern gerecht wird. Jede Methode hat ihren eigenen Wert und Platz im Unterrichtsalltag.

---

1 Im Folgenden wird für weibliche und männliche Formen einheitlich die männliche Form gewählt. Das ist nicht diskriminierend, sondern neutral gemeint und dient allein der Möglichkeit zu einfacheren Formulierungen.

■ „Wenn man nicht mehr weiß, welche Inhalte der Unterricht vermitteln soll, werden Unterrichtsmethoden überbewertet; diese hängen aber in der Luft, wenn sie nicht im Dienst einer sachlichen Aufklärung stehen. Unterrichtsmethoden sind nicht an und für sich eine Tugend, sondern auch eine Not, insofern sie über weite Strecken gerade deshalb nötig sind, weil den Schülern der direkte Zugang zu den Sachen etwa wegen ihres Alters noch nicht möglich ist. Für Grundschüler muss man sich viele abwechslungsreiche Methoden ausdenken, für Primaner schon erheblich weniger, erwachsene Fachleute kommen in der Regel mit Vortrag, Diskussion und Gespräch aus." (GIESECKE, HERMANN: Vom Sinn der Bildung. Gesendet im Norddeutschen Rundfunk NDR 4 am 6. Juli 1999) ■

Der Dank des Autors geht an seine Familie für viel Geduld während der Entstehung der Kapitel neben dem vollen Unterrichtsdeputat und an die Betreuerin im Verlag, Frau Gabriele Teubner-Nicolai, für ihre mutmachende ständige Zuversicht, ihre Mühen bei der Redaktion und ihre gleichermaßen freundliche wie unermüdliche Beratung.

Bretten, im März 2007   *Eberhard Schallhorn*

Einführung – Methoden in der Schule

„Wir befinden uns im Jahre 1653. In Nürnberg erscheint ein dreibändiges Buchwerk. Autor ist GEORG PHILIPP HARSDÖRFFER, der Titel lautet: „Poetischer Trichter, die Teutsche Dicht- und Reimkunst, ohne Behuf der lat. Sprache, in 6 Stunden einzugießen." Der berühmte „Nürnberger Trichter" war erfunden: Einer, der etwas weiß, kann es andern in das Gehirn gießen." (zit. nach GUDJONS 2003, 12 f.)

Es wäre alles so einfach, auch ohne den „Nürnberger Trichter": Die Schüler lernen möglichst umgehend zur nächsten Stunde, was der Lehrer ihnen beibringen will oder gemäß dem Bildungs- bzw. Lehrplan, den Rahmenrichtlinien oder den Bildungsstandards beibringen muss, und dem Fortschreiten des Unterrichts steht nichts entgegen. Die Schüler lernen mit Begeisterung, wenden ihr Wissen an, indem sie ihr Verhalten danach ausrichten, halten ihr Wissen sogar über längere Zeit präsent, sodass im Unterrichtsalltag darauf verwiesen werden kann, ohne ständige zeitraubende und Lehrer wie Schüler „nervende" Wiederholungen. Das wirkt dann auf den Lehrer zurück, der seine Arbeit, das Lehren und Erziehen, mit zunehmender Freude über den sichtbaren Erfolg gerne ausübt – was wieder die Schüler beeinflusst und insgesamt eine produktive pädagogische Unterrichtsatmosphäre schafft.

Wer nicht lernen will, wird pädagogisch individuell gefordert („Zielvereinbarung") oder erhält Einzelförderung (wofür der Schule Verfügungsstunden bereitgestellt werden). Reicht die Förderung nicht aus, muss heute ein Lernunwilliger im schlimmsten Falle – z. B. nach zweimaliger Nichtversetzung der gleichen Klasse – die Klasse oder gar die Schule verlassen und dann sehen, wie und wo er sich die für das Leben notwendigen Kenntnisse aneignet. Dieser pädagogische „worst case" muss allerdings in einer Gesellschaft die Ausnahme bleiben, die auf die Exzellenz ihrer Köpfe angewiesen ist und im Rahmen des sozialen Ausgleichs für die Gescheiterten finanziell aufkommen muss. Zudem haben die Schüler an ihrem Scheitern oft den geringeren Anteil, weil es letztlich andere Umgebungen – auch das Elternhaus – sind, die das Lernumfeld des Schülers nicht angemessen zu gestalten wussten.

Die Wirklichkeit entspricht nicht idealistischer Vorstellung und ist schon immer rauer. In der Rede „Von den Leiden des Lehrers" beklagt der Humanist und Reformator, aber auch herausragenden Bildungsexperten seiner Zeit PHILIPP MELANCHTHON (1497–1564) die Unbotmäßigkeit des Schülers anno 1533, die das Unterrichten zur Mühsal werden lässt:

> ■ „Nie nimmt der Knabe ein Buch zur Hand, es sei denn, dass ihn der Lehrer dazu nötigt. Und wenn er es nimmt, dann schweifen Augen und Sinne in die Weite. Da bedarf es denn der Sporen, um an die Pflicht zu erinnern. Der Lehrer trägt etwas vor, da beschleicht den Weichling der Schlaf, und ungescheut schläft er auf beiden Ohren, während sich der Lehrer müde spricht. So erhält der Lehrer die neue Aufgabe, den Schüler wach zu halten. Da wird das Diktierte repetiert und der wach gemachte Jüngling soll aufpassen auf das, was vorkommt, aber Hippoklides kümmert sich um nichts, seine Gedanken sind fort in einer ganz anderen Welt, in der Kneipe, beim Würfelspiel, beim Treiben einer liederlichen Gesellschaft. Fern davon, sein Gedächtnis anzustrengen, meint er, jene bekannte Regel, welche bei den Griechen für die Gelage galt, „ich hasse den Zechgenossen, der ein Gedächtnis hat" gelte für die Schule, und tief eingeprägt, nicht in Erz, sondern in seinen Sinn, ist das Wort: „Ich hasse den Schüler, der ein Gedächtnis hat."
> Fragst du daher am nächsten Tag nach dem, was durchgenommen wurde, so ist es zu dem einen Ohr hinein- und zum andern hinausgegangen, nichts hat er behalten. Die Arbeit beginnt von vorne. Der Lehrer hebt die alte Leier an, und nicht <u>einmal</u> nur hat er zu wiederholen, bis endlich in dem Klotz das eine oder andere Wort haften bleibt.
> „Wer hat wohl eine so harte Haut, sich über die Verschwendung so vieler Mühe nicht zu ärgern, zumal auch noch die Gesundheit dabei verloren geht?" (PHILIPP MELANCHTHON, „De miseriis paedagogorum oratio", 1533; zit. nach: SCHWAB 1997, 161 f.) ■

Die damals übliche Methode, der dozierende Frontalunterricht, animierte den Schüler nicht sonderlich dazu, von sich aus das Geforderte zu leisten, nämlich zu lernen, obwohl ihm doch das Privileg, die „Wissenschaften" lernen zu dürfen, durchaus bewusst gewesen sein dürfte. So bediente sich der Lehrer durchaus rabiater Methoden, um dem Schüler das beizubringen, was er lernen sollte: Er „nötigte" ihn und gab ihm die „Sporen". Was immer das genau heißen mag, für den Schüler war es sicherlich nicht angenehm – der Prügelstab war im Unterrichtsraum präsent. Der Unterrichtserfolg stellte sich bei Drill und unter Zwang dann wohl ein, beides aber und der zusätzliche methodische Kunstgriff der Wiederholung (und „nicht <u>einmal</u>") konnten den Ärger des Lehrers über „die Verschwendung so vieler Mühe" und die Beeinträchtigung seiner Gesundheit nicht verhindern.

Bis heute hat sich an der Konstellation des – vor allem in den wichtigen Jahren des Übergangs von der gymnasialen Unter- zur Mittelstufe – am Lernen grundsätzlich nicht sehr intrinsisch eingestellten Schülers und einem Lehrer, der gerade das von seinem Schüler fordert, prinzipiell nichts geändert.

Aktuelle Forderungen nach selbstständigem, verantwortlichem Lernen, früher Förderung der methodischen Fähigkeiten des Schülers und nach seinem Engagement für die und in der Schule, aber auch die Möglichkeit zu schuleigener Profilbildung unterstreichen das.

Heute versucht der Lehrer mit unterschiedlichen methodischen Kunstgriffen, dem Schüler den Lernstoff so beizubringen, dass er mit ihm umgehen, ihn kritisch anwenden und ihn bei seinem Verhalten als Bürger in einer offenen Gesellschaft berücksichtigen kann. Die Methoden sind seit Melanchthons Zeit vervielfacht, verfeinert und in ihrer Anwendung und ihren Wirkungen den gesellschaftlichen Gegebenheiten sowie den zeitlichen Erfordernissen angepasst worden. Das geschah durchaus nicht kontinuierlich, sondern eher schubweise.

Einen besonders großen Schub erfuhren Schule, Unterricht, Didaktik und Methodik durch die Ideen der Reformpädagogik mit dem Höhepunkt in den 1920er Jahren, denen dann in Deutschland aber durch die politischen Umstände in den Folgejahren der Einzug in die Unterrichtspraxis zunächst weitgehend verwehrt wurde.

Pädagogische Grundhaltung von heute muss es sein, die in sich heterogene Gruppe der Schüler in einem zwar von Richtlinien gesteuerten, gleichwohl aber demokratischen Prozess zu den von Politik, Gesellschaft und Öffentlichkeit als notwendig und erforderlich erkannten Bildungs-, Verhaltens-, Fertigkeits- und Fähigkeitszielen zu bringen, die aktuell unter dem zusammengefasst werden, was mit Bildungsstandards umschrieben wird (vgl. Deutsche Gesellschaft für Geographie 2006). Und das geschieht in einer Zeit, in der Schule neben unterschiedlichsten Gruppen und Institutionen nur eine von vielen Sozialisierungseinrichtungen ist und in der Schüler den unterschiedlichsten, sie manchmal auch existenziell erschütternden Einflüssen unterworfen sind, die ihren Erziehern sowie der Schule insgesamt die Akzeptanz von Werten erschwert.

Wer versucht, mit der unpassenden Methode an ein Ziel zu kommen, wird scheitern. Jeder Handwerker hat sich auf die Erfordernisse seines meistens leblosen Materials ebenso einzustellen wie auf die Wünsche seiner Auftraggeber – und jeder Hobby-Handwerker weiß, wie fruchtlos seine Bemühungen sind, wenn er es nicht wenigstens versucht hat, sich die Grundzüge des Wissens und der Methode des Meisters anzueignen.

Auch jeder Referent weiß, dass sein Vortrag in den Weiten des Vortragssaales verhallt, wenn er sich nicht mit der richtigen Vortragsmethode und -haltung auf sein Publikum einstellt.

Für Erziehende und Lehrende gilt, dass sich Erziehung und Unterricht zwischen den diametralen Polen Drill und Zwang auf der einen sowie Freiheit und Selbstständigkeit auf der anderen Seite abspielen. Wir können uns glücklich darüber schätzen, dass es in unserer Gesellschaft weitestgehend Konsens ist, dass wir uns im Umfeld des Pols „Freiheit und Selbstständigkeit" bewegen. Das macht Unterricht und Erziehung freier von Depressionen und Aggressionen, bedeutet aber nicht nur eine Herausforderung an das methodische Geschick und die methodische Fantasie des Lehrenden, sondern auch an die Leistungswilligkeit und Lernbereitschaft des Lernenden.

In der Schule haben die Lehrenden Schülerinnen und Schüler vor sich, Kinder, Heranwachsende, Jugendliche, junge Erwachsene, und jeder und jede von ihnen hat seine eigene, individuelle Biographie und jeweilige subjektive Befindlichkeit. Beides kann niemand nur deswegen beiseite schieben, weil um 7.45 Uhr Unterrichtsbeginn ist. Das gilt natürlich auch von dem Lehrenden, der als Erziehungs- und Unterrichts„meister" (vgl. den zukünftigen akademischen Grad *„Master of Education")* gefordert ist, die objektiven Erfordernisse den subjektiven Befindlichkeiten unterzuordnen.

Unterrichtserfolg wird sich ohne die jeweils zum Inhalt und zu den Schülern (Alter, Umfeld, Motivation) passende Methode nicht einstellen. Dabei wird oft übersehen, dass der Lehrer zwar zur Vermittlung verschiedener Inhalte eine gleiche Methode anwenden kann – was er aber vermeiden wird, um nicht als „langweilig" zu gelten –, dass aber eigentlich jedem Schüler der Lernstoff sowohl aufgrund der erwähnten, individuell völlig unterschiedlichen persönlichen Befindlichkeit in der konkreten Unterrichtsstunde als auch aufgrund seiner ganz individuellen Biographie mit einer genau auf ihn an diesem Ort und zu dieser Zeit abgestimmten Methode vermittelt werden müsste. Je kleiner und homogener die Unterrichtsgruppe ist, desto besser müsste das dem Lehrenden gelingen. In der öffentlichen Schule ist dies bei Klassengrößen von bis zu 35 Schülern schlicht unmöglich. Eine einzige Methode für alle ist aber unzureichend. Ein möglicher Ausweg für die Unterrichtspraxis ist der dem Inhalt und möglichst vielen Schülern zugleich angepasste Methodenwechsel, wobei dann jeder im Laufe der Zeit immer wieder von der Methode angesprochen wird, die ihm zusagt.

Eine Anpassung an die objektive und subjektive Individualität kann das allerdings nicht sein: Offenbart sich hier doch möglicherweise ein gordischer

Knoten, der in der derzeitigen Organisation des deutschen Bildungswesens nicht entwirrt werden kann und dazu führen muss, dass sich Unzufriedenheit, Niveauabsenkung, Misserfolg, ja: „Frust" auf Seiten der an Schule Beteiligten einstellt. Mit persönlichem Engagement, methodischen Kniffen, pädagogischem Geschick und einsichtsvollem Verständnis lässt sich dies nur in Grenzen halten, nicht aber abschaffen.

Was, wenn überhaupt, für Schule und alle Unterrichtsfächer gilt, gilt in besonderem Maße für das Unterrichtsfach Erdkunde bzw. für den Unterricht geographischer Inhalte[1]. Geographischer Unterricht bezieht sich meistens auf den Menschen in einem bestimmten räumlichen Umfeld, in dem natürliche Gegebenheiten und sozio-ökonomische Auswirkungen des menschlichen Handelns systemisch miteinander verbunden sind und sich gegenseitig in ihren Auswirkungen beeinflussen. Damit hat geographischer Unterricht die Aufgabe, naturwissenschaftliche Gesetzmäßigkeiten und menschliches Handeln als einen systemorientierten Prozess zusammenhängend und zugleich analysierend darzustellen. Dieser Prozess begann in der (auch geologischen) Vergangenheit, kulminiert in der Gegenwart und weist in die Zukunft. Das führt dazu, dass im Fach Erdkunde eigentlich alle Methoden anwendbar sind, sowohl die eher im naturwissenschaftlichen Unterricht als auch die im sozialwissenschaftlichen gebräuchlichen.

Als Besonderheit unter den Schulfächern kommt hinzu, dass sich das Fach aus seinem Selbstverständnis heraus und entsprechend seinem wissenschaftlichen Objekt – dem „Raum", wie immer man diesen Begriff fachintern heute auch definieren und verstehen mag – als fachübergreifend und fächerverbindend versteht. Geographen nutzen Erkenntnisse aus Nachbardisziplinen, verbinden sie, beziehen sie auf einen konkreten Raum und gewinnen in der systemischen Zusammenschau ihre Erkenntnisse. Damit sind im Geo-

---

1 Die organisatorische Struktur des Unterrichts geographischer Inhalte ist in Deutschland ziemlich unübersichtlich. Das Unterrichtsfach heißt in den Ländern Deutschlands Geographie oder Erdkunde, ist in einigen selbstständiges Unterrichtsfach, in anderen in einen Fächerverbund integriert und selbstständig oder unselbstständig Teil eines Integrationsfaches. Geographische Inhalte werden auch in anderen Schulfächern unterrichtet („fachfremd"), z. B. in Physik, Chemie, Biologie, Gemeinschaftskunde, Religion, Wirtschaft, auch in den Fremdsprachen. Die Stundentafeln sehen unterschiedliche Stundenanteile für das Fach oder die Unterrichtung seiner Inhalte vor; der Unterricht konzentriert sich derzeit aber auf die untere Sekundarstufe I. In der Sekundarstufe II ist Geographieunterricht eher marginal; der Leistungskurs oder das Angebot als Neigungsfach sind optional.

graphieunterricht vor allem Methoden in besonderem Maße prädestiniert, die es ermöglichen, Zusammenhänge und Systeme zu unterrichten. Der Verband Deutscher Schulgeographen verweist in seinem „Memorandum zur geographischen Bildung und Erziehung" unter dem Titel „Geowissenschaften und Globalisierung" aus dem Jahre 2003 (2. Auflage) auf dieses Verständnis und knüpft damit an die „Internationale Charta für geographische Erziehung" (IGU 1992) und seinen „Grundlehrplan" (2. Auflage 2004) an. Gleichermaßen äußern sich die „Bildungsstandards für den Mittleren Schulabschluss" der Deutschen Gesellschaft für Geographie aus dem Jahre 2006, in denen Geographie sogar als „Brückenfach" zwischen Natur- und Sozialwissenschaften aufgefasst wird. Bei der Konkurrenz der Schulfächer untereinander um Stundenanteile und – in der Sekundarstufe II – um Schüler für den Leistungs- bzw. Neigungskurs wird allerdings nicht klar, ob auch in der Schule Fachbereiche das Fach in gleicher Weise als „Brücke" ansehen. Objektiv bleibt allerdings Tatsache, dass das Schulfach eigenständiges „Integrationsfach" eo ipso ist, in dem natur- und sozialwissenschaftliche Inhalte miteinander verbunden und ineinander verwoben sind und werden.

Inhalte werden im Schulfach Geographie als Teile von Systemen verstanden. Räume sollen vom Lehrer in ihrer landschaftsökologischen Komplexität und ihrem historischen Kontext beispielhaft dargestellt werden. Sie werden in der Schule umso fester in den Unterricht eingebunden werden können, je mehr es dem Lehrenden gelingt, den Schülern einen persönlichen Bezug zu ihnen zu ermöglichen. Aufhänger kann dabei durchaus auch die in einer Boulevardzeitung überzogene Berichterstattung über ein aktuelles Geschehen sein. Der persönliche Bezug stärkt das Interesse des Schülers. Das zeigt die Erfahrung, das bestätigen aber auch Ergebnisse der aktuellen neurologischen Forschungen, die uns aufzeigen, wie bedeutsam die Einbeziehung von Emotionen beim Lernvorgang ist.

Alles Methodische hat aber auf Fachwissen zu gründen, das unter Berücksichtigung des Zeitdrucks im Schulalltag auch ohne Bedenken vom Lehrer zumindestens teilweise in Form eines frontalunterrichtlichen Lehrervortrages dargeboten werden kann. „Frontalunterricht" ist in Gemeinschaft mit dem Begriff „Einzelkämpfer" zu einem verbalen Keulenschlag der sich progressiv fühlenden Pädagogen gegen angeblich überkommene pädagogische Vorstellungen über Schule und unzeitgemäße Handlungsweisen im Unterricht geworden. Es sind besonders negativ besetzte Ausdrücke, die gerne von der Schulaufsicht verwendet werden, wenn es darum geht, vermeintliche

Neuerungen in Schulen einzuführen. Von subtiler Kenntnis der Schul- und Unterrichtswirklichkeit kündet ihr abwertender Gebrauch meistens nicht. Erstaunlich ist, dass viele Lehrer die Ausdrucksweise schnell adaptieren.

> „Der Frontalunterricht ist ein Stiefkind der wissenschaftlichen Didaktik. In der Schulpraxis aber wird er überwiegend praktiziert. (...) Wer sich mit Frontalunterricht beschäftigt, ist noch lange kein Verräter offener Unterrichtsformen. (...) Der Begriff ‚Frontalunterricht' hat – nicht zuletzt z.B. bei Studierenden – einen negativen Beigeschmack. (...) Man hat den Eindruck, Frontalunterricht sei zu einem Kampfbegriff geworden, an dem sich die fortschrittlichen Geister von den konservativen trennen." (GUDJONS 2003, 7)

Die Vorstellung eines dozierenden Lehrers, der auf dem erhöhten Podest im Klassenraum frontal zu seinen Schülern aufgestellt ist, über deren Köpfe hinweg doziert und sich um nichts kümmert als darum, dass vermutete oder tatsächliche Störer seines „Unterrichts" zur Rechenschaft gezogen werden, gehört doch tatsächlich in die pädagogische Mottenkiste.

Auch der Begriff „Einzelkämpfer" ist negativ besetzt und impliziert einen Lehrer, der sich um nichts kümmert als um seine schulische Selbstverwirklichung. Das war und ist in der Schulwirklichkeit so wohl nie möglich. Zugleich ist zu bedenken, dass oft gerade der gute Ruf von Schulen – etwa im sportlichen oder musischen Bereich oder bei der Teilnahme an Wettbewerben – auf das übergroße Engagement einzelner Lehrer zurückzuführen ist, die weder Stundendeputats- noch Gesamtarbeitszeitstunden gezählt haben und „rund um die Uhr" für ihre Schüler da waren. Dass es für sie schwierig ist, an der eigenen Schule Gleichgesinnte zu finden, liegt auf der Hand.

ANDREAS SCHLEICHER, Koordinator der PISA-Studie der OECD, setzt auf Zusammenarbeit im Team:

> „,Es geht nicht mehr nur darum, wie der Einzelne sein Wissen absorbiert und abschottet', insistiert er [Schleicher]. Gewiss, wer lernt, werde sich sein Wissen letztlich individuell aneignen. Das sei aber nur die eine Seite, der auf der anderen Seite Kooperation entgegenstehe. Zusammenarbeit und Kommunikation wurden lange vernachlässigt. Das Ergebnis seien Einzelkämpfer. Sie waren eine erfolgreiche Anpassung an die Industriegesellschaft. Doch an Fließbändern, im Bergbau und bei mancher Büroarbeit habe diese Haltung ihr Optimum längst hinter sich. Der Wissensmonopolist sei der Erfolgstyp einer verschwindenden Zeit. Die OECD setzt auf Austausch und Zusammenarbeit." (Zit. nach KAHL 2004, 263)

Es ist allerdings auch zu beobachten, dass sich in der Realität der Arbeitswelt jeder zunächst sich selbst der Nächste ist: Bei der Bewerbung um einen Arbeitsplatz geht es darum, die individuellen Fähigkeiten und Begabungen über und vor die aller anderen zu stellen – hier ist der Bewerber unzweifelhaft Einzelkämpfer. Und es scheint so, dass auch in der Wirtschaft das zunächst aus den Mannschaftssportarten übernommene und dann erst in die Wirtschaft, schließlich in die Schule gespülte Prinzip der „Teamarbeit" immer weniger Bedeutung hat, je höher man in der Hierarchie gelangt ist. Es gibt eben nur einen „Chef". Wenigstens ist es in diesem Zusammenhang bemerkenswert, dass die Frankfurter Allgemeine Zeitung auf ihrer Seite „Beruf und Chance" in der Silvesterausgabe 2006 einen „Blick in die Zukunft der Arbeitswelt" mit der Überschrift betitelt: „Die Zukunft gehört Einzelkämpfern." (FAZ v. 31.12.2006, C1)

Das soll und kann nicht bedeuten, die kommunikative Absprache zwischen Kollegen in der Schule schlechtzureden. Sie ist notwendig; ihr zeitlicher Anspruch kann aber nur dadurch befriedigt werden, dass der Lehrer die bisher für eigene Fortbildung, Korrekturen, Vor- und Nachbereitung des Unterrichts, allgemeine Unterrichtsorganisation oder Elternkontakte besetzte Zeit am Nachmittag durch entsprechenden Ausgleich an anderer Stelle kompensieren kann. In Anlehnung an den von GUDJONS geprägten Begriff „integrativer Frontalunterricht" wäre hier wohl die Entsprechung „integrativer Einzelkämpfer" möglich – ein Lehrer, der auch ohne Team das voranbringen möchte, was er für richtig hält, allerdings auf der Grundlage der kollegialen, konstruktiven Mitarbeit im gesamten Schulablauf. Lehrer sollten also sowohl vor in diesem Sinne richtig verstandenem „Frontalunterricht" wie vor „Einzelkämpfertum" nicht zurückschrecken.

Unterrichtsmethoden, in denen die Schüler selbstständig die Inhalte erarbeiten, sind weitaus zeitaufwändiger als „Frontalunterricht". Insofern besteht ein Widerspruch zwischen der Forderung und Festschreibung schülerorientierter Unterrichtsmethoden sowie den ständig umfangreicher werdenden Lehrplänen und der zur Verfügung stehenden Unterrichtszeit, gerade im Schulfach Erdkunde. Zeitweiliger Frontalunterricht ist daher unvermeidlich, um den Stoffplan zu bewältigen. In der dadurch gewonnenen Zeit kann dann wieder Unterricht mit zeitaufwändigeren Methoden durchgeführt werden: „Sachliches und prozedurales Wissen ist die Voraussetzung für Anwendung und Transfer; wer nichts weiß, kann nicht anwenden." (GUDJONS 2003, 105) Dabei ist allerdings auch zu berücksichtigen, dass Frontalunterricht ja nicht nur vom Lehrer ausgeht, sondern auch vorliegt, wenn z.B. ein Schüler vorträgt.

Jeder Fachlehrer ist verantwortlich für die Methode, die er in seinem Unterricht anwendet. Jede Methode hat ihre Berechtigung, wenn ihr Einsatz begründet ist:

> „Methodenvielfalt im Unterricht ist vielfach (...) auch eine Notlösung, weil der unmittelbare Zugang zur Sache (noch) nicht möglich ist. (...) Je älter ein Kind wird bzw. je höher seine geistigen Fähigkeiten bereits entwickelt sind, um so weniger muss der Stoff ‚ganzheitlich' – ‚mit Kopf, Herz und Hand' – präsentiert werden, um so begrenzter und präziser kann er bearbeitet werden." (GIESECKE 1998, 42)

In der internationalen Bildungs-Vergleichsstudie PISA *(„Programme for International Student Assessment")* der „Organisation für Wirtschaftliche Zusammenarbeit und Entwicklung" (OECD) der führenden Wirtschaftsländer der Erde aus dem Jahre 2000 fanden sich die deutschen 15-jährigen Schüler bekanntlich eher im unteren Drittel der teilnehmenden 32 Staaten wieder. Als einen der gravierendsten Mängel im deutschen Bildungswesen stellte die Studie die mangelnde individuelle Förderung leistungsschwächerer Schüler und die unzureichende Unterrichtsmethode an deutschen Schulen heraus. Bei der Diskussion um die Ergebnisse der PISA-Studie wird meistens übersehen, dass der Auftraggeber keine Bildungs-, sondern eine internationale Wirtschaftsorganisation ist, die darauf gerichtet ist,

> „– in den Mitgliedstaaten unter Wahrung der finanziellen Stabilität eine optimale Wirtschaftsentwicklung und Beschäftigung sowie einen steigenden Lebensstandard zu erreichen und dadurch zur Entwicklung der Weltwirtschaft beizutragen,
> – in den Mitglieds- und Nichtmitgliedsstaaten, die in wirtschaftlicher Entwicklung begriffen sind, zu einem gesunden wirtschaftlichen Wachstum beizutragen; und im Einklang mit internationalen Verpflichtungen auf multilateraler und nichtdiskriminierender Grundlage zur Ausweitung des Welthandels beizutragen." (OECD 2001, 2)

Die OECD hat im Jahre 1968 das „Zentrum für Forschung und Innovation im Bildungswesen" (CERI) ins Leben gerufen. Es ist selbstverständlich, dass CERI Bildung unter dem Gesichtspunkt betrachtet, inwieweit sie dem Menschen wirtschaftliche Kompetenz vermittelt. Entsprechend ist die PISA-Studie auch keine „Bildungs"-Studie, sondern eine Darstellung von „Basiskompetenzen von Schülerinnen und Schülern im internationalen Vergleich" (Untertitel der deutschen Ausgabe). Dass das in der pädagogischen und didaktischen Diskussion wie in der Bildungspolitik nicht stärker berücksichtigt wird, sondern die Ergebnisse der Studie sowie die Qualifizierung des deutschen Bildungswesens aus ihr weitgehend unkritisch übernommen werden und in den Jammerchor derer eingestimmt wird, die einseitig die

"Kompetenzen" bei der Bildung zu wenig berücksichtigt sehen (insbesondere auch die deutsche Wirtschaft), ist zumindestens erstaunlich. Nur wenige Beiträge beschäftigen sich unter Berücksichtigung dieses Gesichtspunktes bei aller Würdigung ihrer methodischen Beispielhaftigkeit als empirische Studie kritisch mit ihr (z. B. MESSNER 2003).

Im Jahre 2005 hat sich eine Gruppe deutscher Wissenschaftler um den Frankfurter Pädagogen Andreas Gruschka mit einem Aufruf an die Öffentlichkeit gewandt: „Das Bildungswesen ist kein Wirtschafts-Betrieb! Fünf Einsprüche gegen die technokratische Umsteuerung des Bildungswesens", allerdings keine bedeutende Nachdenklichkeit oder öffentlichkeitswirksame Reaktion ausgelöst. Nachdenkliche, zugleich oft kritisch eingestellte Meinungen und Mahnungen bleiben im deutschen Bildungswesen z. Zt. im Wesentlichen ungehört:

■ „Dem Diskussionsstil um PISA, für das ein selbstreferentielles Milieu aus Politik, Verbänden, aber auch der Wissenschaft eine unheilige Allianz eingegangen ist, liegt ein eindimensionaler, antiintellektueller und zugleich unrealistischer Denkstil zugrunde, der jetzt auch voll auf die Universitäten durchschlägt und der sich wie folgt charakterisieren lässt: die Reduktion von ‚Bildung' auf ihre ökonomische Utilität, die damit einhergehende Abwertung von Tradition und Kultur, die Monopolisierung dessen, was als ‚modern' zu gelten hat, das Zählen nach Quantitäten statt des Messens an Qualität, der Glaube an die Allheilwirkung von Strukturen, Fördermaßnahmen und Unterrichtstechnologien, die Verwechslung von Information und Wissen, der Ersatz von Inhalten durch Methoden." (SCHMOLL u. a. 2002, 58) ■

Welchen Rang würde Deutschland wohl einnehmen, wenn man eine vergleichbare Studie erstellten würde, die sich dem Gesichtspunkt „Bildung" gemäß der deutschen Bildungstradition verpflichtet sähe? Nämlich: Kann das Bildungssystem die Gesamtpersönlichkeit formen, den selbstbewussten, kritischen Bürger erziehen und den Schüler auf Übernahme von Verantwortung im Gemeinwesen vorbereiten? Es bleibt – zugegeben überspitzt – zu fragen, welche Aufgabe sich deutsche Bildungspolitiker heute eigentlich stellen würden, wenn es die PISA-Studie nicht gegeben hätte.

Geographische Kompetenzen und geographisches Wissen werden in der PISA-Studie nicht abgefragt. Die Testaufgaben selbst fragen nicht Einzelwissen ab, sondern veranlassen den Schüler, sein in der Schule bis dahin erworbenes Wissen anzuwenden und nachzuweisen, inwieweit er in der Lage ist, damit konkrete, der Wirklichkeit (nicht der Schülerwirklichkeit) nahe Aufgaben zu lösen. Für die Geographie ist dabei maßgebend, dass das Hauptaugenmerk bei der Bearbeitung der Aufgaben „auf der Beherrschung von Prozessen, dem Verständnis von Konzepten sowie auf der Fähigkeit" liegt,

„innerhalb eines Bereichs mit unterschiedlichen Situationen umzugehen" (BAUMERT 2001, 17). Das erfordert systemisches, vernetzendes Denken und ist ein besonderes Merkmal von Inhalten, die im Erdkundeunterricht behandelt werden.

PISA umfasst neben der mathematischen und der naturwissenschaftlichen Grundbildung die Untersuchung der Lesekompetenz. Um die Lesekompetenz zu testen, wurden den Schülern zu 62 % kontinuierliche Texte vorgelegt, also vom Typ Erzählung, Darlegung, Beschreibung, Argumentation oder Anweisung. 38 % der Texte waren aber nicht kontinuierliche Texte, die vom Typus her – außer Formularen und Anzeigen – Diagramme, Grafiken, Tabellen, schematische Zeichnungen und Karten sind. Das aber sind Texte, die im Erdkundeunterricht ihren festen Platz im Unterrichtsgeschehen haben. Insofern scheint die PISA-Studie zu belegen, dass im Geographieunterricht eo ipso Kompetenzen geübt werden, die auch aus internationaler Sicht wesentlich für die zukünftige Bewältigung des Lebens sind.

Von den fünf „Aufgabenstämmen" der PISA-Studie zur Ermittlung der Lesekompetenz haben „Die Struktur der erwerbstätigen Bevölkerung", „Tschadsee" und „PLAN international" uneingeschränkt geographische Grundlagen. Der inhaltliche Umgang mit ihnen könnte auch deutschen Schülern leichtfallen – wenn sie ausreichenden Unterricht im Schulfach Erdkunde hätten. Ein Blick auf die Stundentafeln zeigt aber, dass gerade in der 9. Klasse entsprechender Unterricht eher sporadisch erteilt wird. In Baden-Württemberg haben beispielsweise Hauptschule und Realschule derzeit Erdkundeunterricht nur im Rahmen integrierter „Überfächer", im Gymnasium wird (und wurde zur Zeit der Erhebungen zur PISA-Studie) in der Klasse 9 Erdkunde (G9) nicht unterrichtet, im zukünftigen G8 dann je nach schuleigenem Curriculum. Es wäre daher zu untersuchen, ob auch die geringe Wochenstundenanzahl des Faches Einfluss auf die Ergebnisse der PISA-Studie hatte.

Insgesamt bleibt festzuhalten: Eine kritische Auseinandersetzung mit der PISA-Studie und eine differenzierte Betrachtungsweise sind geboten.

Ein Mangel an potentiellen Methoden bei der Vermittlung seiner Inhalte kann im Schulfach Erdkunde nicht festgestellt werden. Neben der Vermittlung von zukunftsbedeutsamen fachlichen Inhalten und der Initiierung wichtiger erzieherischer Impulse ist der Erdkundeunterricht infolge seiner wissenschaftsintegrierenden Inhalte in besonderem Maße dazu prädestiniert, fachübergreifend zu arbeiten und fächerverbindend organisiert zu werden. Die vielfältigsten Medien können erfolgreich eingesetzt werden, z. B.

- Bilder: Landschaftsfotos, Schrägbilder, Luftbilder, Satellitenbilder als Dias, Folien, mithilfe eines Computers, als Wandbild, im Schulbuch,
- Texte: Zeitungsartikel, literarische Texte, Expeditionsschilderungen,
- Filme: Unterrichtsfilme, Fernsehfilme, soweit dem keine urheberrechtlichen Bedenken entgegenstehen,
- Anschauungsobjekte: Gesteine, Modelle.

Im „integrierten Frontalunterricht" können vielfältige Methoden eingesetzt werden, die es dem Schüler erlauben, im offenen Unterricht die lehrplangerechten Inhalte selbst oder in der Gruppe sowohl zu erarbeiten als auch zu präsentieren. Die unterrichtliche „Vorherrschaft" des Lehrers kann bis zur Übernahme der Rolle als „Moderator" zurückgenommen werden. Im gleichen Maße kann die Erarbeitung der Inhalte durch die Schüler immer mehr im Vordergrund stehen.

Es sollte Schülern aber immer wieder deutlich gemacht werden, dass ein Ziel von Unterricht auch sein muss zu lernen, unterrichtet zu werden. Oft wird missachtet, dass es in der Berufswelt nicht immer nur darum geht, jemandem etwas zu präsentieren, sondern gleichermaßen auch darum, anderen zuhören zu können und dabei möglicherweise zugleich über neue Fakten oder Inhalte unterrichtet zu werden. Außerdem können „zu viele Eigenaktivitäten und Gruppenarbeiten (…) ebenso langweilig werden wie der Frontalunterricht". (DUBS 1995, 901)

Die Erarbeitung der Inhalte kann im fragend-entwickelnden Unterrichtsgespräch, in allen Formen der Gruppenarbeit, im Schülerreferat, durch Einbeziehung eines externen Experten oder auch außerunterrichtlich im Zusammenhang mit einer Exkursion oder eines Besuchs bei einer entsprechenden Institution geschehen. In Form der Freiarbeit können Schüler in eigener Organisation arbeiten. Online-Arbeit ist nach Bedarf einzusetzen. Alle Methoden haben ihre je eigene Berechtigung und Bedeutung im Unterrichtsalltag.

Die Ergebnisse können als Einzel- oder Gruppenvortrag z. B. mit der Tafel, dem Overheadprojektor, als Plakat-(Poster-)Session mit Bild und Text oder als Präsentation mithilfe einer entsprechenden Software am Computer dargeboten werden. Die öffentliche oder schulinterne Ausstellung der Schülerarbeiten im Schulgebäude oder auch außerhalb führt dazu, auf die für alle wichtigen Themen hinzuweisen und zu informieren. Das ermöglicht die Einbeziehung der lokalen Presse.

Die Notwendigkeit, Unterrichtsstoff in einer angemessenen Methode darzubieten, ist unbestritten. „Angemessen" bedeutet hier, einen Weg zu finden, der es den Schülern ermöglicht, den Unterrichtsstoff aufzunehmen bzw. selbstständig zu erarbeiten, ihn zu lernen, zu reproduzieren, anzuwenden, je nach Alter auch zu reflektieren und in andere Unterrichtsfächer oder in andere Zusammenhänge zu transferieren. Das setzt fundiertes fachliches Wissen des Lehrers ebenso voraus wie seine Fähigkeit, die konkrete Unterrichtswirklichkeit richtig einzuschätzen, also z.B.

- die Unterrichtsstunde (erste Stunde am Tage ist anders zu gestalten als die letzte)
- Lage im Schuljahr (Schuljahresbeginn ist immer arbeitsintensiver als das Schuljahresende, Jahreszeiten)
- Beanspruchung der Schüler (Häufung von entscheidenden Klassenarbeiten besonders in den „Hauptfächern" vor den Zeugnissen, besonderer Belastung in anderen Fächern oder Projekten, Zeit vor Klassenaktivitäten, Zeit vor Schul-„Events" (z.B. Musikdarbietungen, Theateraufführungen …) mit Teilnehmern aus verschiedenen Klassen
- allgemeines Bildungs- und Wissensniveau der Klasse
- Fortschritt im Jahrespensum
- Jahresziel des Unterrichts.

Die Methoden sind dabei nicht Selbstzweck, sondern der Weg, auf dem das Unterrichtsziel erreicht werden soll. Eine noch so gute und angemessene Methode kann aber nicht verhindern, dass Lernen anstrengend ist:

> „Es muss aber die Frage erlaubt sein, ob die (…) Idealform eines zwangfreien Lernens nicht Vorstellungen eines anstrengungsfreien Lernens befördert hat und damit den Hang zum Ausweichen vor Anforderungen, der in seiner extremen Ausformung schließlich in einer rein rezeptiven Konsumenthaltung endet." (GESIGORA 2001, 21)

Die Schüler sollten immer dadurch gefordert bleiben, dass die Ansprüche etwas über dem liegen, was sie bisher geleistet haben. Denn dann werden ihnen Herausforderungen gestellt, „denen man gerade eben noch nicht gewachsen" war (Ross 2006, 41). Erst die ständige Anforderung, etwas mehr als vorher zu leisten oder besser zu werden als vorher, kann zu herausragenden Leistungen führen. Wer in den Anforderungen stets auf seinem Niveau verharrt, wird es nicht übertreffen.

Jede Einseitigkeit ist auch bei der Anwendung von Methoden zu vermeiden. Der ein- oder zweimalige Methodenwechsel innerhalb einer Unterrichtsstunde sollte möglich sein:

■ „Man wird daher festhalten müssen, dass ein am jeweiligen Bildungs- und Erziehungsziel orientierter ‚Methodenmix' den besten Weg darstellt: weit überwiegend lehrergesteuerte, aber schülerzentrierte ‚direkte Instruktion' zum Erwerb ‚intelligenten' Wissens, auf die gerade leistungsschwache Schüler angewiesen sind, Projektmethode, offener Unterricht, Teamarbeit für die lebenspraktische Nutzung von Kenntnissen und Fähigkeiten, lernen des Lernens und ‚Schlüsselqualifikationen' durch Selbständigkeit und Selbstreflexion unter Anleitung des Lehrers." (GAUGER/GREWE in: SCHMOLL u. a. 2002, 56) ■

Das Bestreben der Lehrer in jüngerer Zeit, den Unterricht durch besondere Methoden oder den „Methodenmix" zeitgemäß zu gestalten, kann aber auch nicht darüber hinwegtäuschen, dass Schüler auch schon mal den Zeiten nachtrauern, in denen ihnen im Unterricht vom Lehrer der Unterrichtsstoff didaktisch und methodisch gekonnt dargelegt wurde. HERMANN GIESECKE (1997) weist auf dieses Problem hin:

■ „Werden Schüler methodenresistent? Nun machen nicht wenige Lehrer aus ihrer Erfahrung geltend, dass die überlieferten Vorstellungen von Unterricht bzw. die damit verbundenen Erwartungen für eine zunehmende Zahl von Schülern nicht mehr anwendbar seien, weil sie zu große intellektuelle oder soziale Schwierigkeiten damit hätten. Um ihnen gerecht zu werden, müssten andere Formen des Lernarrangements gesucht. werden, und der Begriff des Unterrichts müsse von daher neu gefasst werden. Die Kindheit habe sich eben radikal verändert, und der Unterricht müsse das in Rechnung stellen. Nun wird gewiss ein guter Lehrer nicht ständig frontal unterrichten, sondern durch Methodenwechsel immer wieder neue und vielleicht sogar gelegentlich überraschende Perspektiven der Sache ins Spiel bringen. Aber die Hoffnung, dadurch könnten die Mühen des Lernens herabgesetzt werden, hat sich nicht erfüllt. Im Gegenteil scheinen die Schüler nachgerade methodenresistent zu werden. Was immer die Lehrer sich einfallen lassen, sie kurieren damit nicht, woran es hapert: den Mangel an Disziplin, an Konzentration, an Leistungsbereitschaft. Wenn es jedoch so ist, dass die Fähigkeit, sich unterrichten zu lassen, durch keine andere Lernfähigkeit ersetzt werden kann, ergibt es keinen Sinn, nach Alternativen dazu Ausschau zu halten, bloß weil sie angenehmer erscheinen. Selbstverständlich muss man schwächere Kinder besonders fördern, aber das ergibt nur Sinn, wenn dafür der Normalfall im Visier bleibt, dass nämlich auch diese Schüler irgendwann in die Lage versetzt werden, am üblichen Unterricht erfolgreich teilzunehmen. Dessen Maßstäbe selbst können nicht zur Disposition stehen, weil die Schule sie nur stellvertretend für die Anforderungen des Lebens zur Geltung zu bringen hat. Wenn man etwas für diejenigen Schüler tun möchte, die besondere Schwierigkeiten damit haben, sich unterrichten zu lassen, dann muss man das Bildungswesen so vernünftig gliedern, dass auch sie so weit wie möglich auf ihre Kosten kommen können. Geholfen wäre aber gerade ihnen nicht mit einer schulpädagogischen Sozialromantik, die das Leben spätestens dann bestraft, wenn der Berufseintritt bevorsteht." ■

Im Schulunterricht gebräuchliche Prinzipien, die die einzelnen Methoden bedingen, werden mit dem Suffix -orientierung bzw. -orientiert bezeichnet. Allgemein wird grob unterschieden zwischen
- Sachorientierung
- Lehrerorientierung
- Schülerorientierung
- Handlungsorientierung
- Projektorientierung.

Dass Unterricht – gleich, ob er eher schüler- oder handlungs- oder projektorientiert ist – zugleich sachorientiert sein muss, versteht sich eigentlich von selbst. Im Mittelpunkt muss die Sache stehen, mit der man sich zu beschäftigen hat, weil sie im Lehrplan vorgeschrieben ist, aber auch für die Wirklichkeit bedeutsam ist. Das bedeutet, dass sich die Schüler ernsthaft mit der Sache auseinandersetzen müssen, Beiträge der anderen ernst nehmen und auch gewillt sein müssen, dem Unterricht zu folgen und ihn mit ihren Beiträgen zu bereichern, selbst wenn die gerade behandelte Sache nicht unbedingt ihrem persönlichen Interesse entspricht.

Lehrerorientierung ist – auch nach dem bisher hier Gesagten – nicht die heute angemessene Ausrichtung von Unterricht. Der Lehrer versteht sich – mit Schule insgesamt – als Dienstleister, der eine Ware – Bildung und Erziehung – „verkaufen" will; so lange wie der Lernende schulpflichtig ist, muss der Lehrer sie „verkaufen". Wenn man im Bilde bleiben möchte, kann man formulieren: Er muss wie alle Verkäufer eine Methode entwickeln, die es gewährleistet, dass möglichst viel von seiner Ware an den Lernenden gebracht und von diesem genutzt wird. Erfolg oder Misserfolg seiner Bemühungen bleiben ihm – da die Lernenden nach dem Abschluss die Schule verlassen – weitgehend verborgen.

Prinzip heutiger Schule ist die Schülerorientierung. Aus der Reformpädagogik ist die Redewendung in die pädagogische Sprache eingegangen, man müsse „die Schüler dort abholen, wo sie stehen" – und sie dann auf den richtigen Weg bringen. Das heißt, dass der Lehrer sich auf die Schüler seiner jeweiligen Klasse einstellen muss, indem er – da das Unterrichtsziel durch die Kultusbehörde vorgeschrieben ist – die jeweils den Schülern und dem vorgeschriebenen Inhalt angemessene Methode anwendet. Oft hat er dabei heute die Möglichkeit, unter Methoden auszuwählen, deren Einübung im Lehrplan vorgeschrieben ist.

Handlungs- und Projektorientierung geben Hinweise auf die Methode: Die Lernenden sollen den Stoff nicht mehr nur aufgrund des Lehrervortrags rezipieren, sondern sie sollen ihn sich möglichst selbst im Unterricht handelnd erarbeiten. Das bedeutet, dass im Unterricht z.B. recherchiert oder präsentiert wird, dass auch Unterrichtsmaterialien von den Lernenden selbst hergestellt werden. Zugleich soll der Unterricht darauf hinarbeiten, dass die Lernenden den Unterrichtsstoff nicht quasi beim Nachhausegehen im Schulgebäude bis morgen abgeben, sondern ihn in ihrem Handeln auch außerhalb von Schule und Unterricht anwenden. Gerade der Erdkundeunterricht hat in diesem Sinne eine bedeutende Aufgabe beispielsweise in der Unterrichtung von „Nachhaltigkeit".

Der Schritt vom Wissen zum Handeln erweist sich in der Unterrichtswirklichkeit immer als besonders problematisch, weil erworbenes Wissen oft dazu führt, dass eigenes, liebgewordenes oder sogar anerzogenes Handeln geändert werden muss – und das fällt nicht nur Kindern und Heranwachsenden sehr schwer. Zudem ist das Handeln außerhalb der Schule der Kenntnis des Lehrers weitgehend entzogen und dem Schüler überlassen. Ein Junktim, das in der Schule Erlernte im Alltag auch anzuwenden, gibt es (leider) nicht. Hier muss die persönliche Einsicht des Schülers ansetzen.

Projektorientierung bedeutet, dass der schüler- und handlungsorientierte Unterricht schließlich in ein Projekt münden kann, in dem sich die Schüler möglichst selbstständig mit einer von ihnen selbst als wichtig erkannten Fragestellung aus dem Unterrichtsverlauf oder über ihn hinaus beschäftigen. Ein Projekt sollte fachübergreifend und fächerverbindend durchgeführt werden und es verlangt sorgfältige Planung, erhebliche Vorarbeit und eigene Stundenrhythmisierung. Leider wird es im Verlaufe des Schuljahres häufig an eher randliche Zeitabschnitte gestellt, oft auch für die ganze Schule gemeinsam („Projektwoche"), sodass der Lehrer der Gefahr entgegentreten muss, dass die Schüler das Projekt z.B. nur als gehobene Beschäftigungstherapie im ansonsten auslaufenden Schuljahr ansehen.

Methoden im Schulfach Geographie – alphabetisch

Wie jedes andere Fach trägt auch der Erdkundeunterricht einerseits nicht nur zur Methodenkenntnis in seinem eigenen Fach bei, sondern die Schüler lernen auch Methoden, die sie in anderen Fächern anwenden können und sollen. Andererseits können auch andere Fächer dazu beitragen, dass Methoden im Erdkundeunterricht den Schülern nicht zum ersten Mal begegnen. Im Schulalltag fällt den Schülern dieser Transfer oftmals sehr schwer oder gelingt sogar nicht. Das in vielen Schulen schon entwickelte Methodencurriculum versucht dem Rechnung zu tragen. In ihm wird verbindlich festgelegt, allerdings schulintern, welche Methode in welcher Klassenstufe eingeführt und besonders geübt werden soll. Oft sind der jeweiligen Methode Fächer zugeordnet, in denen das am besten geleistet werden kann, oft auch „alle Fächer", die die Aufgabe haben, z. B. die folgenden Methoden zu üben:
- sachbezogene Texte lesen, markieren und verstehen,
- Informationen sammeln und auswerten,
- Begriffe und Sachverhalte erklären,
- Fachsprache gebrauchen.

Andere Methoden sind für die Geographie in besonderem Maße wichtig und werden auch in anderen Fächern besonders geübt, z. B.
- Tabellen und Diagramme erstellen, auswerten und interpretieren – auch in Geschichte, Gemeinschaftskunde, Mathematik, Physik,
- Karten lesen und interpretieren – auch in Geschichte, Gemeinschaftskunde, Religion,
- Bilder beschreiben und interpretieren – auch in Geschichte, Gemeinschaftskunde, Religion, Bildende Kunst sowie in den Fremdsprachen.

Im Lehrplan der Kursstufe des Landes Baden-Württemberg sind für den zweistündigen Kurs Erdkunde innerhalb des Integrationsfaches Gemeinschaftskunde („Grundkurs") und das vierstündige Neigungsfach Erdkunde (ehemals „Leistungskurs") eine Reihe von Methoden angegeben, die in der Kursstufe im Fach Erdkunde besonders geübt werden sollen. Sie sind nach den Anforderungsbereichen I, II und III der „Einheitlichen Prüfungsanforderungen Geographie (EPA)" der Kultusministerkonferenz geordnet. Der Anforderungsbereich I umfasst das Wiedergeben von Sachverhalten aus einem abgegrenzten Gebiet und im gelernten Zusammenhang unter rein reproduktivem Benutzen eingeübter Arbeitstechniken, der Anforderungsbereich II das selbstständige Erklären, Bearbeiten und Ordnen bekannter Inhalte und das angemessene Anwenden gelernter Inhalte und Methoden auf andere Sachverhalte. Der Anforderungsbereich III umfasst den reflexiven Umgang mit neuen Problemstellungen, den eingesetzten Methoden und gewonnenen Erkenntnissen, um zu eigenständigen Begründungen, Folgerungen, Deutungen und Wertungen zu gelangen. (Kultusministerkonferenz 2002, 5 f.)

Als fachspezifische und fachbedeutsame Arbeitsweisen und -techniken im Erdkundeunterricht der gymnasialen Oberstufe werden im baden-württembergischen Lehrplan genannt (Ministerium für Kultus und Sport Baden-Württemberg 2001, 89):

Bereich I
- Beschaffen, Aufbereiten, Darstellen, Auswerten, Beurteilen, Präsentieren von Informationen
- Kommunizieren und Artikulieren von Meinungen hinsichtlich geographischer Themen- und Problemfelder
- Umgang mit Karten, Texten, statistischem und grafischem Material
- Vergleich von Karten, Luftbildern, Thermalscanneraufnahmen und Satellitenbildern (in digitaler Form)
- Nutzung von Geographischen Informationssystemen (GIS)
- Interpretation von Klima- und Thermoisoplethendiagrammen
- Untersuchungen vor Ort (Geländeaufnahmen, Kartieren etc.)
- Betriebserkundung
- Zusammenarbeit mit Institutionen vor Ort
- Wissenschaftspropädeutisches Arbeiten (Durchführen eigener Messungen, grafisches Darstellen, Aufstellen und Überprüfen von Hypothesen und Gesetzmäßigkeiten etc.)
- Geowissenschaftliche Rekonstruktionsmethoden
- Nutzung des Internets als Informationssystem (aktuelle statistische und grafische Informationen wie Wetterdaten, Satellitenbilder, etc.)
- Darstellen von Strukturen und Abläufen (Mind Mapping, Wirkungsgefüge, Fließschemata etc.)
- Entwickeln von Modellen und Arbeiten mit Modellen
- Dokumentation
- Portfolio
- Reportage

- Mediengebundene (Internet-)Präsentation (Plakat, Folie, Webseiten etc.)
- Telekooperatives Arbeiten als gemeinsame Durchführung von Unterrichtsprojekten zu geowissenschaftlichen Themenbereichen

Bereich II
- Simulationen einfacher bzw. komplexer Situationen und Vorgänge
- Projektionen
- Einsatz von (Modell-)Experimenten mit Variation beeinflussender Parameter
- Computerunterstützte Simulation von geographischer Wirklichkeit durch modellartige Abbildung (Prozesse des Landschaftswandels, Siedlungs-, Stadt- und Verkehrsentwicklung etc.)
- Erstellen von Prognosen und Szenarien mithilfe von Computerprogrammen
- Planspiel
- Szenariotechnik
- Zukunftswerkstatt
- Virtuelle Exkursion

Bereich III
- Gewinnen von Erkenntnissen durch synoptische Verfahren
- Analyse und Bewertung eines Standortes
- Fallstudie/Raumanalyse (Struktur-, Prozess- und Wirkungsanalyse in einem begrenzten Ausschnitt)
- Raumvergleich
- Übersichtsexkursion
- Analyse und Bewertung eines Projektes (Maßnahmenanalyse)
- Projektplanung

Auf diese in der Kursstufe des Gymnasiums bedeutsamen Arbeitsweisen und -techniken muss ab Klasse 5 hingearbeitet werden. Nicht alle lassen sich in der Abiturprüfung unter den gegebenen Vorgaben und Vorschriften anwenden. Rollenspiel, Exkursionen oder Anwendung von GIS sind beispielsweise in der Abiturprüfung der jetzigen Art nicht anwendbar.

Einige wichtige Methoden der Kursstufe sind nicht ausdrücklich genannt, bilden aber in den unteren Klassenstufen eigentlich die Voraussetzung und Grundlage für andere Methoden in den höheren. Die Einübung der Heftführung gehört z. B. dazu; andere sind eher wichtige Unterrichtsmethoden denn (hier genannte) Schüler-Arbeitsmethoden.

Abiturprüfung

Grundlage für die Abiturprüfung sind die „Einheitlichen Prüfungsanforderungen in der Abiturprüfung" (EPA), die von der Kultusministerkonferenz beschlossen werden. Für das Fach Geographie gelten z. Zt. die EPA nach dem Beschluss der KMK vom 1. Juni 1979 i. d. F. vom 24. Mai 2002. Hier sind Aufgaben, die zu behandelnden fachlichen Inhalte und zu erreichenden Qualifikationen sowie die Anforderungsbereiche in der schriftlichen wie mündlichen Prüfung generell festgelegt. Die Länder können davon abweichende Bestimmungen erlassen. Den EPA sind Aufgabenbeispiele für die schriftliche und mündliche Abiturprüfung hinzugefügt.

■ „Aufgabe des Geographieunterrichts ist die Analyse der (...) Mensch-Raum-Beziehungen und die Entwicklung von fachbezogenen Lösungsansätzen. Alle Herausforderungen [der Menschheit zu Beginn des 21. Jahrhunderts] sind an eine der existenziellen Dimensionen des menschlichen Lebens, den Raum gebunden. Der Raum ist sowohl Existenzgrundlage als auch Ergebnis gesellschaftlichen und wirtschaftlichen Handelns. Der Geographieunterricht trägt in der gymnasialen Oberstufe in Fortführung des Fachunterrichts der Sekundarstufe I dazu bei, dass die Schülerinnen und Schüler raumbezogene Handlungskompetenz erwerben. Gemeint sind damit die Fähigkeit und die Bereitschaft, die nahe und ferne räumliche Umwelt fachstrukturell zu erfassen und zu durchdringen sowie selbstbestimmt und solidarisch an ihrer Entwicklung, Gestaltung und Bewahrung mitzuarbeiten. Die raumbezogene Handlungskompetenz umfasst verschiedene Teilkompetenzen: Sachkompetenz – Orientierungskompetenz – Methodenkompetenz – Darstellungskompetenz – Sozialkompetenz." (EPA in: Kultusministerkonferenz 2002, 2) ■

Als Prüfungsaufgaben schreiben die EPAs die „materialgebundene Problemerörterung mit Raumbezug" vor; „jede Prüfungsaufgabe soll eine thematische Einheit bilden und besteht in der Regel aus mehreren in sich schlüssigen Teilaufgaben" (EPA in: Kultusministerkonferenz 2002, 7).

Bei den mündlichen und im Falle dezentral gestellter, vom Fachlehrer vorgeschlagener (und von einem Beauftragten überprüfter) Abituraufgaben muss der Fachlehrer selbst jeweils drei Anforderungsbereiche berücksichtigen:

Der Anforderungsbereich I umfasst
- die Wiedergabe von Sachverhalten aus einem begrenzten Gebiet im gelernten Zusammenhang,
- die Beschreibung und Verwendung gelernter und geübter Arbeitsweisen in einem begrenzten Gebiet und einem wiederholenden Zusammenhang.

Der Anforderungsbereich II umfasst
- selbstständiges Ordnen, Bearbeiten und Erklären bekannter Sachverhalte,
- selbstständiges Anwenden und Übertragen des Gelernten auf vergleichbare Sachverhalte.

Der Arbeitsbereich III umfasst
- planmäßiges Verarbeiten komplexer Gegebenheiten mit dem Ziel, zu selbstständigen Begründungen, Folgerungen, Lösungsansätze, Deutungen und Wertungen zu gelangen,
- selbstständiges Auswählen und Anwenden geeigneter Arbeitsmethoden und Darstellungsformen in neuen Situationen und Beurteilung ihrer Effizienz. (...)

Arbeits- und Handlungsanweisungen (Operatoren), die im Fach Geographie den Anforderungsbereich III erschließen, sind vor allem[1]:
- beurteilen: Aussagen, Behauptungen, Vorschläge oder Maßnahmen im Zusammenhang objektiv auf ihre Stichhaltigkeit bzw. Angemessenheit prüfen, dabei die angewandten Kriterien nennen und zu einem begründeten Sachurteil gelangen,
- bewerten: Aussagen, Behauptungen, Vorschläge oder Maßnahmen beurteilen, eine persönliche Stellungnahme abgeben und dabei die eigenen Wertmaßstäbe offen legen,
- Stellung nehmen: Eine persönliche Stellungnahme zu Aussagen, Behauptungen, Vorschlägen oder Maßnahmen abgeben und dabei die eigenen Wertmaßstäbe offen legen,
- entwickeln: Aussagen, Behauptungen, Vorschläge oder Maßnahmen in ihren Komponenten entfalten und aufgrund eigener Deutung die Konsequenzen darlegen,
- überprüfen: Vorgegebene Aussagen bzw. Behauptungen an konkreten Sachverhalten nach innerer Stimmigkeit messen,
- diskutieren: Verschiedene Sichtweisen von Aussagen, Behauptungen, Vorschlägen oder Maßnahmen darlegen,
- erörtern: Zu einer vorgegebenen Problemstellung durch Abwägen von Argumenten zu einer möglichst objektiven Beurteilung kommen,

---

1 Umschreibung der Operatoren z.T. in Anlehnung an „Operatorenkatalog für die Fächer: Gemeinschaftskunde, Geographie, Geschichte und Wirtschaft. Erstellt im Auftrag des Ministeriums für Kultus, Jugend und Sport Baden-Württemberg" vom 16.9.2005 und EPA Geschichte vom 10.2.2005.

- reflektieren: Über Aussagen, Behauptungen, Vorschläge oder Maßnahmen nachdenken, z. B. indem Hintergründe, Bedenken, Einschränkungen, Folgen formuliert werden,
- präsentieren: Aussagen, Behauptungen, Vorschläge oder Maßnahmen mit Bildern aller Art verdeutlichen und veranschaulichen,
- vergleichen: verschiedene Aussagen, Behauptungen, Vorschläge oder Maßnahmen problembezogen gegenüberstellen und dabei Gemeinsamkeiten, Unterschiede, Teil-Identitäten, Ähnlichkeiten, Anweichungen oder Gegensätze beurteilen. (vgl. Kultusministerkonferenz 2002, 5 ff.)

Werden die schriftlichen Abituraufgaben zentral gestellt, werden sie in der Regel auf der Grundlage von Vorschlägen, die die Kultusbehörde von geeigneten Fachlehrern oder von Schulen anfordert (die dann die geeigneten Fachlehrer oder das Verfahren selbst bestimmen müssen), von einer Kommission besonders kompetenter Fachlehrer in einer Reihe von Sitzungen in die endgültige Form gebracht. Die fertigen Aufgaben dürfen weder zu anspruchslos noch zu schwierig sein. Der Gebrauch von Atlas und Taschenrechner ist in der Regel erlaubt. Außer der selbstverständlichen genauen Überprüfung der Aussagekraft und -fähigkeit des Materials ergibt sich bei der Erarbeitung der Aufgaben als besondere Schwierigkeit immer der Konsens über die Eindeutigkeit der Formulierungen.

> „Das Material darf nicht Gegenstand des vorangegangenen Unterrichts gewesen sein, muss aber in seiner Art dem Prüfling vertraut sein. Es muss der Bearbeitung des Themas dienen und in Anzahl, Umfang und Komplexität der Arbeitszeit angemessen sein. Die Anzahl der Materialien ist zu begrenzen, um die Differenzierung und Tiefe der Bearbeitung und damit den Grad der Selbstständigkeit der Leistungen der Prüflinge zu erhöhen. Unterschiedliche Materialien sind miteinander zu kombinieren. Die verwendete Datenbasis sollte in sich stimmig und so zeitnah wie möglich sein. Eine ausdrückliche Zuordnung der einzelnen Materialien zu den Teilaufgaben sollte nicht erfolgen. Die Quellen bzw. Fundstellen der Materialien sind präzise anzugeben." (Kultusministerkonferenz 2002, 8)

Anders als in der Unterrichtssituation ist bei der Abituraufgabenstellung der Fachlehrer zwar kurz anwesend, kann aber die Abituraufgabe nicht erläutern oder durch Gestik bzw. Mimik verdeutlichen, wie es in der Unterrichtssituation möglich ist. Die Aufgaben müssen daher aus sich selbst heraus eindeutig, unmissverständlich und zielgerichtet formuliert sein. Dem Schüler muss klar sein, dass er die Abituraufgabenstellung in allen ihren Bestandteilen erfassen und wörtlich nehmen muss. Die Formulierung einer Abituraufgabe darf nur unbedingt wesentliche Bestandteile enthalten. Die sprachliche Korrektheit und Eindeutigkeit der Abituraufgabe wird erreicht durch die intensive Diskussion der Aufgabenersteller. Sie kann dazu führen, dass eine einmal zur Zufriedenheit aller erstellte Aufgabe in einer folgenden Sitzung nach erneuter Diskussion als unzureichend doch wieder ausgesondert wird.

Bei der Formulierung der Aufgaben können beispielsweise schwierige Wörter, nominale Ausdrucksweise oder lange Sätze Sprachbarrieren bilden, die das Verständnis der Prüfungsaufgabe erschweren können. Diese Sprachbarrieren sollen nach WAGNER (u. a., 2006) erkannt und vermieden werden:

- Mehrfach-Komposita sollten durch Bindestrich getrennt oder in einen Nebensatz umgeformt werden, z. B.:
    Hafenerweiterungsgebiet – Gebiet für zukünftige Hafenerweiterung (so auch genauer; das Kompositum macht nicht deutlich, ob es sich um das Gebiet handelt, um das der Hafen schon erweitert wurde, oder das, um das der Hafen erweitert werden kann oder soll).
    - Hauptabschlussdamm – Haupt-Abschlussdamm
    - Schwermetalleinleitung – Schwermetalle werden eingeleitet
    - Entwässerungshauptkanal – Hauptkanal für die Entwässerung.

- Seltene Wörter und Wortkonstruktionen der Standardsprache, die nicht Teil der Fachsprache sind, sollten vermieden werden, z. B.:
    - Optimal – sehr gut, beste
    - moderat – gemäßigt, mäßig
    - zur Anwendung kommen – anwenden
    - Legen Sie dar, welche Folgen sich infolge der Klimaerwärmung für die Alpengletscher ergeben. – Nennen Sie die Folgen für die Alpengletscher, wenn sich das Klima erwärmt.

- Die in Prüfungsaufgaben oft verwendete Reihung von Präpositional- und Nominalphrasen setzt sprachkompetente Schüler voraus, z. B.:
    - Nennen Sie kurz das Klima von der Station A, fertigen Sie eine Beschreibung von dem typischen Jahresverlauf der Witterung und eine Erklärung dieses Klimas unter Berücksichtigung der planetarischen Zirkulation der Atmosphäre an. – Nennen Sie das

Notiz

- Abituraufgaben richten sich in ihren Ansprüchen und Inhalten nach den Vereinbarungen der KMK, wie sie in den „Einheitlichen Prüfungsanforderungen" (EPA) formuliert sind.
- Entscheidendes Bewertungskriterium für eine Abituraufgabe ist ihre genaue, unmissverständliche und zielgerichtete Formulierung, die so von einem einzelnen Lehrer kaum geleistet werden kann.
- Der Schwierigkeitsgrad einer Abituraufgabe darf weder zu hoch, noch zu gering sein.

Klima der Station A und beschreiben Sie den typischen Jahresverlauf der Witterung. Erklären Sie dieses Klima.
- Stellen Sie die unmittelbaren wirtschaftlichen Auswirkungen dieser Veränderungen dar. – Stellen Sie dar, wie sich diese Veränderungen wirtschaftlich ausgewirkt haben (oder: auswirken werden).

- Lange Sätze sollten vermieden werden. Stattdessen sollten die Aufgaben in kurzen Sätzen formuliert werden. Mögliche Erläuterungen könnten der Aufgabe als „Vorspann" vorangestellt werden, z. B.:
  Charakterisieren Sie die Branchenstruktur des „Induparks", der am Stadtrand von Dortmund auf einem Gelände, das früher einem Montanunternehmen gehörte, errichtet worden ist, und untersuchen Sie seine Verkehrslage. – Der „Indupark Dortmund-Oespel" ist am Stadtrand von Dortmund auf einem Gelände errichtet worden, das früher einem Montanunternehmen gehörte. Charakterisieren Sie die Branchenstruktur des „Induparks". Untersuchen Sie seine Verkehrslage.

- Die Aufgaben sollten mit einem Operator beginnen, der den Arbeitsauftrag formuliert, z. B.:
  Warum gibt es Vulkane? – Beschreiben Sie die Entstehung eines Vulkans.
  Oder: Erklären Sie die Entstehung eines Vulkans.
  Oder: Erläutern Sie die Entstehung eines Vulkans.

- Die Aufgabe sollte die präzise deutsche Wortstellung im Satz verwenden, d. h. – wenn Operatoren verwendet werden – die Reihenfolge Prädikat – Subjekt – Objekt, z. B.:
  - Erklären Sie in ihrer zeitlichen Abfolge die Entstehung der Erscheinungen. – Erklären Sie die Entstehung der Erscheinungen in ihrer zeitlichen Folge.
  - Zeichnen Sie auf dem Millimeterpapier ein Profil in angemessener Überhöhung. – Zeichnen Sie ein Profil in angemessener Überhöhung auf dem Millimeterpapier.

Außerunterrichtliches

Wird die Forderung, Schule solle sich öffnen und zur „offenen Schule" werden, beim Wort genommen, darf die Schule kein abgeschlossener Raum innerhalb der Gesellschaft sein (oder bleiben), sondern muss zeitweise das Geschehen außerhalb der Schule in den Unterricht hineinlassen oder den Unterricht nach außen verlegen. Das ist sicherlich keine neue Erkenntnis, aber die Kultusbehörden der Ländern weisen inzwischen die Schulen darauf hin – und das ist neu, gab es doch Zeiten, in denen jeder Externe, den der Lehrer in seinen Unterricht integrieren wollte, nur mit umständlicher Genehmigung durch die Schulleitung vor der Klasse auftreten durfte.

Will der Lehrer Externe in seinen Unterricht in der Schule einbeziehen, so hat er zu bedenken, dass die Schüler einerseits durch die Aussicht auf den fremden Gast für den Inhalt, den er vertreten wird, motiviert und gespannt auf die zunächst unbekannte Person sind. Anderseits hat oftmals der „Experte" von außerhalb nur wenig Erfahrung mit Schülern. Das kann zu Irritationen auf beiden Seiten führen.

Verfasser wollte mit einer Schülergruppe die in Unordnung geratene Gesteinssammlung der Schule im Rahmen von „Projekttagen" sichten, ordnen und die Gesteine beschriften. Da weder der Lehrer noch ein Schüler sich besondere Kenntnisse bei der Gesteinsbestimmung zutrauten, nahm der Lehrer Kontakt zu einem Geologen an der Universität auf. Er sagte zu, uns zu helfen und an dem Tag in die Schule zu kommen. Obwohl genau abgesprochen war, wie lange Zeit zur Verfügung stand (ganztags) und was wir wollten (Gesteine bestimmen), begann der Geologe in bester Absicht, unserer Bitte zu entsprechen, den Schülern die Grundlagen der Mineralogie und Gesteinskunde theoretisch „kurz" zu erläutern. Dies entwickelte sich zu einer kleinen Grundvorlesung und zog sich über zwei Stunden hin; die Schüler verloren allmählich das Interesse. Die Höflichkeit gebot es, gute Miene zum bösen Spiel zu machen und den Geologen nicht zu unterbrechen, zumal er immer wieder versicherte, dass er sich in besonderem Maße auf diese Zusammenkunft mit den Schülern gefreut und sich deshalb auch besonders vorbereitet habe. Er war allerdings in der Unterrichtung von Schülern gänzlich unerfahren.

Oder: Unterricht in Klasse 8, Indien. Durch die Vermittlung eines aus Indien stammenden Schülers war es möglich, Kontakt zu einem Tamilen aufzunehmen, der wegen der kriegerischen Auseinandersetzungen zwischen den tamilischen Rebellen und der Zentralregierung Sri Lanka verlassen hatte und zukünftig in Deutschland leben wollte. Er nahm die Einladung an, im Unterricht von sich und seinem Land zu erzählen. Der junge Tamile sprach Englisch, das die Schüler verstanden. Schülerfragen auf Englisch bestätigten dies dem Lehrer. Nachdem der Tamile seine Lebensgeschichte erzählt und auch die Situation in seiner bisherigen Heimat dargestellt hatte, meldete sich ein Schüler und stellte die durchaus berechtigte Frage, warum denn gerade er als gebildeter junger Mann Sri Lanka verlassen habe. Gerade Menschen wie er würden doch dringend dazu gebraucht, im eigenen Land den Frieden herzustellen und die wirtschaftliche Leistungsfähigkeit zu stärken. Der Einwand des Schülers verstockte den Gast; er fühlte sich provoziert und erst nach schlichtender Vermittlung des Lehrers konnte er dazu bewegt werden, nicht sofort abzubrechen. Im weiteren Verlauf des Besuches „fanden" sich Gast und Schüler wieder. Der Gast verabschiedete sich dann doch in freundlicher Atmosphäre.

Beide Episoden sollen darauf hinweisen, dass sich Schüler und Gast auf ihre Begegnung in der Schule vorbereiten müssen. Auf Seiten des Gastes kann die Unsicherheit aufgrund der mangelnden Erfahrung, vor Schülern aufzutreten, dazu führen, dass die Ansprache der Schüler entweder zu anspruchsvoll oder zu kumpelhaft wird. Beides kommt gleichermaßen bei Schülern nicht „an". Der Lehrer muss den Gast im Vorgespräch auf diese möglichen Kommunikations-Klippen hinweisen und verabreden, dass er im besonderen Falle in Absprache mit dem Gast den Ablauf verändern könne. Institutionen, deren Vertreter öfter Schüler im Unterricht ansprechen, haben die Problematik erkannt und gesondertes Personal für diese Zwecke geschult (z. B. Polizei oder Bundeswehr).

Die Schüler müssen auf den Besuch so vorbereitet werden, dass sie dazu bereit sind, sich gastfreundlich zu verhalten, auch wenn sie spüren, dass dem Gast die unterrichtliche Erfahrung fehlt.

Trotz Bedenken und Schwierigkeiten: Die Einladung und unterrichtliche Einbeziehung eines Gastes bedeutet für die Schüler immer auch eine menschliche Begegnung, die ihre Erfahrung weitet und damit letztlich auch zur Stärkung ihrer Persönlichkeit beiträgt. Insofern ist sie auch unabhängig von der Vermittlung unterrichtsbezogener Inhalte wichtig und unbedingt empfehlenswert, muss aber die Unwägbarkeiten beachten, die z. B. bei der Einladung eines ausländischen Gastes durch uns unverfänglich erscheinende Äußerungen entstehen können, die der Gast mit von den Schülern unvorhergesehener Ernsthaftigkeit auffasst.

In zunehmendem Maße werden von Klassen oder Kursen auch Firmen, Institutionen und Organisationen nicht nur im Rahmen einer Betriebsbesichtigung besucht, sondern um Kontakte für eine dauerhafte Kooperation zu knüpfen. Manche Schulen haben durch die räumliche Nähe zu einer solchen Einrichtung, im optimalen Falle zu einer Universität und zu einem geographischen Institut, besonders gute Voraussetzungen für solche Kontakte. Auch

Notiz

- Die Einbeziehung von externen Gästen in den Unterricht und die Zusammenarbeit mit Institutionen außerhalb der Schule ist eine für die Schüler motivierende Abwechslung.
- Die Vorbereitung für diese Erweiterung des „normalen" Unterrichts muss auf beiden Seiten die Bereitschaft einschließen, mit der besonderen Situation verantwortungsvoll und gastfreundlich umzugehen.
- Die Zusammenarbeit mit einer Universität ermöglicht den Schülern in besonderem Maße Einblicke in die wissenschaftliche Arbeitsweise.

„die andere Seite" ist zum Kontakt mit Schulen weitgehend bereit, bei höheren Klassen oder älteren Schülergruppen auch mit dem nicht unbedeutenden Hintergedanken, den einen oder anderen Schüler für die Sache so zu interessieren, dass er sie zu seinem Berufswunsch erklärt. Die Zusammenarbeit kann sich projektbezogen gestalten, sodass möglicherweise Schüler der folgenden Klassen oder Kurse die Zusammenarbeit fortsetzen können, oder sich auf ein einziges Vorhaben mit der Schülergruppe beschränken, dessen Durchführung sich aber auch über das Schuljahr hinziehen kann. Der Institution kommt dann die Aufgabe zu, die Schüler in den wissenschaftlichen Hintergrund des Vorhabens einzuführen und ihnen vor allem eigene Messungen oder Untersuchungen mit dem institutseigenen Equipment zu ermöglichen. Das entspricht dann der Forderung der „Einheitlichen Prüfungsanforderungen für das Abitur" der Kultusministerkonferenz, die den Charakter insbesondere des Unterrichts in der gymnasialen Oberstufe als „wissenschaftspropädeutisch" kennzeichnen.

> Besonders glückliche Umstände ermöglichten dem Verfasser mit einer 9. Klasse des Gymnasiums eine aufwändige geländeklimatologische Untersuchung im Heimatraum durchführen zu können, an der die Bundeswehr mit Thermalbefliegungen beteiligt war. Damit die Untersuchung erfolgreich sein konnte, mussten mehrere Stationen zur Temperaturmessung eingerichtet werden. Zugleich wäre es hilfreich, wenn ein Messwagen in der Stadt im bestimmten zeitlichen Abstand auf vorgegebener Route Messfahrten für Temperatur und Luftfeuchtigkeit durchführen konnte. Damit aber waren die Möglichkeiten der Schule bei weitem überfordert. Der Lehrer wandte sich mit der Bitte um Unterstützung an das nächste meteorologische Institut der Universität. Von dort kam die Zusage, die Schüler in jeder Hinsicht zu unterstützen. Die Klasse wurde in das Institut eingeladen und dort mit der meteorologischen Arbeitsweise und den Instrumenten vertraut gemacht, die bei der Untersuchung am Schulort zum Einsatz kommen sollten. Am verabredeten Tag erschienen die Mitarbeiter des Institutes in der Schule mit dem gesamten Instrumentarium für die Ausstattung von fünf Messstationen im Gelände sowie einem Messwagen. Die Schüler erhielten im Verlauf des gesamten Projekts Einblick in die wissenschaftliche Arbeitsweise, die sich nicht an feste Arbeitszeiten halten kann, bekamen Einsicht in die Schwierigkeit und erforderliche Sorgfalt, mit der Messdaten gewonnen werden, und gewannen einen Eindruck von dem finanziellen Aufwand, der bei wissenschaftlichem Arbeiten erforderlich wird. Schließlich wurde ihnen bewusst, dass die Hauptarbeit in der Wissenschaft eigentlich erst nach den praktischen Untersuchungen mit der Auswertung und Aufarbeitung der gewonnenen Daten ansteht. Dass die Durchführung des Projektes infolge der engen, sachbezogenen Zusammenarbeit der Schüler miteinander, mit dem verantwortlichen Lehrer, den Unterstützern von der Universität sowie infolge der gemeinsam verbrachten, erlebnisreichen Zeit im Gelände (rund um die Uhr von einem Abend zum nächsten mit Zeltlager als „Hauptquartier") die Klassengemeinschaft erfreulich stärkte, sei nicht nur am Rande erwähnt.

Bei der Zusammenarbeit mit Institutionen und dem Besuch bei ihnen sind die allgemeinen und länderspezifischen Sicherheitsbestimmungen zu beachten.

Beobachtung

Beobachtung ist mehr, als nur zu sehen: Das beobachtete Objekt soll in seiner Eigenart mit allen Sinnen festgestellt und mündlich oder schriftlich beschrieben werden. Zur Beobachtung gehört also auch zu hören, zu riechen, zu schmecken, zu fühlen – und dann wieder zu formulieren und zu schreiben. Geographie ist nicht nur modellbildend (nomothetisch), sondern vor allem in ihren Grundlagen auch beschreibend (idiographisch). Wer es schon einmal versucht hat, seine Schüler beschreiben zu lassen, was sie beobachten, wenn sie aus dem Schulfenster schauen, weiß, dass das eine selbst einen guten Schüler herausfordernde Aufgabe ist. Sie gelingt nicht auf Anhieb, sondern verlangt Übung. Man kann nur beschreiben und unterscheiden, wofür einem die Worte zur Verfügung stehen. Letztlich wird konkret beobachtet und beschrieben, was man generell weiß.

Ein Schüler, der beispielsweise keine Blume zu benennen weiß, wird von einer blühenden Wiese eine nur wenig aussagekräftige Beschreibung anfertigen können. Ein Tal kann nur beschrieben werden, wenn im Unterricht die geomorphologischen Eigenheiten eines Tales besprochen worden sind. Dazu gehört auch, in angemessener Weise die Fachnomenklatur anwenden zu können. Wer Geländeformen nicht morphographisch (z. B. konvex, konkav, Kuppe, Mulde, Sohle u. a.; vgl. BADER 1975, 48) beschreiben kann, muss bei der Beobachtung ebenso versagen wie der, der bei Haustypen z. B. nicht zwischen Sattel-, Walm- oder Giebeldach, zwischen Auf- und Grundriss, dem Aussehen von Gebäudeteilen unterschiedlicher Nutzung oder den Gestaltelementen einer Fassade nicht unterscheiden kann. Zur Beobachtung eines Industriegebietes gehören die Typen der Betriebsgebäude, der Lärmpegel und der Geruch. Die Beobachtung eines Bodens verlangt außer dem genauen Hinsehen zur Bestimmung des Bodentyps (Horizonte) für die Kennzeichnung der Bodenart die Fähigkeit und Übung des Fühlens bei der Fingerprobe (vgl. BADER 1975, 57) oder die Knirschprobe zur schnellen Untersuchung, ob die Probe sandige Bestandteile enthält. Der Verdacht auf Versalzung kann dadurch be- oder widerlegt werden, wenn eine kleine Probe geschmeckt wird. Eine kleine Plastiktüte sollte immer bereitgehalten werden, um Proben mitnehmen zu können, die dann – vielleicht fachübergreifend mithilfe des Physik- oder Chemielehrers – in der Schule analysiert werden können.

Beobachtung verlangt vorher also die theoretische Beschäftigung mit den voraussichtlichen Inhalten. Letztlich bedeutet das, ein Teilgebiet der Allgemeinen Geographie im Unterricht zu besprechen, wenn die Schüler dazu angehalten werden sollen, Erscheinungen in der Landschaft nicht nur in Form des Lehrervortrags aufzunehmen, sondern sie sich selbst beobachtend zu erarbeiten. Selbst ein Lehrervortrag gibt oft nur Literaturkenntnisse wieder, die in die zu beobachtende Landschaft hineingelegt werden.

Der andere, schwierigere und zeitaufwändigere Weg ist es, die Landschaft und ihre wirtschaftliche Überformung auf sich wirken zu lassen und aus ihr Hinweise zur Genese, den aktuellen Zustand und mögliche zukünftige Veränderungen zu lesen. Das kann natürlich nur dann erfolgen, wenn die Vergangenheit sich noch heute manifestiert; das reicht beispielsweise von der Feststellung bestimmter Höhenniveaus oder von Hangterrassen bis zu unterschiedlichen Ziegelarten von Dächern, die Hinweise auf das Baujahr geben können, oder auch zum Verlauf oder der Breite von Straßen. Der aktuelle Zustand ist Aufgabe der Beobachtung. Die möglichen Veränderungen ergeben sich als Konsequenz der Beobachtungen zusammen mit den wirtschaftlichen Strukturdaten, die zunächst höchstens qualitativ aus der Landschaft abgelesen werden können (z.B. die Intensität der Landwirtschaft oder die Bevölkerungs- bzw. Industriedichte oder die Aufteilung auf die Wirtschaftsbereiche), ansonsten aber als Maß und Zahl aus anderen Informationsquellen stammen müssen. Gruppenarbeit bietet sich an.

Sowohl bei physisch-geographischen als auch bei sozio-ökonomischen Beobachtungen bietet es sich an, die Beobachtungen zu kartieren. Dann ergeben sich beispielsweise geomorphologische oder unterschiedliche Nutzungskartierungen. Immer muss sich die jeweilige Bearbeitergruppe vorher die Legende überlegen, d.h., den Inhalt der zu erstellenden thematischen Karte bestimmen. Geomorphologische Untersuchungen aus dem Schulort-Nahraum können als Anregung für die entsprechende Kartierung eines Geländeausschnitts hilfreich sein, ohne dass sie „nur" von den Schülern wiederholt werden. Im sozio-ökonomischen Arbeitsfeld haben sich landwirtschaftliche Nutzungskartierungen oder wirtschafts- oder sozialgeographische Kartierungen bestimmter Wohnviertel oder Straßen als gute

Grundlage für die geographische Betrachtung erwiesen (vgl. SCHALLHORN 1972). Diese Nutzungskartierungen können für jedes Haus geschossweise durchgeführt werden und auch zum Vergleich anhand eines früheren Einwohnerbuches für einen früheren Zeitraum des gleichen Bereiches durchgeführt werden (z. B. vor dem 2. Weltkrieg, in den 1950er Jahren oder in anderen, für die regionale Geschichte bedeutsamen Jahren).

Die Erfahrung zeigt, dass Schüler anfangs den Arbeitsaufwand für eine derartige Erarbeitung deutlich unterschätzen. Der Lehrer hat die Aufgabe, die Arbeit auf eine Dimension zu begrenzen, die in überschaubarer Zeit zu bewältigen ist; weniger ist in der Regel zunächst deutlich mehr, denn die Arbeit kann später, wenn sie zügig fortschreitet, auf einen größeren Beobachtungsabschnitt ausgedehnt werden. Wenn Schüler ihre Aufgabe – also den Raumausschnitt – von vornherein zu umfangreich wählen, kann sich schnell Frust einstellen, wenn sie merken, wie langsam vorangeschritten werden kann. Gerade Nutzungskartierungen sind auch mit Befragungen verbunden, die Termin-Verabredungen voraussetzen, die ganz generell Zeit binden.

Beobachtung sollte nicht nur beschreibend, d. h. qualitativ sein, sondern wo immer es geht auch mit Maß und Zahl belegt sein. Das kann durch Abzählen, Abschätzen oder Befragung erfolgen; diese Daten müssen dann anhand der Statistik überprüft und ggf. berichtigt werden. Strecken können an der mitgeführten topographischen Karte ausgemessen oder auch satellitenunterstützt durch GPS bestimmt werden. Die topographische Karte oder das GPS-Gerät verhelfen auch zur genauen Angabe des Ortes, von wo aus die Beobachtung durchgeführt wurde, außerdem zu Höhenangaben im Gelände und – wie der Kompass – zur Bestimmung der Himmelsrichtungen. Höhen einzelner Objekte können mit einem einfachen Gerät zur Höhenbestimmung von Bäumen erfasst werden („Försterdreieck"); die Forstbehörde (oder der Mathematiklehrer) ist auf Befragen sicherlich behilflich.

Die Beobachtungen sollten auch als Fotos dokumentiert werden; der einfachen Handhabung wegen bietet

Notiz

- Beobachtung soll im Raum mit allen Sinnen lesen und das Beobachtete schriftlich darstellen.
- Beobachtung sollte möglichst mit Maß und Zahl untermauert sein. Schätzungen und Zählungen müssen mit der Statistik verglichen werden.
- Beobachtungsergebnisse können erfolgreich als Kartierungen angelegt werden.

sich eine elektronische Kamera an, die inzwischen zur Ausrüstung der Erdkundesammlung gehören sollte. Die Benutzung einer privaten Kamera des Lehrers wird dann zu einem Problem, wenn sie bei der Durchführung der Beobachtung beschädigt wird und keine Versicherung für den Schaden aufkommen kann.

Schließlich ist anzuregen, die fertigen Arbeiten öffentlich zu präsentieren, handelt es sich doch um Originalarbeiten, die nicht nur Einblick in den schülerorientierten Erdkundeunterricht bieten, sondern auch dazu beitragen, die geographische Individualität des Schulortes bzw. seiner Umgebung bewusstzumachen.

Bildbeschreibung

Die Bildbeschreibung gehört vermeintlich eher in den Deutschunterricht. Da das Bild aber ein Medium ist, das gerade aus dem Erdkundeunterricht nicht wegzudenken ist, weil es Anschaulichkeit und Eindruck vermittelt, muss es hier auch Gegenstand des Unterrichts werden – d. h., beschrieben und ausgewertet werden, es muss darüber gesprochen werden. Wenn das Bild einerseits bloße Illustration bleibt, über die hinweggegangen werden kann, ist es im Unterricht entbehrlich. Wenn es andererseits aber Gegenstand des Unterrichts werden soll, dann muss es sparsam und gezielt eingesetzt werden.

Es geht nicht darum, möglichst viele Bilder im Unterricht zu zeigen, sondern das typische, aussagekräftigste Bild ist gefragt. Die möglichst genaue Ortsangabe ist unumgänglich. An Bildern zu einem bestimmten Thema besteht angesichts vieler Bildergalerien – z. B. im Internet (Google) – kein Mangel. Meistens ist die Lage der Objekte aber nur unzureichend angegeben. Auch wenn die moderne Aufnahmetechnik eigener Bilder mit elektronischer Speicherung dazu verführt, viele Bilder mit der Absicht zu fotografieren, später das geeignetste auszuwählen, so ist es auch hierbei erforderlich, das Motiv von vornherein sorgfältig für den Gebrauch im Unterricht auszusuchen und die genaue Lage zu notieren, auch mit dem Hoch- und Rechtswert aus der topographischen Karte – Zeit und Datum werden in der Regel automatisch vom Kamerasystem aufgezeichnet.

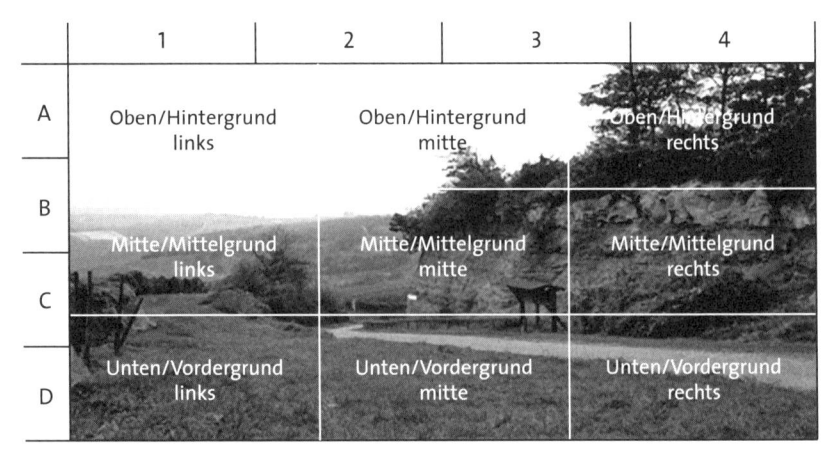

Methoden im Schulfach Geographie – alphabetisch

	1	2	3	4
A		Oben/Hintergrund links	Oben/Hintergrund mitte	Oben/Hintergrund rechts
B		Mitte/Mittelgrund links	Mitte/Mittelgrund mitte	Mitte/Mittelgrund rechts
C				
D		Unten/Vordergrund links	Unten/Vordergrund mitte	Unten/Vordergrund rechts

Bild: Schallhorn
Geographisches Bild und seine Einteilung für eine Bildbeschreibung.
Das Bild zeigt die in den Kraichgau abbrechende Schilfsandsteinstufe des Keupers oberhalb bzw. südlich von Oberderdingen (Landkreis Karlsruhe). Ein Bildmaßstab fehlt hier. Der Unterstand in der rechten unteren Bildmitte ist etwa 2,50 m hoch. Blickrichtung ist nach Nordwesten. Die topographische Bezeichnung ist „Horn", die Höhe an der Abbruchkante ca. 300 m ü. NN.

Um ein Bild zu beschreiben, muss es gegliedert werden. Einen einfachen Vorschlag dazu macht die Abbildung oben. Das Raster kann von den Schülern auch im geliehenen Buch mit Bleistift am Bildrand markiert werden, so dass die erforderlichen Lagebezeichnungen im Bild möglich sind. Dann kann sich die Bildbeschreibung auf die Inhalte des Bildes konzentrieren. Eine andere Möglichkeit ist die nach Erfordernis feine Rastereinteilung, wie sie in der Abbildung oben am Bildrand beispielhaft markiert ist. Der im Bild erkennbare Unterstand befindet sich dann bei C3 – diese Einteilung ist den Schülern aber aus dem Atlas auch bekannt. In heutigen Schulbüchern fehlt ein Orientierungsraster bei Bildern, weil möglicherweise die Ästhetik des Bildes beeinträchtigt werden könnte. Aber ein Schulbuch ist kein Bilderbuch, sondern sollte Unterrichtsarbeit erleichtern.

Es ist wichtig, darauf zu achten, dass die Bildbeschreibung (was? wie?) nicht (vorschnell) in eine Bilderklärung (warum?) umkippt. Zunächst muss der Bildinhalt verbalisiert werden, erst dann kann sich eine Erklärung anschließen, wenn sie gefordert wird.

Im vorliegenden Bild (Abbildung S. 40) schiebt sich von rechts bis in die Bildmitte eine horizontal reich gegliederte, steilwandige und mit Wald bedeckte, kompakte Erhebung hinein, die etwas links von der Bildmitte abrupt abbricht. Der Weg davor schlängelt sich weiter nach unten. Ihre Oberfläche dacht sich von rechts oben bis zur Bildmitte ab, während die am Steilhang erkennbaren Schichten horizontal verlaufen. Die oberste Schicht, über der der Wald stockt, dünnt zum Abbruch in der Bildmitte hin aus. Am Bildrand links ist Weinbau erkennbar. In der linken Mitte scheint sich unterhalb des Abbruchs bis zum Horizont-Hintergrund eine Hügellandschaft zu erstrecken. Die Höhe der aufgeschlossenen Steilwand lässt sich mithilfe der angegebenen Höhe des abgebildeten Unterstandes auf ca. 8–10 Meter schätzen, die Mächtigkeit der einzelnen horizontalen Schichten in der Wand ist auf ca. 0,5 m abschätzbar.

Dieser Bildbeschreibung kann sich jetzt im Unterricht die Frage anschließen, was das Bild zeigt und wie es zu dieser morphologischen Besonderheit gekommen ist. Dazu sollten die Schüler das Bild natürlich in guter Qualität, d. h. in Farbe und ausreichender Auflösung, anschauen können. Topographische Namen und Material für die Erklärung der Formen können dem Atlas oder bei hinreichend genauer topographischer Angabe der topographischen Karte entnommen werden (bei Bildern aus Deutschland: topographische Karten TK 25 und TK 50 der Vermessungsämter der Länder liegen auf CD vor).

Die Bildbeschreibung verlangt genaue, aufmerksame und auch zeitaufwändige Betrachtung sowie die Fähigkeit zur Verbalisierung. Die Fachsprache muss angewendet werden und kann anhand einer Bildbeschreibung – nach der grundsätzlichen Behandlung der Methode im Unterricht, wobei die Fachlehrer Deutsch und Erdkunde sich absprechen sollten – angemessen geübt werden. Der Lehrer wird feststellen, dass die Schüler oft sehr schnell und dann ungenau formulieren, dass sie oft nicht genau bezeichnen und dass es ihnen schwer fällt, sich auf Einzelheiten zu konzentrieren. Geduld ist bei der Bildbeschreibung damit eine unverzichtbare Voraussetzung.

Eine Erfolg versprechende Methode bei der Bildbeschreibung ist es auch, das Bild mit einer durchsichtigen Folie zu überdecken und seine

Notiz

- Die geographische Bildbeschreibung übt die genaue Beobachtung und die Anwendung von Fachbegriffen.
- Die Bildbeschreibung übt das Strukturieren und Feststellen von Einzelheiten. Sie muss der Erklärung der Bildinhalte vorausgehen.
- Schüler können die Grundlage für Bildbeschreibungen durch eigene Fotos oder Zeichnungen selbst herstellen.

Strukturen zu kennzeichnen. Ist das Bild als OH-Transparent vorhanden, kann eine transparente OH-Folie darübergelegt werden. Damit sie nach evtl. Verrutschen wieder in die vorige Position gebracht werden kann, müssen vier Passpunkte auf dem Bild und der Folie festgelegt werden (Markierung mit OH-Stift). Anschließend werden Bild und Overlay mit einer Büroklammer verbunden. Jetzt können die Strukturlinien auf die transparente OH-Folie gezeichnet werden. Dabei ist darauf zu achten, dass nicht permanente OH-Stifte benutzt werden (Korrekturmöglichkeit bei Fehlern). Dass sich all dies mit passendem technischen Equipment und mit dem erforderlichen Knowhow mit dem PC ausführen lässt, ist selbstverständlich.

Schülerzeichnung: Blick in eine Straße des Neubauviertels. (SCHALLHORN 1983, 60)

Ist die Bildbeschreibung die Verbalisierung der Beobachtung eines Bildinhaltes, so ist es genauso möglich, die Realität zur Grundlage der Beobachtung zu machen. Wenn das Schulgebäude keinen lohnenden Ausblick bietet, so kann doch schon ein kurzer Gang vor das Gebäude einen Ansatz bieten. Immer wieder stellt sich heraus, dass die Schüler ihre Schulumgebung kaum bewusst wahrgenommen haben. Der Erdkundelehrer kann sie dazu anleiten, indem er die Aufgabe stellt, typische Fotos der Umgebung aufzunehmen oder sogar typische Ausschnitte selbst zu zeichnen. Die Schüler werden sich gerade das zunächst nicht zutrauen, aber bei einer ausreichenden Zeitvorgabe werden sie bei angemessener Konzentration brauchbare Ergebnisse erarbeiten können. Der Lehrer wird dabei als Aufsichtsperson und Ansprechpartner gebraucht. Die Abbildung S. 42 zeigt den Ausschnitt aus einer Schülerzeichnung, die Anlass gab zu einer Diskussion über die Vor- und Nachteile der Gleichförmigkeit von Wohngebieten bei zu engen Bebauungsvorschriften.

Computerarbeit und Internetrecherche

E-Mails an den Verfasser (leicht gekürzte, ansonsten unveränderte Originalfassungen):

E-Mail A:
Guten Tag, Ich habe in einer Woche meine Präsentationsprüfung fürs Abitur zu halten, mein Thema lautet: Wirtschaftsstandort Dubai. So langsam habe ich das gesamte Internet durchforstet, aber so wirklich gefallen tun mir die Karten nicht, die ich gefunden habe. Ich wäre Ihnen wirklich sehr verbunden, wenn Sie mir (...) schicken könnten, was Sie zu diesem Thema vielleicht haben. Wie z. B. Karten über die Topografie Dubais, etc.. Ich bedanke mich auf jeden Fall schon einmal... (erhalten: Juni 2006)

E-Mail B:
Guten Tag, ich bin Schülerin der 11. Klasse auf einem Gymnasium und habe den Grundkurs Geografie gewählt. Ich habe nun das Problem, dass ich am Freitag eine Leistungskontrolle über das Thema der „westwindzirkulation" schreibe und schon einige Bücher und Internetseiten durchforstet um eine verständliche aber genaue Erklärung zu bekommen. Selbst in meinem wird nicht so genau darauf eingegangen um etwas zu finden, was es mir diese Thema näher bringt. Ich bin bei der Suche im Internet auf ihrer Seite gelandet und habe gesehen, dass sie freundlicher weise Hilfe anbieten und deswegen würde ich mich über eine Antwort und möglicherweise eine Hilfe sehr freuen! Vielen Dank im Vorraus. (erhalten: November 2006)

Aus den Anfragen spricht die pure Hilflosigkeit. Das erstaunt angesichts der Tatsache, dass die informationstechnische Grundbildung an den Schulen schon einige Schuljahre lang greift und auf den gleichen Sachverhalt schon mit gleichem Recht im Jahre 2004 hingewiesen werden konnte (vgl. SCHALLHORN 2004e).

Die Schüler der beiden E-Mails sehen weder die Tragweite ihrer Aufgabe, noch scheinen sie den Mut zu haben, dem Lehrer gegenüber einzugestehen, dass sie sich überfordert fühlen, noch sind sie mit dem Medium „Internet" auch nur entfernt vertraut: Die Suche bei der Suchmaschine Google ergab (Anfang Januar 2007) zu E-Mail A „Wirtschaftsstandort Dubai" 73900 Ergebnisse in 0,17 Sekunden, zu „Dubai" sogar 56,1 Mio. Ergebnisse in 0,06 Sekunden, zu E-Mail B zum Stichwort „Westwindzirkulation" immerhin 1120 Ergebnisse in 0,19 Sekunden. An Informationsmöglichkeit besteht also kein Mangel. Nur: Wer kann ohne gründliches Vorwissen die Informationen angemessen bewerten und „beurteilen, was wichtig und was richtig ist?" (GOEUDEVERT 2001, 21). Spitzer (2002, 3) weist auf Gleiches hin, wenn er bildhaft formuliert: „Das Internet verhält sich zum Lernen wie ein Supermarkt zu einem guten Essen."

Sicherlich gibt es auch in den unteren Klassen schon Schüler, die sich mit ihrem Computer und dem Internet gut auskennen, möglicherweise beides sicher beherrschen. Diese „Medienkompetenz" bezieht sich aber dann vor allem auf die Fähigkeit, den Rechner zu bedienen, im Internet zu „surfen", E-Mails zu verfassen und zu erhalten oder an Chats teilzunehmen. Zur Nutzung aller dieser Möglichkeiten ist Schule eigentlich nicht erforderlich. Es sind Grundlagen für das Leben, die im täglichen Umgang heute ebenso selbstverständlich außerhalb der Schule erlernt werden könnten wie das Fahrscheinkaufen für die Straßenbahn oder das Telefonieren.

Es spricht nichts dagegen und es ist geradezu erforderlich, dass Schüler den Umgang mit dem PC lernen und dass das auch gefördert wird – aber vorrangig von Seiten des Elternhauses. Auch der Erwerb eines Führerscheins läuft außerhalb und unabhängig von Schule! Das Gleiche gilt für die zeitgerechte technische Ausrüstung des Arbeitsumfeldes eines Kindes. Hier gibt es erheblichen Nachholbedarf an elterlicher Verantwortung – der aber auch bereits bei der Grundausstattung von Bleistiften, Kugelschreibern usw. zu konstatieren ist. Dennoch: Der Computer
- entlastet bei vielen Routinearbeiten,
- ermöglicht mithilfe entsprechender Software das Üben von Fertigkeiten und
- Lernen neuer Inhalte, kann deswegen
- zu Kosteneinsparungen im Bildungssystem führen und
- ermöglicht die kostengünstige, schnelle Kommunikation mit anderen sowie
- über das World-Wide-Web Kontakt mit internationalen Adressen, was schließlich zu einer Verstärkung
- interkulturellen Lernens führen kann.

Studierende im Fach Informationsmanagement an der Fachhochschule Hannover[1] haben in einer neunten Klasse eines Gymnasiums festgestellt, dass nur zwei von 23 Schülern eine Bibliothek freiwillig nutzten: „Diese ist aus Sicht einiger Schüler auch überflüssig: Im Internet schnell nach Informationen suchen – neudeutsch ‚googlen' – kann schließlich jeder. Allerdings mit unangenehmen Folgen: Viele Infos sind falsch, eine ziellose Suche ist wenig effizient und liefert zu viel Datenmüll." (zit. nach „Handelsblatt", 16. Februar 2007, 3). Hier muss Schule ansetzen: Eine Hinführung der Schüler durch den Lehrer, mit den elektronischen Informationsmöglichkeiten bewusst umzugehen, ihre Grenzen zu erkennen und sie auch zu beachten, ist unverzichtbar.

Der Umgang mit dem Medium Computer sollte sachlich bestimmt, unaufgeregt und sich der Möglichkeiten, aber auch seiner Grenzen bewusst sein. Der Computer ergänzt die Vielfalt der jeweils für ihren Zweck bewährten Medien von der Tafel über die Wandkarte, den Globus, das Buch zu OH-Folie, Film oder DVD. Der Computereinsatz muss vom Lehrer im Unterricht bewusst und schülerangemessen erfolgen. Die Benutzung des Computers setzt die Kenntnis auch der anderen Kulturtechniken voraus. Rechnen und schreiben zu können ist weiterhin unabdingbar, lesen und – möchte man beinahe polemisch hinzufügen – denken ohnehin.

> „Computer und Internet sind mögliche Unterrichtsmittel, die – ähnlich wie Tafel, Diaprojektor, Sprachlabor oder Taschenrechner – zwar stil- und formgebend sind, aber keinen eigenen pädagogischen Input haben; sie sind – man denke beispielsweise an die klassische Tafel – ihren Inhalten gegenüber gleichgültig und also von begrenztem Nutzen. Ihr bloßer Einsatz wird Schule und Bildung kein bisschen verändern; das müssten die am Bildungsprozess Beteiligten schon selbst tun. (...) Grundfertigkeiten wie Lesen, Schreiben, Rechnen sowie basale Kenntnisse in Sprache, Kultur, Kunst, Literatur, Geschichte, Politik und Naturwissenschaften haben Priorität, weshalb der systematische Einsatz von Computer und Internet überhaupt erst in höheren Klassen sinnvoll erscheint." (GOEUDEVERT 2001, 140 f.)

Nachdenklich stimmt in diesem Zusammenhang, dass eine Schule wie die Salem-Schule, die „an einem elitären Bildungsauftrag festhält", „ganz klug verstanden hat, dass eine Eliteerziehung auf Computer und Internet unter pädagogischen Aspekten – nicht aber instrumentell – durchaus verzichten kann, eventuell verzichten muss. (...) Demgegenüber wird die Mischung aus selektiver Nutzung gedruckter und teurer elektronischer Spezialinformati-

---

1 (http://www.infokompetenz.de/content.php?contentid=1 vom 17. Februar 2007)

on eine kleine Elite im Privatschulbereich dazu befähigen, über den main stream Herrschaft auszuüben." (BECKER 2001, 28)
Entscheidend für den Umgang mit dem Computer ist damit das, was inzwischen gemeinhin als „Medienkompetenz" bezeichnet wird. Dies bedeutet aber weitaus mehr, als nur die Fähigkeit zu haben, ein Medium zu bedienen. Ihre Vermittlung kann in der Schule nicht nur einem Fach obliegen, sondern muss Auftrag der Schule insgesamt sein, wenngleich einige Fächer vielleicht mehr dazu beitragen können als andere.

> ■ „Aufmerksamkeit und Konzentrationsfähigkeit, Skepsis und Urteilsvermögen sind meines Erachtens die entscheidenden Charakteristika jeder Medienkompetenz – ob das Medium nun ‚Buch', ‚Fernsehen' oder ‚Internet' heißt. Und diese Fähigkeiten können prinzipiell, und zwar ohne den Einsatz von Computern, in jedem beliebigen Fach (...) gefördert werden." (GOEUDEVERT 2001, 136 f.) ■

Der (technische) Umgang mit dem Computer ist der Mehrzahl der Lehrer heute ebenso möglich wie den meisten Schülern, auch wenn der heimische Computer durchaus nicht immer den Anforderungen entspricht, die ein problemloses Arbeiten mit ihm erfordert. Ganz anders sieht es allerdings mit der Fähigkeit zum selbstständigen Programmieren aus. Entgegen der immer wieder verbreiteten Meinung, dass in diesem Bereich die Lehrer von den Schülern lernen könnten, scheinen die Fähigkeiten gleichmäßig verteilt zu sein. Für die normalen unterrichtlichen Erfordernisse reicht es aber auch völlig aus, eine zeitgemäße Hardware mit der aktuellen Standard-Software bedienen zu können. Sie umfasst mindestens ein Schreib-, ein Präsentations-, ein Tabellen-, ein Grafikprogramm und ein Programm zum Erstellen eigener Webseiten sowie einen Browser.

Eine erste Aufgabe der Schule und des Lehrers bei der Benutzung des Internets durch Schüler besteht darin, sie über die vermeintlichen und die tatsächlichen Grenzen des „World-Wide-Web" selbst recherchieren zu lassen oder das Problem mit ihnen in einer Unterrichtsphase zu besprechen.

Die zeitgemäße Schulausstattung sollte heute in jedem Klassenraum Internetanschluss bereitstellen und mindestens über eine „mobile Einheit" auch die Möglichkeit bieten, den PC in den Unterrichtsablauf einzubeziehen. Für Geographie muss ein PC mit Internet-Anschluss und Beamer zur Verfügung stehen.

Sollen alle Schüler zugleich selbstständig am PC arbeiten, ist der Gang in den Computerraum notwendig. An einem PC sollten höchstens zwei Schüler gleichzeitig arbeiten. Mindestens der Lehrer-PC muss an einen Beamer angeschlossen sein. Die Erfahrung zeigt, dass die Schüler die ihnen erstellten

Arbeitsaufgaben am PC bereitwillig und sachgerecht erledigen; gleichwohl darf der Lehrer seine Aufsichtspflicht nicht verletzen, da immer wieder Schüler auch versuchen, während des Unterrichts E-Mails zu senden oder zu empfangen oder andere Seiten aufzurufen.

Die Arbeitsaufträge müssen auch hier klar und eindeutig formuliert sein. Die Arbeitsaufträge sollten mit Operatoren formuliert werden (finde, schreibe auf, nenne, sammle, ordne, vergleiche ...). Das bedarf einer gewissenhaften Vorbereitung durch den Lehrer. Am vorteilhaftesten ist es, wenn der Lehrer bestimmte Adressen vorgibt, die an mehreren Arbeitsplätzen gleichzeitig durchgearbeitet werden sollen. Damit wird ein „globaler Cyber-Rundumschlag" vermieden.

Alle aus dem Internet erhaltenen Informationen müssen mit der genauen Adresse und dem Datum des letzten Aufrufs bibliografiert werden. Für eine erforderliche genaue Nachfrage ist ein Ausdruck der aufgerufenen Seite anzufertigen.

Sinnvolle Recherchemöglichkeiten sind beispielsweise
- Begriffsklärungen,
- die Suche nach aussagekräftigen Bildern,
- der „state-of-the-art" eines Inhalts (z. B. der Plattentektonik oder des Entstehens von Hurrikanen oder der Standortproblematik von Dienstleistungsunternehmen),
- aktuelle Statistiken (Weltbevölkerung, Europäische Union ...),
- aktuelle geowissenschaftliche Forschungsprojekte (Plattentektonik ...),
- aktuelles Wetter und Klimaänderung,
- Erdbebengeschehen (Seismographenaufzeichnungen),
- aktuelle Naturereignisse (Vulkanausbruch, Erdbeben ...),
- Informationen über Wirtschaftsunternehmen und ihre Standorte,
- Informationen über Planungsvorhaben und ihre Probleme.

Sollen die Ergebnisse der Recherche vorgetragen werden, so ist darauf zu achten, dass der Schüler nicht einfach gespeicherte und auf dem Bildschirm sichtbare Seiten vorliest, sondern strukturiert und übersichtsartig referiert, was seine Recherche ergeben hat. Erwartet der Schüler eine besondere Benotung, muss eine schriftliche Zusammenfassung der Rechercheergebnisse vorgelegt werden.

Erstellung von Texten

Das Verfassen und Schreiben von Texten ist Hauptaufgabe von Lehrern und Schülern. Ein leistungsfähiges, „absturzsicheres" Schreibprogramm gehört daher zur Grundausstattung. Heutige Programme können nicht nur Texte schreiben, sondern auch Text-Bild-Seiten gestalten, Tabellen, Fußnoten und Seitenzahlen einfügen, vielerlei Schriftarten und -größen drucken u. a. m. Von den Schülern ist zu fordern, dass sie sich sichere Kenntnisse in der Bedienung der Tastatur im Zehnfingersystem möglichst früh erarbeiten. Hierfür sind auch Lernprogramme erhältlich. Außerdem müssen sie sich einarbeiten in die übersichtliche Aufteilung von Schreibseiten, wenngleich Schreibprogramme auch Musterseiten vorgeben, die mit dem eigenen Text überschrieben werden können. Viele der erforderlichen Informationen zur richtigen Aufteilung von Seiten und zur übersichtlichen Schreibweise (z. T. handelt es sich auch um DIN-Vorschriften) können Anleitungen für schriftliche wissenschaftliche Arbeiten oder Handbüchern für die Büropraxis entnommen werden.

Texte können auf Papier gedruckt werden, aber auch auf Folie und dann als Overhead-Folie im Unterricht eingesetzt werden. Dabei ist auf einen angemessenen seitlichen Rand, eine möglichst große Schrift und darauf zu achten, dass das Format der OH-Folie in der Regel „quer" ist, weil dann das vertikale Verschieben auf dem OH-Projektor entfällt. Auf Folien im Originalmaßstab kopierte Buchseiten sind bei der OH-Projektion meist schon bei geringem Abstand nicht mehr lesbar und daher so ungeeignet.

Erstellung von Grafiken und Skizzen

Gerade für den Erdkundeunterricht gehört ein leistungsfähiges Grafikprogramm zur Standardausrüstung des Computers. Mit ihm können gescannte Bilder qualitativ, aber auch inhaltlich bearbeitet und auf eine beliebige Unterlage gedruckt werden, beispielsweise auf eine OH-Spezialfolie für Drucker. Die inhaltliche Bearbeitung kann z. B. sowohl das Einfügen von Text oder eines Hinweispfeiles oder eines Markierungskreises sein, aber auch bis zur völligen Veränderung des Bildes z. B. durch Entfernen von Bildelementen oder ihre Hinzufügung gehen. Zum Schutz von OH-Folien gibt es Spezialhüllen; die üblichen Klarsichthüllen sind zur längeren Aufbewahrung von gedruckten Folien nicht geeignet und „schlucken" bei der OH-Projektion viel Licht, sodass die Folie umständlich aus der Hülle herausgezogen werden muss. Über einen digitalen Fotoapparat können unter Umgehung eines Fotolabors eigene Bilder direkt im Grafikprogramm gespeichert und bearbeitet werden. Grafikprogramme stellen meist bereits eine große Anzahl von Fotos kostenlos zur Verfügung.

Erstellung von Karten

Das aufwändige Verfahren, eigene Karten zu entwerfen, erübrigt sich meistens heute dadurch, dass Schulbuchverlage und Grafiksammlungen Kartenumrisse von Ländern und Kontinenten anbieten; die Landesvermessungsämter liefern topographische Karten der Länder Deutschlands auf CD, was vielfältige Nutzungsmöglichkeiten eröffnet. Als Grundlage der eigenen Karte kann auch ein Scan aus dem Atlas dienen, der dann weiter bearbeitet wird. Beim Scannen oder bei der Nutzung von Kartensammlungen müssen immer die Eigentumsrechte der Vorlage sorgfältig beachtet werden.

Lernprogramme

Lernprogramme dienen dem Erlernen oder Wiederholen eines Sachverhaltes oder von Sprachen. Sie arbeiten in der Regel mit Wort (Lautsprecher), Text und Bild. Der Schüler hat die Möglichkeit, interaktiv zu arbeiten, d. h., er erhält auf seine Antworten durch das Programm eine Reaktion (richtig, falsch, zu ungenau, wiederholen etc.). Er kann die einzelnen Lernschritte nach eigener Zeiteinteilung bearbeiten und beliebig wiederholen. Durch die Speicherung der richtigen bzw. falschen Antworten ergibt sich die Möglichkeit einer Evaluation, deren Ergebnis je nach Erfolg zum Fortsetzen oder Wiederholen des Programms auffordert. Lernprogramme können vom Schüler allein am Computer bearbeitet werden.

Ein Lernprogramm kann als Quiz aufgebaut sein, in dem in Form eines Wettbewerbes nach Begriffen gefragt wird. Es können sich mehrere Personen beteiligen, die vom Programm jeweils mit ihrem Namen angesprochen werden. Der Lernerfolg eines solchen Quiz' wird häufig von dem Bestreben überlagert, möglichst viele Fragen richtig zu beantworten, sodass weniger auf die Inhalte als auf das Ergebnis geachtet wird. Der Lernerfolg ist dann gering. Die häufige Wiederholung führt dazu, dass die richtigen Antworten bald bekannt sind. Belohnt das Programm richtige Antworten mit einem positiven Signal oder einer Wortäußerung, so zeigt die Erfahrung, dass das nur beim ersten Durchgang akzeptiert, bei späteren Durchläufen aber als störend empfunden und der Ton abgeschaltet wird (was in der Regel möglich ist).

Simulationen

Mithilfe von Simulationen kann der Verlauf von Prozessen durch Veränderung von Variablen beeinflusst werden. Mithilfe eines Zufallsgenerators können die externen Bedingungen zusätzlich verändert werden. Wenn es sich beispielsweise um Bevölkerungsentwicklungen oder die Entstehung eines Hurrikans dreht, kann die Simulation zu neuen Einsichten führen. Es besteht immer die Möglichkeit, dass gerade bei Bearbeitungsgruppen am Computer aus der Simulation ein – nicht beabsichtigtes – Spiel wird, bei dem es darum geht, wer den „worst case" simulieren kann. Bei Simulationen, die sich mit Problemen der Menschen beschäftigen (z. B. Landwirtschaft in Entwicklungsländern unter Einfluss extremer Variabilität der Witterung) kann aber auch der Vorwurf entstehen, man spiele hier mit der Not der Menschen.

Internet und World Wide Web

Der Zugang zum Internet ist einer der Hauptvorteile des Computers. Adressen im Internet, die für den Geographieunterricht bedeutsam sein können, sind als Print oder über spezielle Anbieter (Links auf der Seite des Verbandes Deutscher Schulgeographen http://www.erdkunde.com/info/internet2.htm) erhältlich. Webseiten stellen Texte, Bilder, oft auch Filme und Links zur Verfügung. Werden Inhalte einer fremden Webseite übernommen, sind Eigentumsrechte zu beachten. Weiterhin können über Suchmaschinen gezielt Adressen gesucht werden.

Der besondere Vorteil, aber zugleich auch mögliche Nachteil des Internets ist es außerdem, dass die Seiten jederzeit verändert oder sogar gelöscht werden können. Dadurch können sie einerseits in höchstem Maße aktuell sein, andererseits könnten beispielsweise Informationen, die Grundlage eines Referates gewesen sind, plötzlich geändert oder sogar gelöscht und damit nicht mehr überprüfbar sein. Daher ist es notwendig, zu jeder im Literaturverzeichnis angegebenen URL (der Adresse der Webseite) das Datum hinzuzufügen, an dem sie zuletzt aufgerufen wurde. Wichtige Informationen aus dem Internet sollten zur Dokumentation im Original ausgedruckt werden.

Auf jeden Fall darf die Informationssuche aus dem Internet nur eine der möglichen Grundlagen für die Erarbeitung einer Schülerarbeit sein; ggf. sollte der Lehrer die Literatur nennen, auf die sich der Schüler in seiner Arbeit berufen soll. Der Auftrag „Sucht bitte im Internet selbst …" ist eher kontraproduktiv.

Ins Internet können auch eigene Webseiten eingestellt werden. Wenn keine bestehende Domain benutzt werden kann (z. B. die schuleigene), muss eine eigene Domain gekauft werden. Dafür wird eine Jahresgebühr erhoben. Die Verfügbarkeit des Wunschnamens einer Domain kann über den Provider geprüft werden. Jeder Domain-Name wird nur einmal vergeben. Auf diese

Weise können sich neben Einzelpersonen auch Schulen, Fachabteilungen oder Klassen mit ihren Projekten im Internet vorstellen. Bei großem Ehrgeiz und professioneller Hingabe können die Seiten in einer Programmier-Sprache verfasst werden, die gelernt werden muss.

Weniger professionell, aber im Ergebnis durchaus ansehnlich ist es, wenn Programme benutzt werden, die die in Form von Text oder Bild eingegebenen Inhalte selbstständig in das erforderliche Format übertragen. Die so erzeugten Seiten können dann mithilfe der vom Provider übermittelten Daten über ein FTP-Übertragungsprogramm problemlos auf den Server übertragen werden und stehen unter der gewählten Seitenadresse innerhalb der Domain im Internet zur Verfügung. Webseiten müssen „gepflegt", d. h., ständig aktualisiert werden. Damit dies auch bei Schülerprojekt-Seiten geschieht, muss ein Verantwortlicher bestimmt werden (vgl. dazu BALDENHOFER/MARSCHALL 2001).

Als besonders erfolgreich für den Einsatz im Erdkundeunterricht auch schon in unteren Klassenstufen sind die von Google und Microsoft/NASA in ihren Grundversionen kostenlos zur Verfügung gestellten Satellitenbildprogramme „Google Earth" bzw. „World Wind". Jeder beliebige Raumausschnitt der Erdoberfläche lässt sich nicht nur anschauen, sondern auch quantitativ mithilfe der angegebenen Bilddaten (z. B. Flughöhe, Messlatte, Meereshöhe) bearbeiten. Die Bildausschnitte können z. B. bei Google Earth in verschiedenen Geschwindigkeiten angesteuert, in der Betrachtungshöhe erheblich variiert und in der Bildebene bis zur Horizontalen gekippt werden – wobei die Anschauung für große Gebiete sogar dreidimensional eingestellt werden kann. So ergeben sich beispielsweise in den Alpen grandiose Einblicke in die Landschaftsgestalt.

Die gewünschten Raumausschnitte können durch die Ortsangabe (bis zur Straßennummer) über eine Suchfunktion auch automatisch angesteuert werden, sodass der Standort der eigenen Schule in kürzester Zeit nicht nur sichtbar, sondern durch die eingeblendeten Koordinaten auch genau bestimmbar ist. Das zugrunde liegende Bildmaterial ist in seiner Qualität (Aufnahmedatum, Auflösung) unterschiedlich gut, die Bilder sind aber neueren Datums und zahlreiche, gesondert ausgewiesene Objekte sind in sehr hoher Auflösung vorhanden. Beispielsweise ist es auf dem Bild des Reichstagsgebäudes in Berlin deutlich möglich, Passanten auszuzählen oder in New York Ground Zero in Einzelheiten auszumachen oder die Schiffsbewegungen im Suezkanal zu erfassen. Die Bildausschnitte können gespeichert und gedruckt werden.

E-Mail

E-Mails können als Anlagen Bilder, separate Texte etc. enthalten. Die Übermittlung ist schnell, und der Empfang wird bestätigt, wenn der Adressat eine entsprechende Funktion eingerichtet hat. Manche – meist die kostenlosen – Provider beschränken den E-Mail-Empfang eines Adressaten auf eine bestimmte Datenmenge. Darüber hinaus eingehende E-Mails werden dem Absender als unzustellbar gemeldet.

In der Schule bietet es sich an, per E-Mail Anfragen an Institutionen zu richten, aber auch im Rahmen des interkulturellen Lernens E-Mail-Briefpartnerschaften mit Einzelpersonen oder Schulen in der Welt zu etablieren. Der umständliche Versand von Sammel-Briefsendungen auf dem Postweg zur Partnerschule entfällt (vgl. SCHALLHORN 1987). Der Versand der E-Mails kann so verabredet werden, dass beide Partnergruppen gleichzeitig am Computer arbeiten. Infolge des Zeitunterschieds auf der Erde ist das allerdings nur bei nicht zu großer Differenz der Längenkreislage möglich (vgl. dazu SCHULER 2001). Im Jahre 2006 hat die GeoUnion/Alfred-Wegener-Stiftung die Möglichkeit angeboten, dass Schulklassen während einer aktuellen geowissenschaftlichen Antarktis-Expedition mit den Teilnehmern per E-Mail Kontakt aufnehmen und sich über die praktische Arbeit der Expeditionsteilnehmer zeitgleich informieren.

Chat

Eine besondere Form der Diskussion im Internet stellt der Chat dar. Hier können angemeldete Teilnehmer unter einem selbst gewählten Pseudonym miteinander diskutieren, „chatten". Es ist eigentlich ein Gespräch ohne Gegenüber, ohne Wahrnehmung der Gesten und Mimik. Kleine Figuren, „Emoticons", die die jeweilige Befindlichkeit des Verfassers einer Äußerung andeuten sollen, können diesen Mangel nur schwerlich beheben. Die Teilnahme an einem Chat kann zu „elektronischer Bekanntschaft" führen, die aber auch in eine persönliche münden kann. Grundsatz des Chattens ist aber die Anonymität; dadurch bleibt es eher auf den privaten Teilnehmer beschränkt. Auch hier sollte – wenigstens im Bereich Schule – auf sorgfältige sprachliche Äußerung geachtet

Notiz
- Computereinsatz in der Schule muss angemessen und überlegt erfolgen.
- Die Erarbeitung der Grundkenntnisse in der Computerbenutzung sind auch eine Aufgabe der Eltern.
- Der PC soll im Unterricht auch zur Anfertigung multimedialer Dokumentationen dienen.

werden, wenngleich sich beim Chatten inzwischen andere Gewohnheiten gebildet haben.

Multimedia

Besonders gelungene Projekte – zum Beispiel aus dem Seminarkurs oder auch aus dem regulären Unterricht – können als Multimedia-CD-ROM veröffentlich werden. Ein Multimedia-Projekt enthält Texte, Grafiken, Simulationen und Filmsequenzen. Beim Online-Abspielen mithilfe eines Browsers können eingebettete Links aktiviert werden und den Inhalt erweitern und vertiefen. Die Anfertigung einer Multimedia-CD-ROM stellt mithilfe der entsprechenden Programme keine außergewöhnliche Schwierigkeit, allerdings erheblichen Zeitaufwand dar. Sie setzt hohes Engagement des Lehrers voraus und erfordert letztlich die Teilnahme von Schülern, die sich in besonderer Weise mit den Möglichkeiten der Multimedia-Software auskennen, auch programmiertechnische Fertigkeiten haben und die weniger Versierten anleiten können. Die Herstellung einer Multimedia-CD-ROM kann eine „besondere Lernleistung" einer Schülergruppe sein, beispielsweise im Rahmen des „Seminarkurses". Die fertige CD-ROM kann bei entsprechenden Unternehmen relativ preisgünstig in großen Mengen gebrannt werden, wenn sie nicht nur in kleiner Auflage im Eigenverfahren hergestellt werden soll. Näheres zur Multimedia-CD-ROM bei FRITSCH (2001) und MARSCHALL/BALDENHOFER (2001).

Einzel-/Partner-/Gruppenarbeit

Wenn im Verlaufe der Unterrichtsstunde die Methode gewechselt werden soll, dann bietet sich der Wechsel zur Einzel-, Partner- oder Gruppenarbeit meist als unproblematisch an. Bei der Gruppenarbeit kann es allenfalls hinderlich sein, wenn die Möblierung im Klassenraum erst umgestellt werden muss, damit die Gruppen beisammensitzen können. An Gruppenarbeit gewöhnte Schüler führen dies – wie das spätere Aufräumen – aber auch sehr schnell und ohne größere Störung des Unterrichtsablaufs durch. Vorteilhaft ist es natürlich, wenn diese Vorbereitungen in der Pause vor der Stunde erfolgen können. Dazu muss der Lehrer in der vorausgegangenen Unterrichtsstunde schon aufgefordert haben.

Während Einzelarbeit den Schülern geläufig ist und keiner besonderen Absprache bedarf, bieten Partner- und Gruppenarbeit vielfältige Möglichkeiten der Ablenkung. Das ist besonders der Fall, wenn Partner oder Gruppenmitglieder frei gewählt werden können. Dann ergeben sich oft Arbeitsgruppen mit Schülern, die nur wenig sach- und fachbezogen arbeiten.

Eine gute Möglichkeit, dies zu verhindern, ist, die Partner oder Gruppenmitglieder per Los zu bestimmen. Gerade in mittleren Klassenstufen können allerdings unterschwellige Animositäten zwischen Schülern zutage treten, von denen der Fachlehrer bisher noch nichts wusste. Es gibt Fälle, dass ein Schüler den Lehrer bittet, ihn in eine andere Gruppe zu versetzen, weil er meint mit einem Gruppenmitglied nicht zusammen arbeiten zu können. Diesen Fällen nachzugeben, erscheint pädagogisch sinnvoll; es wäre aber auch zu überlegen, ob die Schüler nicht mit sanftem Druck und unter Zureden dazu gebracht werden sollten, auch mit denen zusammenzuarbeiten, mit denen sie sich bisher nicht gut vertragen haben. Aus der Sicht seines Erziehungsauftrages sollte der Lehrer diesen schwierigeren Weg gehen. Dass er dann diese Gruppe in besonderem Maße beobachten und unterstützen muss, ist selbstverständlich.

Besonders bei der Gruppenarbeit ist stets der klar formulierte Arbeitsauftrag mit einer genauen Zeitvorgabe erforderlich. Einzelarbeit bzw. partneroder gruppenschaftliches Arbeiten bedeuten keineswegs „Auszeit" für den Lehrer, sondern besonders sorgfältige Vorbereitung der Arbeitsaufträge, gedankliches Durchspielen der möglichen Gruppenzusammensetzung, Reflexion über die möglichen Ergebnisse und genaue zeitliche Planung des Unterrichtsablaufes.

Während der Arbeitsphase beobachtet der Lehrer aufmerksam die Schüler hinsichtlich ihrer personalen Kompetenzen, d. h., wie sie sich in die gemeinschaftliche Arbeit einbringen. Dabei kann er folgende Kriterien auch für eine begründete Benotung zugrunde legen:
- Fügt der Schüler sich in die partnerschaftliche Arbeitsteilung ein? Beteiligt sich der Schüler in ruhigem, sachlichem Ton an der Diskussion?
- Kann der Schüler anderen sachbezogen zuhören?
- Kann der Schüler innerhalb der Gruppe Akzente setzen in Bezug auf die Methode, den Inhalt, das Material, die Art der Bearbeitung, die Verteilung der Funktionen innerhalb der Gruppe etc.?
- Übernimmt der Schüler ohne viel Aufhebens die ihm von der Gruppe übertragenen Funktionen?
- Ist der Schüler konzentriert oder lässt er sich leicht ablenken?

Diese Beobachtungspunkte sollten den Schülern vor der Gruppenarbeit mitgeteilt werden. Sie können sich dann darauf einstellen. Sie haben hier durch sachbezogenes und gruppenförderndes Verhalten aber auch die Möglichkeit, ihre Benotung zu verbessern.

Während die Einzelarbeit mit dem klar formulierten Arbeitsauftrag und der Zeitvorgabe auskommt, bedarf es bei der Gruppenarbeit darüber hinaus von vornherein klarer funktionaler Zuordnungen. So müssen die Gruppenergebnisse nach Fortschritt festgehalten werden, d. h., ein Schriftführer ist zu bestimmen. Damit die Zeitvorgabe eingehalten werden kann, muss ein Gruppenmitglied die Aufgabe übernehmen, auf den Zeitverlauf zu achten, zur Eile anzuspornen oder vertiefendes Eingehen auf das Thema zu verlangen. Schließlich muss von Anfang an jemand dazu bestimmt werden, das Ergebnis der Gruppenarbeit dem Plenum vorzustellen, und es muss jemand in der Gruppe für den geordneten Ablauf der Gruppenarbeit insgesamt sorgen, der Gruppenleiter. Er muss die Schüler zur Diskussion ermuntern und sie nach Art des Diskussionsleiters aufrufen, er muss insgesamt in der Gruppe für Ordnung sorgen, und er ist Ansprechpartner für den Lehrer. Auf diese Weise sind bereits vier Funktionen in einer Arbeitsgruppe verteilt, und wenn noch zwei Schüler ohne besondere Funktionen hinzukommen, dann beträgt die Gruppen-

Notiz

- Einzel-, Partner- und Gruppenarbeit bedeuten erhöhten Vorbereitungsaufwand für den Lehrer.
- Gruppen müssen verschiedene Funktionsträger bestimmen.
- Gruppenarbeit bedarf mindestens einer Doppelstunde.

stärke sechs Schüler – was in einer Klasse mit 30 Schülern zu fünf Gruppen führt.

Für die Präsentation der Arbeitsergebnisse muss pro Gruppe mit mindestens fünf Minuten gerechnet werden, sodass allein dafür insgesamt schon ca. eine halbe Zeitstunde zur Verfügung stehen muss. Damit sich der organisatorische Aufwand lohnt, sollte die Gruppenarbeitsphase ebenfalls eine halbe Zeitstunde dauern, sodass mit entsprechender Pufferzeit sowie Vor- und Nachbereitung der eigentlichen Gruppenarbeitsphase mindestens eine Doppelstunde für Gruppenarbeit notwendig ist.

Das ist bei einem zweistündigen Fach wie der Geographie ein zusätzliches Problem, wenn die beiden Unterrichtsstunden an verschiedenen Tagen vorgesehen sind. Ein Stundentausch mit einem Kollegen ist vielleicht hin und wieder möglich, aber eigentlich nur Notbehelf. Eine andere Rhythmisierung der Stunden ist nur sehr schwer zu realisieren.

Erdkundeheft

Zu Zeiten der unproblematischen elektronischen Speichermöglichkeiten von Text und Bild sowie attraktiver Schulbücher erscheint es geradezu altbacken, die Schüler dazu anzuhalten, ein Erdkundeheft nicht nur zu haben, in das dann Tafelanschriebe und Hausaufgaben eingetragen werden sollen, sondern es auch zu führen. Ein Heft zu führen bedeutet, es bewusst zu gestalten.

Weil das Erdkundeheft sowohl Texte als auch Statistiken, Diagramme und Zeichnungen bzw. Faustskizzen enthalten wird, ist es ratsam, ein (einfaches) Heft mit karierten Seiten und höchstens einer senkrechten, fett gedruckten Randlinie, aber keinesfalls mit perforiertem Rand zu wählen (Type 22 oder 28). Da das Heft längere Zeit über benutzt werden soll, führt der perforierte Rand schnell zur Herauslösung von Seiten. Da das Erdkundeheft schließlich aus mehreren Einzelheften besteht, ist es ratsam, auch wegen der Gewichtsersparnis in der Schultasche kein Doppelheft anschaffen zu lassen.

Das Erdkundeheft muss ein Titelblatt mit dem Namen des Schülers und auf den ersten Seiten ein Inhaltsverzeichnis enthalten; die Seiten müssen mit Rändern und Seitenzahlen versehen und die Inhalte handschriftlich übersichtlich und anschaulich eingetragen sein. Ein Stichwortverzeichnis ist wünschenswert; damit es nicht wegen des ständig anwachsenden Inhalts und der handschriftlichen Gestaltung wiederholt neu geschrieben werden muss, empfiehlt sich die Anlage als (A7-) Karteikasten. Dieser Teil des Erdkundeheftes könnte auch erfolgreich mithilfe des PC geführt werden. Alle diese Erfordernisse fallen nicht jedem Schüler leicht.

Wenn Schüler dazu angehalten werden, ein Erdkundeheft zu führen, sind sie zunächst begeistert. Vor allem in den unteren Klassenstufen verzieren dann schnell Blumen die Seiten, werden die Texte mit aufwändig gestalteten Initialen geschmückt oder eigentlich nüchtern zu haltende Hervorhebungen im Text erfolgen statt durch schlichtes Unterstreichen durch bunte Schnörkellinien. Gestalten des Erdkundeheftes bedeutet für Schüler zunächst, es bunt zu malen, es mit eigenen Ornamenten zu verzieren. Der Aspekt des sachlich-übersichtlichen Erscheinungsbildes wird weniger beachtet.

Der Lehrer wird zunächst nicht verstanden, wenn er den Schülern klarmachen will, dass es sich beim Erdkundeheft um ein Sachheft handelt, das einer sachgerecht-nüchternen, vor allem übersichtlichen Gestaltung bedarf, damit der Schüler selbst die Einträge später schnell wieder nach Wichtigem und weniger Bedeutsamem unterscheiden kann. Das hat nichts damit zu tun, dass das Erdkundeheft nicht anschaulich sein soll. Aber die Anschaulichkeit muss im Dienste der Information stehen, nicht in dem des Ausschmückens.

Natürlich gehört auch zum Erdkundeunterricht ein Heft, in das die laufenden Hausaufgaben eingetragen werden können. Da der Erdkundeunterricht aber den Anspruch erhebt, aktuell zu sein, werden die Materialien im meistens doch schon einige Jahre alten Schulbuch nicht mehr die aktuellen sein; das betrifft vor allem statistische Daten wie Bevölkerungszahlen oder wirtschaftliche Strukturdaten. Sie können durch den Lehrer (oder per Internetrecherche durch die Schüler ab den mittleren Klassenstufen) in den Unterricht eingebracht und dann in das Erdkundeheft übernommen werden.

Besonders in den unteren Klassen zeigt es sich auch immer wieder, dass die Texte und Materialien im Lehrbuch für die Schüler schwierig, wenn nicht sogar noch zu schwierig sind. Der Lehrer bemerkt dies in der Regel, wenn die Texte aus dem Lehrbuch im Unterricht vorgelesen werden und das nur sehr stockend erfolgt, weil die Sätze zu lang sind oder fremde Wörter oder neu eingeführte Fachbegriffe erst beinahe buchstabiert werden müssen.

Im gemeinsamen Unterrichtsgespräch oder in Partnerarbeit ist das Wichtigste der Aussagen im Buch, evtl. ergänzt um weitere Informationen durch den Lehrer oder aus dem Atlas, an der Tafel oder auf Folie festzuhalten und in das Erdkundeheft zu übernehmen. Der Lehrer gibt den Schülern Hinweise dazu, ob sie die Seite besser quer oder längs anlegen. Unter einer markanten, deutlich vom übrigen Text abgesetzten, (mit Lineal) unterstrichenen Überschrift entsteht dann kein zweiter Lehrbuchtext, sondern werden die wichtigen Inhalte in Form eines Stichworttextes mit Spiegelstrichen in das Heft eingetragen. Geeignete Inhalte sollen auch so eingetragen werden, dass die systemischen Zusammenhänge erkennbar sind (z.B. in Form eines „Strukturschemas"). Die Verzweigung der inhaltlichen Bezüge eines Themas kann durch die gemeinsame Entwicklung einer Mindmap im Unterricht visualisiert werden. Auch sie wird dann in das Erdkundeheft übernommen.

Jedes neue Kapitel erhält eine neue Seite, auf der der Text übersichtlich und so angeordnet wird, dass die Seite gleichmäßig gefüllt ist. Das bedeutet, dass Einträge in das Erdkundeheft vorgeschrieben werden – d.h., die Schüler müssen dazu angehalten werden, im Unterricht nicht in ihr eigentliches Heft einzutragen, sondern den Text zunächst in einem „Vorschreibheft" zu notieren. Damit ergibt sich als permanente Hausaufgabe, die während des Unterrichts übernommenen Vorschriften in das Erdkundeheft einzutragen. Weiterführende Hausaufgabe ist dabei, die sich auf der jeweiligen Seite ergebenden Leerstellen (weil Texte i.d.R. eine Seite nicht vollständig füllen) sachgerecht mit eigenen Beiträgen in Form von Bildern oder weiteren Fremdtexten zu füllen, die aus unterschiedlichen Quellen stammen können (Reiseprospekte, Zeitungen, Illustrierte, Fernsehzeitschriften, auch Internet). Damit wird erreicht, dass die Schüler sich auch außerhalb des Unterrichts mit diesem Thema befassen und Informationen suchen, sichten, sammeln und für den eigenen Zweck selbstständig aufbereiten. Alle Ergänzungen im Heft, die nicht im Unterricht erarbeitet wurden, müssen durch Quellenangabe genau belegt sein.

Notiz
- Das Erdkundeheft ist kein Bilderbuch, sondern ein informatives Sachheft, das die Unterrichtsergebnisse festhält und ergänzt.
- Der Schüler lernt mit dem Erdkundeheft die Heft-„Führung".
- Das Erdkundeheft soll durch den Schüler selbstständig mit Informationsmaterial ergänzt werden.

Die Eintragungen in das Erdkundeheft erfolgen normalerweise handschriftlich. In begründeten Einzelfällen kann auch ein Text übernommen werden, den der Schüler am PC erstellt hat. Es sollte nicht unterschätzt werden, dass handschriftliches Schreiben bedeutsam für die Persönlichkeitsentwicklung bleibt, auch wenn Computer uns inzwischen viel bei der Schreibarbeit unterstützen können. Die Erfahrung zeigt aber, dass ein Schüler, dem ein übersichtlicher, richtig angeordneter, objektiv „ordentlicher" handschriftlicher Hefteintrag gelingt, auch bei der Textanordnung auf einer Seite besser zurechtkommt, die am PC erstellt worden ist.

Der Lehrer sollte – auch in Übereinkunft mit dem Klassenlehrer und den anderen Fachlehrern der Klasse – selbst beurteilen, inwieweit er Vorschriften für das Schreibwerkzeug macht. Zufällig erhaltene, billige Werbekugelschreiber sind wenig geeignet, Schüler sollten gutes Handwerkszeug besitzen. Blei- und Buntstifte müssen auf jeden Fall gespitzt sein (und immer wieder bei Bedarf gespitzt werden) und in richtiger Weise gebraucht werden: mit wenig Druck. Die Schrift darf nicht auf die nächste Heftseite durchdrücken. Filz- und Faserschreiber dürfen nur in einer Qualität benutzt werden, die gewährleistet, dass die Farbe nicht auf die andere Seite „durchschlägt". Bunte Farben sollten sparsam eingesetzt werden, die Seiten dürfen nicht „bunt" wirken, sondern die Farbe soll den Informationsgehalt und die Übersichtlichkeit betonen. Unterstreichungen erfolgen in der normalen Schriftfarbe oder in Rot, möglichst zurückhaltend mit Buntstift statt mit Filz- oder Faserstift. Andere Farben haben im Erdkundeheft in der Regel eine bestimmte Bedeutung, die in einer Legende grundsätzlich (zu Beginn des Heftes) oder auf der jeweiligen Heftseite geklärt wird.

Somit wird deutlich, dass das Erdkundeheft nicht den Charakter eines bunten Bilderheftes hat, sondern den eines informativen, das Lehrbuch ergänzenden Sachheftes. Ein Erdkundeheft kann schließlich mehrere Bände (= Hefte) umfassen; die einzelnen Hefte werden entsprechend gekennzeichnet und die Seiten durchnummeriert. Die Hefte können miteinander verbunden werden oder einzeln bleiben. Auf diese Weise begleitet das Erdkundeheft den Fachunterricht jahrelang, während das Lehrbuch des jeweiligen Schuljahres wieder abgegeben wird, wenn es dem Schüler im Rahmen der Lehrmittelfreiheit für das Schuljahr überlassen wurde. Ein pädagogisch interessanter Nebeneffekt besteht darin, dass der Schüler die Entwicklung seiner eigenen Gestaltungsfähigkeit über Jahre hinweg verfolgen kann.

Ein richtig gestaltetes Erdkundeheft hilft dem Schüler bei der Wiederholung der Unterrichtsinhalte und regt ihn dazu an, selbstständig das aktuelle geographische Geschehen zu verfolgen. Wenn das gelingt, hat der Geographielehrer sein Ziel erreicht, den Schüler für geographische Inhalte sensibel zu machen. Ein solches Erdkundeheft spiegelt zu großen Teilen auch Eigenleistung des Schülers, die bei der Leistungsbeurteilung nach Ermessen des Fachlehrers, aber transparent einbezogen werden soll.

Evaluation

Evaluation ist tagtäglicher Auftrag des Lehrers: Er muss Schülerleistungen bewerten und beurteilen und erhält damit zugleich die Bewertung des Erfolgs seines Unterrichts (vgl. SCHALLHORN 2004d). Manche empfinden die Schülerbeurteilung als die schwierigste, oft auch undankbarste Aufgabe im pädagogischen Alltag. Die Pflicht, die mündlichen, schriftlichen oder andere Leistungen eines Schülers am Ende des Schuljahres in Form einer einzigen Ziffer von eins bis sechs zusammenzufassen, erscheint oft dem Schüler insgesamt schließlich doch nicht gerecht zu werden. Immer wieder gibt es in seinem schulischen und privaten Umfeld Gründe, die ihn beim besten Wollen doch nicht so erfolgreich in der Schule sein lassen konnten wie andere. Evaluation in diesem Sinne führt zu einer Beurteilung über das, was der Schüler aufgrund des Unterrichts geleistet hat, nicht über das, was er leisten wird. Das unterscheidet die dem Lehrer vertraute Beurteilung und Bewertung der Schülerleistung grundsätzlich von dem, was eigentlich unter „Evaluation" zu verstehen sein soll: Evaluation hat eine deutlich zukunftsbezogene Komponente.

Im Kern handelt es sich bei Evaluation „um die Untersuchung der Arbeits- und Lernprozesse in der Klasse, der Lernbedingungen und Lernergebnisse", „um darüber zu Ansätzen für eine begründete Bestätigung oder Veränderung der Praxis in der einzelnen Klasse oder im Unterricht der ganzen Schule zu kommen" (BURKARD 2000, 50). Evaluation ist eine grundlegende Maßnahme im Rahmen der „Inneren Schulentwicklung" der Schule auf ihrem Wege, schließlich eine „gute Schule" zu sein.

> ■ „Eine gute Schule kann als Ort verstanden werden, wo Schüler/innen gefördert werden und Perspektiven für ein sinnerfülltes Leben entwickeln können, wo Technologie, Wirtschaft und Wirtschaftlichkeit im Mittelpunkt stehen, wo Geborgenheit, soziale Heimat, Zusammenarbeit und Solidarität besonders wichtig sind, oder als Ort, wo fachliche Eliten ausgebildet werden. Dies alles und noch vieles mehr kann ‚gute Schule' sein. Aber mit Sicherheit nicht eines davon allein. Und auch nicht alles zusammen: Schulqualität bildet ein Spannungsfeld von zum Teil widersprüchlichen Zielvorstellungen." (SCHRATZ u. a. 2000, 7) ■

Evaluation bezieht sich also auf die Qualitätsverbesserung der gesamten Schule. Sie bezieht das Verhältnis Eltern-Lehrer, Lehrer-Schüler, Schulleitung-Lehrer, Schule-Öffentlichkeit ebenso ein wie das Streben des Lehrers nach pädagogischer Professionalität (Lehrer als Lernhilfemanager) und seine ständige Suche nach Verbesserung der Qualität und damit des Erfolgs seines Unterrichts.

Um auf den Weg zur Qualitätsverbesserung von Unterricht und Schule insgesamt zu gelangen, muss ein Ziel (Schulethos) formuliert und der Ist-Zustand festgestellt werden, von dem ausgegangen werden kann. Die Bedeutung und Rolle von Schulaufsicht, Schulleitung, Lehrerkollegium sowie die des einzelnen Lehrers, von Eltern und Schülern müssen ebenso reflektiert und analysiert werden wie der Unterrichtserfolg und die Stellung oder das Ansehen der Schule in der Öffentlichkeit. Defizite müssen dargelegt und Möglichkeiten aufgewiesen werden, wie diese Defizite abgebaut werden können. Gerade das aber entzieht sich ohne Datengrundlage und ihre Reflexion weitgehend der sicheren Kenntnis. Beides muss also Bestandteil von Evaluation sein.

Hinzu kommt, dass die Tätigkeit aller an Schule Beteiligten komplex ist, die sich einfacher Beschreibung und Beurteilung weitgehend entzieht. Erst die längerfristige genaue Beobachtung – auch Selbstbeobachtung – einer komplexen Tätigkeit erlaubt eine Analyse, die – auch mithilfe von Schulexternen – Schwächen aufzeigen und Wege zu ihrer Behebung weisen kann (vgl. ALTRICHTER u. a. (Hrsg.) 1998, 264).

Das zentrale Qualitätskriterium von Schule ist der Unterricht (vgl. z.B. SCHMOLL (u.a.) 2002, S. 39). Seine Evaluation ist damit Grundlage und „eine wesentliche Voraussetzung für Qualitätsentwicklung und -sicherung" der Schule (BURKARD u.a. 2000, 50).

Unterrichtsevaluation muss daher immer eingebettet sein in die gemeinsamen Ziele der Schule und der Fachabteilung. So wäre es denkbar, dass sich eine Schule ein Schulprogramm gegeben hat, in dem auf Vorschlag der Fachabteilung Erdkunde beispielsweise die Ziele aufgenommen wurden,
- die Schüler in bewusster – d.h. auch die Grenzen aufzeigender – Toleranz zu verständigem Verhalten gegenüber Ausländern und Mitschülern mit Migrationshintergrund zu erziehen (interkulturelle Erziehung),
- den Schülern sichere Kenntnisse zu vermitteln über den Heimatbereich und die Welt (Heimatbewusstsein und Weltkenntnis, vgl. SCHALLHORN/ CZAPEK 2002),
- die Schüler zum nachhaltigen Handeln zu erziehen (Nachhaltigkeitserziehung),
- den Schülern die Andersartigkeit des Lebens der Menschen in verschiedenen Kulturkreisen zu vermitteln,

- den Schülern die sicheren und wahrscheinlichen Veränderungen des Lebens durch die Globalisierung zu vermitteln (z. B. Verlust der regionalen Geborgenheit, Relativität der eigenen Lebensweise, wirtschaftlicher Wettbewerb mit weit entfernt liegenden Regionen),
- das Fach Erdkunde in besonderem Maße als fächerverbindend zu verstehen und die Zusammenarbeit mit den Natur- und Sozialwissenschaften gleichermaßen zu suchen und zu fördern.

Inwiefern diese Ziele im jeweiligen Klassenunterricht altersangemessen erreicht wurden, ist in einer Evaluation zu erheben. Dazu könnte eine schriftliche Befragung der Schüler dienen. Um Transparenz zu gewährleisten und zugleich das Vertrauen der Schüler zu gewinnen, das für die ernsthafte Beantwortung maßgeblich ist, sollte die gesamte Evaluation von der Ausarbeitung des Fragebogens an bis zur Auswertung in Zusammenarbeit mit der Klasse ggf. auch mit einigen (eher gewählten, denn bestimmten) Schülern als deren Vertreter durchgeführt werden. Wichtig ist, dass auf allen Stufen der Evaluation Anonymität gewährleistet ist.

Evaluiert werden können
- fachliche Kriterien (Unterrichtsinhalte),
- unterrichtliche Kriterien (Methoden, Unterrichtsablauf), aber auch
- lehrer- bzw. schülerbezogene Paradigmen (Verhalten, Mitarbeit, Konzentration, Engagement).

Die verschiedenen Items sollten so formuliert werden, dass ihre quantifizierbare Auswertung problemlos möglich ist. Das kann erreicht werden, indem nicht Fragen gestellt, sondern Aussagen vorgegeben werden. Die Schüler haben dann die Aufgabe, die Intensität zu bestimmen, mit der sie der Aussage zustimmen. Vorteilhaft ist eine Auswahlmöglichkeit unter fünf Intensitätsstufen, bei der sich eine Mitte ergibt sowie bei Zustimmung und Ablehnung je zwei Stufen möglich sind. Werden die Stufen mit Zahlen belegt, kann bei der Auswertung eine Bewertungsziffer errechnet werden. Dabei ist zu beachten, dass die positiven Werte negative, die negativen positive Wertungen ausdrücken können. Im folgenden Beispiel wird bei Aussage 1 die bestmögliche Antwort mit −2 gewertet, bei Aussage 7 mit +2:

	Intensität der Zustimmung / Ablehnung				
möglich:	+ +	+	*0*	–	– –
alternativ:	*immer*	*oft*	*manchmal*	*selten*	*nie*
alternativ:	+2	+1	0	–1	–2
Beispiele für Aussagen:					
1. Der Unterricht in Erdkunde überfordert mich.					
2. Die Schüler unterhalten sich, wenn der Lehrer am Overheadprojektor eine Folie erläutert.					
3. Im Fach Erdkunde wird das behandelt, was ich über das Leben der Menschen in der Welt erfahren möchte.					
4. Im Erdkundeunterricht ist es mir in der Klasse zu laut.					
5. Der Lehrer erklärt neue Inhalte so, dass ich interessiert zuhöre.					
6. Der Lehrer erscheint mir in der Klasse unsicher.					
7. Nach der Behandlung von Inhalten im Erdkundeunterricht habe ich mein Verhalten geändert.					
8. Für das Fach Erdkunde mache ich gerne meine Hausaufgaben.					

Die Ergebnisse der Evaluation werden mit der Klasse besprochen und qualifiziert. Für Teilbereiche, die gemeinsam als negativ festgestellt werden, weil sie dem Anspruch von „gutem" Unterricht zuwiderlaufen, werden gemeinsam Ziele festgelegt, die innerhalb einer bestimmten Zeit zu erreichen sind. Die Zielvereinbarung wird im Klassenraum ausgehängt. Nach Ablauf der Frist wird erneut evaluiert. Die Ergebnisse der Evaluation und die auf ihr beruhenden Maßnahmen bzw. erfolgten Veränderungen sollen auch der Schulgemeinschaft bekanntgegeben werden (Jahresbericht oder Evaluationsbericht aller Fächer etc.).

Der Evaluation des eigenen Unterrichts kann sich die Evaluation der Fachabteilung anschließen („Wie steht unsere Fachabteilung da im Vergleich mit den anderen der Schule?"). Hier gelten die gleichen Regeln wie für die Evaluation im eigenen Unterricht. Die Evaluation des Fachunterrichts und der Fachabteilung geht dann ein in die Evaluation der Schule insgesamt.

Die Evaluation stellt eine besondere Methode dar, die Schüler in den Unterricht als Mitverantwortliche für seine Qualität und seinen Erfolg einzubeziehen. Das setzt auf Seiten der Schüler Übung voraus. Mittelstufenklassen, die mit dem gutgemeinten Evaluationsvorhaben des Lehrers erstmals konfrontiert wurden, waren überfordert, weil sie es nicht gewohnt waren, in dieser Weise in die Gesamtverantwortung für den Unterricht einbezogen zu werden. In Klassen, die bereits seit den oberen Klassen der Grundschule über ihren Unterricht befragt wurden, ergaben sich aber stets

- eine bemerkenswert offene und ehrliche Bestandsaufnahme des Ist-Zustandes des Unterrichts – auch unter Berücksichtigung subjektiver oder objektiver Mängel auf Lehrer- wie auf Schülerseite,
- die verantwortungsvolle Formulierung des Soll-Zustandes und
- die – insbesondere für den Lehrer wichtige – Formulierung des methodischen Weges, auf dem nach Meinung der Schüler der angestrebte Soll-Zustand – also die Qualitätsverbesserung – erreicht werden soll.

Notiz

- Evaluation ist ein wichtiger Beitrag bei der Qualitätsverbesserung von Unterricht.
- Evaluation stärkt das Gefühl des Schülers, für den Erfolg des Unterrichts mitverantwortlich zu sein.
- Evaluation muss früh eingeübt werden und begleitet den Unterricht prozesshaft.

Da eine solche Evaluation des Fachunterrichts die Qualitätsverbesserung von Unterricht prozesshaft begleiten soll, muss sie während des Schuljahres mehrfach durchgeführt werden. Als besonders geeignet haben sich als Termine die Zeiträume zur Hälfte der Unterrichtshalbjahre und zur Hälfte des Schuljahres herausgestellt, insgesamt also drei Evaluationen im Schuljahr.

Experiment und Versuch

Experimente im Erdkundeunterricht haben vor allem im naturwissenschaftlichen Bereich des Faches ihren Platz. Auch wenn geographische Experimente oft nicht im strengen Sinne naturwissenschaftliche Experimente sind (LETHMATE 2003), sondern eher die Anschauung unterstützende Versuche oder auch Simulationen natürlicher Vorgänge im Klassenzimmer, so besteht doch kein Zweifel daran, dass der Unterricht durch Experiment und Versuch an Anschaulichkeit und damit Schülerinteresse gewinnt.

Experimente sind im naturwissenschaftlichen Sinne Aktionen, die streng protokolliert werden und mit einem bestimmten Versuchsaufbau messbare und wiederholbare Ergebnisse bringen. Das Experiment muss daher mit der Zielbeschreibung, dem Versuchsaufbau, der Durchführung mit genauer Beschreibung der Beobachtung, den Messergebnissen und der kritischen Überprüfung der Ergebnisse, d. h. der Reflexion über mögliche Fehlerquellen, im Erdkundeheft dokumentiert werden.

So verstandene Experimente können bereits – unter Beachtung der Sicherheitsbestimmungen – in unteren Klassen durchgeführt werden, sollten aber keine einmaligen Sensationen im Schulgeschehen bleiben. Der Lehrer hat zu reflektieren, welche Experimente oder Versuche er mit seinen Schülern mit angemessenem Aufwand durchführen kann. Meistens wird der Begriff „Experiment" im Erdkundeunterricht recht weit gefasst.

Klasse 7: Der Lehrer möchte anschaulichen, schülerorientierten Unterricht zeigen und hat in der Unterrichtsstunde „Dünen" ein Experiment zur Dünenbildung vorbereitet. Er hat feinen Sand aus dem Baumarkt und einen starken Ventilator mitgebracht. Nach der theoretischen Klärung des klimamorphologischen Vorgangs wird der Sand in einem Kasten mit erhöhtem Rand ausgebracht und der Ventilator angestellt. Der weht den Sand schnell auf eine Höhe zusammen, die den Kastenrand übersteigt, und bläst den Sand den Schülern ins Gesicht. Von Dünenbildung keine Spur. Der Lehrer hat sich ein an sich praktikables Experiment ausgedacht, es aber versäumt, sorgfältig unter Berücksichtigung von Sandmenge und Ventilatorgeschwindigkeit auszuprobieren.

Oder ebenfalls Klasse 7: Der Lehrer hat sich einen Versuchsaufbau zur Darstellung der Erdrevolution und Erdrotation ausgedacht. Ein Globus und als Sonne eine starke Lichtquelle stehen bereit. Der Lehrer schaltet die Lampe ein. Da sie aber den Schülern zugewendet ist, werden die stark geblendet, sehen von den Versuchen am Lehrertisch nichts und erkennen vor allem nicht die Schattenbildung auf dem Globus in Zusammenhang mit der Rotation und der Stellung der Erdachse. Der Lehrer bemerkt seinen Fehler nicht, die Schüler amüsieren sich.

Unterrichtsexperimente oder -versuche müssen also nicht nur theoretisch vom Lehrer ausgedacht, sondern auch praktisch erprobt sein. Das wird nur dann angemessen gelingen, wenn der Lehrer es gewohnt ist, in seinen Unterricht Experimente oder Versuche einzubeziehen. Nur in den Geisteswissenschaften ausgebildete Lehrer haben hier möglicherweise Defizite, die dadurch behoben werden können, dass der Erdkundelehrer die fächerverbindende Zusammenarbeit mit einem Naturwissenschaftler sucht.

Die beiden missglückten Unterrichtsbeispiele zeigen aber auch, dass der Erdkundelehrer vor dem Problem steht, weder über angemessene räumliche noch instrumentelle Voraussetzungen verfügen zu können. Der Geographieraum ist in den Schulbauprogrammen der Länder (immer noch) nicht vorgesehen und daher nur dann vorhanden, wenn es die Fachschaft verstanden hat, einen sonst nicht benötigten Raum für ihr Fach umzuwidmen. Die Geographiesammlung enthält in der Regel auch (noch immer) nicht die Geräte, die für Experimente und Versuche erforderlich sind, vor allem nicht in der Anzahl, dass die Schüler diese selbst durchführen können. Hier besteht sicherlich noch ein gravierendes Defizit in der Ausstattung der geographischen Fachbereiche an den Schulen.

Beispielsweise können folgende Experimente und Versuche ohne größeren Aufwand, aber unter Beachtung der Sicherheitsbestimmungen durchgeführt werden:

- Salz (Zucker) in Wasser auflösen: Sättigungsmenge bestimmen, Meerwasser simulieren, verschiedene Salzlösungen einfärben und ihr Verhalten beim Zusammengießen beobachten.
- Salzwasser trocknen lassen: Erkennen der Salzkruste, z. B. bei Bodenversalzung.
- Kressesamen in Boden mit unterschiedlichem Salzgehalt einbringen: Wirkung des winterlichen Streusalzes auf Pflanzenwachstum.
- Wasserkreislauf sichtbar machen: Wasser im Glasbehälter erwärmen, Farbe dazugeben (Tinte): Simulation einer Wasserströmung.
- Feuchte Flecken bei verschiedenen Temperaturen beobachten: Verdunstungsgeschwindigkeit in Abhängigkeit von Temperatur (evtl. auch Wind: Ventilator, auch Föhn).
- Wasserleit- und -speicherfähigkeit von Bodenarten (von Kies bis Ton) feststellen.
- Wasserströmungsverhalten und Fließgeschwindigkeit bei geradem und mäandrierendem Flusslauf feststellen (durchsichtiges Rohr oder Regendachrinne auf Brett montieren).

- Temperaturveränderung und Kondensation (an Spiegelglas) sichtbar machen und Kondensationstemperatur feststellen.
- Wasserklärung: Trübes Wasser (ggf. Ton einrühren) stehenlassen.
- Eis in/auf Wasser schwimmen lassen.
- Büroklammer/Stecknadel auf Wasser schwimmen lassen (Wasseroberflächenspannung).
- Ausdehnung von Wasser beim Übergang in den Aggregatzustand Eis (mit Wasser gefüllte Flasche ins Eisfach).
- Gefrierversuche mit Wasser unterschiedlichen Salzgehaltes.
- Kalknachweis mit verdünnter Salzsäure.

In Baden-Württemberg ist im allgemeinbildenden Gymnasium in den Klassen 5 und 6 das einstündige Fach „Naturphänomene" und in seinem naturwissenschaftlichen Zweig des G8 in den Klassenstufen 9 und 10 das vierstündige Kernfach „Naturwissenschaft und Technik" (NwT) eingeführt worden. Für beide Fächer ist im Bildungsplan der Unterricht in geographischen Inhalten durch Erdkundelehrer vorgesehen, weil er z. B. für die Bereiche Wasser, Wetter oder Boden prädestiniert ist (und Naturwissenschaftler an den Schulen Mangelware sind).

Einerseits ist das ein Gewinn geographischer Bildungsmöglichkeit in der Schule, andererseits wurden – vor allem im Fach Naturphänomene – zahlreiche experimentelle Unterrichtsanteile, die in der Regel großes Interesse bei den Schülern finden, aus dem Unterrichtsfach Erdkunde herausgelöst. Der relative Anteil eher theoretischer Aspekte steigt im Fachunterricht Erdkunde damit an.

Notiz

- Experimente und Versuche sind ein bedeutender Teil des Erdkundeunterrichts, wenngleich sie oft nicht im strengen Sinne „naturwissenschaftlich" sind.
- Experimente und Versuche müssen unter Beachtung der Sicherheitsbestimmung sorgfältig vorbereitet werden.
- Experimente und Versuche müssen von den Schülern sorgfältig protokolliert werden.

Facharbeit

In der Oberstufe des Gymnasiums können Schüler eine Facharbeit anfertigen, die über einen längeren Zeitraum hinweg angelegt ist und – je nach Land – auf die Jahresleistungsnote oder im Abiturblock angerechnet werden kann.[1] Sie soll in Absprache und unter enger Betreuung des Fachlehrers erarbeitet werden und wissenschaftspropädeutischen Charakter haben. Facharbeiten sollen nicht nur theoretische Abhandlungen eines Themas aufgrund von Literaturstudium bieten, sondern auch praktische, im Schwierigkeitsgrad und Umfang schülerangemessene Forschungsarbeit enthalten. Manchmal entwickelt sich eine Facharbeit als Grundlage für die Teilnahme an einem Schülerwettbewerb wie beispielsweise „Jugend forscht".

Eine besondere, kürzere Form der Facharbeit stellt die einer Klassenarbeit als „gleichwertig festgestellte Schülerleistung" dar, die in Baden-Württemberg für alle Schüler des Gymnasiums vorgeschrieben ist (vgl. HAAS 2004, 180). Sie soll ähnlichem Anspruch wie die Facharbeit gerecht werden, allerdings in dem für Vorbereitung und Anfertigung erforderlichen Zeitaufwand nur etwa dem für eine „normale" Klassenarbeit entsprechen. Der Fachlehrer muss das bei der Formulierung des Themas besonders sorgfältig beachten.

Ein Thema für eine Facharbeit im Fach Geographie zu finden, dürfte dem Erdkundelehrer nicht schwerfallen. Wenn das Prinzip besteht, Theorie und Praxis in angemessener Weise zu verbinden, so bietet die Region des Schulstandortes in der Regel ein breites Spektrum möglicher naturwissenschaftlicher wie sozio-ökonomischer Themen, die auch von Schülern in überschaubarer Zeit zu erarbeiten sind, beispielsweise

- die geomorphologische Entwicklung eines kleineren Raumausschnittes,
- die klimatischen Eigenheiten ausgewählter Situationen (Talprofil, verschiedene Stadtteile, Innenstadt/Außenbezirke, innerstädtische Heizflächen/Grünzonen ...),
- eine phänologische Kartierung eines Raumausschnittes,

---

1 „Die Abiturprüfung umfasst mindestens vier, höchstens fünf Komponenten. Fünfte Komponente ist entweder eine schriftliche oder eine mündliche Prüfung in einem weiteren Fach oder eine besondere Lernleistung" (Vereinbarung zur Gestaltung der gymnasialen Oberstufe in der Sekundarstufe II = Beschluss der Kultusministerkonferenz vom 7.7.1972 i.d.F. vom 16.6.2002, Ziff. 8.2.1).

- die Einzelhandelsentwicklung/Bevölkerungsentwicklung in einer Straße,
- die Sozialstruktur von Stadtvierteln anhand der Physiognomie des Baukörpers,
- Entwicklungsmöglichkeiten der Stadt durch Stadtplanungsmaßnahmen,
- die globalen Beziehungen eines Wirtschaftsunternehmens,
- Verkehrsführung und -lenkung in der Stadt.

Nachdem Einigung über das Thema erzielt worden ist, haben Fachlehrer und Schüler einen überschaubaren Zeitrahmen für den Ablauf der Arbeit zu entwerfen, der einzuhalten ist. Es muss von Beginn an klargemacht werden, dass Verzögerungen, die voraussichtlich dazu führen, dass der Gesamtzeitplan nicht eingehalten werden kann, zum Abbruch der Arbeit führen. Ein Abbruch der Arbeit muss nicht gleichbedeutend sein mit einer negativen Leistungsnote, vielmehr wird die erwartete Leistung nicht erbracht und erhält damit – wenn sie kein Ersatz für eine Pflicht-Leistungsnote ist – keine Leistungsnote. Die länderspezifischen Regelungen hierfür sind zu beachten. Der Fachlehrer sollte sich über das Maß der Toleranz bewusst werden, dass er dem Schüler beim Abgabetermin einräumt. Dem Schüler ist mit einer wenig stringent eingehaltenen Absprache auf Dauer nicht gedient.

> Ein Schüler der Abschlussklasse kommt immer wieder zu spät in den Unterricht. Die Fachlehrer der ersten Stunden ermahnen permanent zur Pünktlichkeit, ohne Erfolg. Sie sehen die Unpünktlichkeit aber auch nicht als gravierend genug für eine Schulstrafe an, besonders in Klasse 13. So ändert sich am Verhalten des Schülers nichts. Etwa ein halbes Jahr nach dem Abitur treffe ich den Schüler zufällig wieder. Nach Smalltalk über dies und das beklagt sich der Schüler darüber, dass er während der Schulzeit nicht energisch zur Pünktlichkeit erzogen worden sei. Er habe immer gedacht, die paar Minuten seien nicht so schlimm. Der mühsam gefundene Arbeitgeber habe das anders gesehen, ihn zunächst abgemahnt und dann entlassen.

Nach der Vereinbarung über einen festen Zeitplan – insbesondere über den Abgabetermin – muss der Schüler erste Überlegungen zum Ablauf seiner Arbeit dem Fachlehrer vorlegen, mit ihm durchsprechen und darauf aufbauend eine Gliederung erstellen. Der Fachlehrer wird sich darum bemühen, dem Schüler „Türen" zu öffnen, d. h., Ansprechpartner zu vermitteln und externe Hilfestellungen zu ermöglichen. Der Schüler sollte dazu angehalten werden, mit außerschulischen Einrichtungen in Kontakt zu kommen und sich mit den Verantwortlichen dort persönlich auseinanderzusetzen. Der räumliche Rahmen und die Enge des so geknüpften Kontaktes bleiben im Rahmen des verabredeten Zeitplanes letztlich in der Verantwortung des Schülers. Der Fachlehrer muss darüber stets unterrichtet sein.

Besonders wichtig ist es, dass der Fachlehrer den Schüler berät und ihm die richtigen Grenzen aufweist, wenn der Schüler die praktische Arbeit (Feldarbeit) beginnt. Die Erfahrung zeigt, dass Schüler oftmals den zeitlichen Aufwand der Feldarbeit unterschätzen und deswegen ihre Ziele zu hoch stecken. Es erscheint besser, die Feldarbeit vor allem bei der Planung strikt zu begrenzen und von Anfang an exemplarisch auszulegen. So kann beispielsweise die Untersuchung einer Straße sich zunächst nur auf einen bestimmten Abschnitt beziehen; wenn die Arbeit zügig vorangeht, kann das Arbeitsgebiet ausgeweitet werden und umgekehrt. Auf jeden Fall sollte auch schon an dem möglicherweise gegenüber der Planung verkleinerten Abschnitt deutlich werden, wie der Schüler methodisch vorgegangen ist, welche Schwierigkeiten von Anfang an aufgetreten sind und welche Ergebnisse bei einer derartigen Arbeit zu erwarten sind.

Die Arbeit schreitet so im Zeitplan und in Absprache mit dem Fachlehrer voran und wird schließlich vom Schüler als Text mit Kartenmaterial und elektronisch gespeichert abgegeben. Da der Arbeitsfortschritt in enger Absprache mit dem Fachlehrer erfolgte, müsste die Leistungsbeurteilung im fachlichen Bereich insgesamt eher positiv ausfallen.

Bei der Leistungsbenotung sollte explizit deutlich werden, inwieweit der Schüler im Rahmen seiner Erarbeitung soziale Kompetenz erwiesen oder erlernt hat. Die fachlich ernsthafte und menschlich zuverlässige sowie lernbereite Zusammenarbeit mit dem Fachlehrer spielt hierbei eine genauso große Rolle wie die mit externen Ratgebern oder anderen Gesprächspartnern. Soziale Kompetenz erweist sich gerade in der Fähigkeit, auch mit schwierigen, weil persönlich andersstrukturierten Partnern gewinnbringend umzugehen. Auf diese besondere Erwartung bei der Erstellung einer Facharbeit muss der Fachlehrer auch die externen Partner hinweisen.

Wenn die Facharbeit in einen Schülerwettbewerb eingebracht werden soll, sind von Anfang an die spezifischen Ausschreibungsbedingungen zu beachten. Im Bereich „Geo- und Raumwissenschaften" des Wettbewerbs „Jugend forscht" erhalten immer wieder geographische Arbeiten auch bundesweite Preise, die aus Facharbeiten hervorgegangen sind. In gleicher Weise sind hier

> **Notiz**
>
> ■ Eine Facharbeit muss in enger Absprache mit dem Fachlehrer entstehen.
> ■ Das Thema der Facharbeit sollte Feldarbeit enthalten.
> ■ Eine Schüler-Facharbeit wird nicht nur nach fachlichen, sondern besonders auch nach dem Anteil sozialer Kompetenz bewertet.

beispielsweise die Wettbewerbe „Bundesumweltwettbewerb" des Instituts für die Pädagogik der Naturwissenschaften (Kiel) oder JANUS des Verbandes Deutscher Schulgeographen zu erwähnen, die – anders als „Jugend forscht" – aufgrund ihrer doch noch überschaubaren Teilnehmeranzahl eine relativ hohe Gewinnaussicht bieten (vgl. HUNTEMANN 2004). Schulen, die sich in besonderer Weise darin ausgezeichnet haben, ihre Schüler zur Erarbeitung geographischer Fragestellungen anzuregen, zeigen in der Regel ein hohes Interesse für den geowissenschaftlichen Fachbereich und sollten eine Bewerbung um den „Innovationspreis für Schulgeographie" der Professor Dr. Frithjof Voss-Stiftung erwägen (Informationen dazu unter *http://www.erdkunde.com*).

Fächerverbindung

Das Schulfach Geographie ist in der Vergangenheit insbesondere von den Stundentafeländerungen negativ getroffen worden. Obgleich die Bedeutung und Wichtigkeit geographischer Bildung von Politikern aller Parteien, Lehrerverbänden, der Elternschaft, der Hochschule und von den Medien immer wieder nicht nur betont werden, sondern auch allgemein anerkannt sind, steht die Anzahl der entsprechenden Unterrichtsstunden dazu in eigentlich unerklärlichem, geradezu diametralem Gegensatz. BIRKENHAUER folgerte aus dem Ungleichgewicht zwischen der anerkannt notwendigen und der tatsächlichen geographischen Unterrichtung unserer Schüler schon im Jahre 1986:

> „Man kann sich des Eindrucks nicht erwehren, dass man – aufgrund von jeweiligen Vorurteilen politischer, philosophischer und pädagogischer Art – den tatsächlich vorhandenen Wert des Faches im Sinne einer umfassenden politischen und weltbürgerlichen Bildung des heutigen Menschen (...) gar nicht zur Kenntnis nehmen will. (...) Man muss sich dessen bewusst sein, dass das Fach gegenwärtig offenbar nicht dem politischen Wollen entspricht." (BIRKENHAUER 1986, 72)

Fachübergreifender Unterricht und fächerverbindendes Lernen sind Organisationsformen des Unterrichts.[1] Wenn ein Fach seine Fachgrenzen überschreiten und Inhalte aus anderen Bereichen einbeziehen soll, wenn Fächer fächerverbindend zusammenarbeiten sollen, muss das Fach selbst und müssen Schulfächer die Grundlage des Unterrichts sein.

■ „Wissenschaftsorientierter Unterricht ist nur als Fachunterricht denkbar, weil die wissenschaftliche Erkenntnis der Welt sich auf bestimmte Aspekte – Gegenstände – beschränken muss und weil die von ihr verwendeten Methoden nicht generell gelten können. Wenn man so will, ist die fachliche Begrenzung der Preis, den wir für die wissenschaftliche Erkenntnis zu zahlen haben." (GIESECKE 1998, 291) ■

Fachübergreifender Unterricht und fächerverbindendes Lernen sind deswegen heute aktuell, weil interdisziplinäres Forschen insbesondere an den Schnittstellen der einzelnen Disziplinen die größte Gewähr dafür bietet, wissenschaftliches Neuland zu betreten. Außerdem aber sind sie Folge des Dilemmas der Bildungspolitik: Zwar hat man erkannt, dass neue Inhalte in die Lehrpläne aufgenommen werden müssen, aber es nicht gewagt, überholte aus ihnen zu verbannen. Im Fach Geographie müssen die Lehrpläne allerdings nicht „entrümpelt", höchstens bisher wichtige Inhalte durch neue, gleichermaßen wichtige ersetzt werden.

Noch vor wenigen Jahren waren Inhalte, die heute Standard sind – beispielsweise das El-Niño-Phänomen (ENSO), die Klimaveränderung oder nachhaltiges Wirtschaften – in den Lehrplänen nicht vertreten. Das bedeutet auch, dass das Fach angesichts neuer Aktualität und umfangreicher gewordener Aufgabenbereiche – geowissenschaftliche, ökologische, wirtschaftliche und kulturelle Inhalte – eher gestärkt, denn kontinuierlich geschwächt werden müsste.

Fächerverbindender Unterricht ist auf keine Schulart, keine Klassenstufe und kein Fach beschränkt, wenn es auch jeweils sicherlich Präferenzen geben mag. Fachübergreifendes Unterrichten den Schülern bewusstzumachen, ist auch Aufgabe des Fachlehrers, indem er in seinen Unterricht schlicht die Bemerkung einflicht, dass er jetzt Inhalte benutzt, die er aus der

---

1 Es sollte heißen „fachübergreifend" und „fächerverbindend" – ein Fach greift über seine Grenzen hinaus, Inhalte bestimmter Fächer verbinden sich. Das bestätigte Anfang des Jahres 2003 auf Anfrage auch das Max-Planck-Institut für Bildungsforschung, das aber zugleich darauf hinwies, dass gleichwohl der falsche Begriff „fächerübergreifend" häufig benutzt wird.

Chemie, Biologie, Physik oder welchem Fach auch immer übernommen hat.

Der Lehrer, der seine Stellung und die seines Faches innerhalb der Schule richtig einordnet, wird die Einbeziehung von Inhalten und Methoden aus anderen Fachbereichen immer schon gesucht und organisiert haben. Die Einbeziehung des Fachkollegen in Bereiche, für die man sich selbst nicht kompetent genug fühlt, ist selbstverständlich.

Das fachübergreifende bzw. fächerverbindende Prinzip kann sich in verschiedener Intensität vollziehen. Die einfachste Form ist die der schlichten Absprache unter Kollegen während der kurzen Pause in der Schule über die Reihenfolge bestimmter Inhalte in verschiedenen Fächern, beispielsweise die Übereinkunft, im Fach Erdkunde den Maßstab in Klasse 5 erst dann einzuführen, wenn im Fach Mathematik die dafür notwendigen rechnerischen Voraussetzungen geschaffen worden sind. Eine höhere Intensitätsstufe ist die feste Absprache unter Kollegen, zu einer bestimmten Zeit innerhalb des Schuljahres in verschiedenen Fächern bestimmte, einander ergänzende Aspekte eines Themas innerhalb einer bestimmten Stundenanzahl zu behandeln, z. B. „Indianer" etwa in Englisch, Biologie, Erdkunde, Geschichte, Kunst und Musik. Die höchste Intensität, weil die umfassendste Vorbereitung und Absprache erfordernd, bildet ein Projekt, an dem sich auch mehrere Fächer beteiligen können. Das Fach Geographie ist dabei prädestiniert, Leitfach zu sein – das erfordert aber das entsprechende Engagement der Fachabteilung oder des Fachlehrers. Fachübergreifender Unterricht kann institutionalisiert werden, indem er in den Lehrplan aufgenommen und damit verpflichtend wird.

Fächerverbindendes Unterrichten kann letztlich so weit gehen, dass die beteiligten Fächer zusammen ein neues Fach bilden. In Kreisen der Bildungspolitiker wird heute immer öfter über die Schaffung von Integrationsfächern wie „Kulturwissenschaften", „Gesellschaftswissenschaften" oder „Naturwissenschaften" spekuliert. Die unterrichtliche Aufteilung dieser Integrationsfächer soll dann den Schulen überlassen werden. Ein Vorteil könnte sein, dass sich die Kollegien selbst über die Anteile der einzelnen Fächer einigen müssten. Das erspare einerseits lästige Stundentafeländerungen und biete andererseits Raum zur Profilbildung der Schule.

Aktuelle Lehrpläne setzen „Bildungsstandards" fest, die zu einem bestimmten Zeitpunkt – in der Regel nach jedem 2. Schuljahr – erreicht worden sind und im Rahmen von landesweit ausgeschriebenen Evaluations-Arbeiten abprüfbar sein sollen (vgl. DGfG 2006). Bildungsstandards setzen Kompetenzen fest, also Fertigkeiten und Fähigkeiten, die die Schüler können und beherrschen sollen. Damit steht das Methodische in seinem Rang über den Inhalten. Da Methoden aber nicht inhaltslos unterrichtet werden können, müssen Inhalte gesucht werden, an denen die wünschenswerten Methoden eingeübt werden können.

Diese Inhalte bleiben den Schulen überlassen, die sich eigentlich jeweils eigene Curricula erarbeiten müssten – was aber oft dadurch unterlaufen wird, dass Schulbücher bestimmte Inhalte enthalten, die auch behandelt werden müssen, wenn das Lehrbuch Unterrichtsgrundlage sein soll. Das schuleigene Curriculum leitet sich dann vom Inhalt des eingeführten Lehrbuches ab, und die schuleigenen Vorstellungen bleiben zweitrangig.

Geographie gilt als Brückenfach oder Integrationsfach sowie als Zentrierungsfach der geowissenschaftlichen Fächer. Wichtig ist die richtige Herleitung der geographischen Inhalte, also die Herstellung des Raumbezugs, und die Erkenntnis des systemischen Zusammenhangs der Einzelfaktoren unter Zuhilfenahme der Ergebnisse der Nachbarwissenschaften – fachübergreifend und fächerverbindend.

Angesichts der immer noch starren Organisation von Schule und Unterricht war es insbesondere der Erdkundelehrer, der aufgrund der Lehrplaninhalte und seiner Ausbildung auch Inhalte anderer Fächer in seinen Unterricht einzubeziehen weiß. Dies geschah und geschieht weiterhin in Form des Projektunterrichts. Fachübergreifender Unterricht und fächerverbindendes Lernen werden heute im Sinne von „ganzheitlichem Lernen" aber auch in Lehrplänen und Bildungsstandards festgeschrieben.

Die Tendenz, Inhalte fächerverbindend zu unterrichten, kommt den Intentionen des Faches entgegen. Das Prinzip ist nicht neu, wurde aber und wird weitgehend vor allem in Zusammenhang mit anderen Schulfächern diskutiert – die bisher eben eher nicht fachübergreifend und fächerverbindend unterrichten.

Notiz

- Fachübergreifender Unterricht und fächerverbindendes Lernen setzt Fachunterricht voraus.
- Das Schulfach Erdkunde ist aus seinem Selbstverständnis heraus fachübergreifend und unterrichtet fächerverbindend.
- Das Schulfach Erdkunde nutzt Erkenntnisse aus Nachbarwissenschaften, bezieht sie auf den Raum und stellt ihren systemischen Zusammenhang dar.

Film

Das Unterrichtsfach Erdkunde ist ein medienintensives Schulfach. Wie in kaum einem anderen Fachraum in der Schule müssen im Geographieraum (sofern er in der Schule überhaupt vorhanden ist) alle Möglichkeiten des Medieneinsatzes vorhanden sein: Overhead- (= Tageslicht-) und Film-Projektor, Fernsehapparat (ohne TV-Empfangsteil) mit Videoabspielgerät, Computer mit DVD-Player und Video-/DVD-Kombination mit Anschluss an einen Beamer. Eine Lautsprecheranlage sorgt für den guten Ton. Der Diaprojektor ist immer noch eine sinnvolle Ergänzung der Geräteausstattung wie das ehrwürdige Epi(dia)skop, auch wenn beide inzwischen gewöhnlich durch die Projektion gescannter Bilder über den Beamer oder durch die OH-Projektion ersetzt werden.

Im Raum muss das Licht so weit verdunkelt werden können, dass einerseits die Projektionsqualität nicht unter zu großer Helligkeit leidet, andererseits es nicht so dunkel ist, dass sich die Schüler während der Projektion keine Notizen machen können. Die Bild- und besonders die Filmprojektion sind besondere Arbeitsphasen im Verlauf einer Unterrichtseinheit; sie werden von darin ungeübten Schülern aber nicht als Bestandteil des Unterrichtens angesehen, sondern als willkommene Abwechslung, bei der Aufpassen nicht unbedingt gefordert ist. Dieser Auffassung muss der Lehrer entgegentreten.

■ „Der Film ist ein Laufbild und daher im Geographieunterricht geeignet für die Darstellung prozesshafter räumlicher Sachverhalte. Neben dem konkreten, dreidimensionalen Modell kommt der Film der Realbegegnung vor Ort wohl am nächsten. Er zeigt geographische Phänomene mit ihren originalen Bewegungen und Geräuschen und kann dadurch ein weitgehend naturgetreues Abbild der Wirklichkeit geben." (Rinschede 2003, 343) ■

Nach KRAATZ (zit. RINSCHEDE 2003, 344) ergeben sich beim Einsatz des Filmes im Unterricht sowohl Vor- als auch Nachteile. Als Nachteile werden genannt
■ die Fülle von Details und als Folge davon nur ein verschwommener Eindruck von den Fakten,
■ schneller Ablauf der Geschehnisse, schnelle Abfolge,
■ der Film kann vom Lehrer in seinem Ablauf nicht verändert werden,
■ Inhalte, Methoden und Ziele sind nicht auf den individuellen Unterricht der Schüler ausgerichtet,

- die Darstellung der Inhalte kann subjektiv gefärbt sein,
- nicht unmittelbar sichtbar werdende Prozesse – z. B. im sozialgeographischen Bereich – können nur mittelbar wiedergegeben werden,
- räumliche Zusammenhänge können nur im Nacheinander der Filmszenen wiedergegeben werden.

Andererseits bietet der Film auch eine Reihe von Vorteilen (nach KRAATZ a. a. O.):

- Ein Film hat eine hohe Wirklichkeitstreue und -nähe,
- Prozesse können dynamisch in ihren Abläufen dargestellt werden,
- der Film hat eine hohe Anschaulichkeit und starke Motivation für den Schüler,
- die Inhalte prägen sich durch die Koppelung von Bild und Ton besser ein, wobei die Möglichkeit der emotionalen Beeinflussung des Betrachters durch den Ton berücksichtigt werden muss,
- der Film kann im Ganzen oder in Teilen beliebig oft wiederholt werden.

Ob ein Film vom Fachlehrer als motivierender Einstieg in eine neue Unterrichtseinheit oder als ihr zusammenfassender Abschluss ganz oder in Ausschnitten eingesetzt wird, muss er entscheiden. Wenn der Film viel Wissen voraussetzt, wird er sicherlich am Ende einer Unterrichtseinheit besser als zu Anfang eingesetzt. Vermittelt er vor allem Eindrücke, die die Schüler erstaunen und nachfragen lassen, wird er als Einstieg in die Unterrichtseinheit vorteilhafter verwendet werden können.

Immer aber muss der Film die Grundlage für eine Reflexion durch die Schüler sein. Entweder stellt der Lehrer vorher Fragen, die von den Schülern anhand des Filmes beantwortet werden sollen, oder er gibt ihnen einen Fragebogen aus, auf dem Fragen gestellt werden, die während der Projektion beantwortet werden sollen. Es ist auch möglich, dass die Schüler den Film insgesamt anschauen und sich anschließend darüber frei oder anhand von Leitfragen des Lehrers äußern.

Ein andere Möglichkeit, die Schüler mit dem Film arbeiten zu lassen, besteht darin, die Schüler im Anschluss an die Vorführung in Form einer Evaluation über das Gesehene

Notiz
- Der Einsatz des Films im Unterricht bleibt Unterricht und muss entsprechend im Unterrichtsablauf verankert werden.
- Die Inhalte des Films sind im zukünftigen Unterricht als besprochen vorauszusetzen und abfragbar.
- Der Einsatz des Unterrichtsfilms motiviert die Schüler in der Regel im besonderen Maße.

zu befragen. Neben pauschalen Wertungen des subjektiven Eindrucks („Mir hat der Film gefallen." – fünfstufige Bewertung von –2 bis +2) sind auch Einzelfragen möglich, die dem Lehrer Hinweise geben, ob die Aussage des Filmes verstanden worden ist, beispielsweise: „Ich weiß jetzt, wie es zu einem Vulkanausbruch kommt." – fünfstufige Bewertung. Wenn das Ergebnis erbringt, dass die überwiegende Anzahl der Schüler die Aussage positiv bewertet, könnte der Lehrer das durch schriftliche oder mündliche Überprüfung zu bestätigen versuchen. Er muss den Schülern vorher klarmachen, dass er ihre Antworten ernst nimmt und er die Inhalte, zu denen sich die Schüler sehr positiv äußern (in unserem Beispiel: Wenn sie also angeben zu wissen, wie es zu einem Vulkanausbruch kommt) zukünftig im Unterricht voraussetzt.

Um den Unterrichtscharakter der Filmvorführung zu unterstreichen, kann es auch sinnvoll sein, den Film an bestimmten Stellen anzuhalten und die Schüler zur schriftlichen oder mündlichen Stellungnahme aufzufordern; Grundlage dafür sind wieder die Aufgaben bzw. Fragen, die der Lehrer vorher gestellt oder auf einem Arbeitsblatt ausgeteilt hat. Wenn dadurch wichtige Eindrücke nicht vermittelt werden können – z. B. der emotionale Eindruck – kann der Film später erneut, dann aber ununterbrochen und vollständig gezeigt werden.

In besonderer Weise eignen sich für den Unterricht Filme, die didaktisch aufbereitet sind. Fremdwörter, bestimmte Verfahren oder Vorgänge werden in solchen Filmen oft schematisch oder nach Trickfilmart verdeutlicht. Filme, die als Fernseh- oder Kinofilme konzipiert wurden, sind in der Regel sehr eindrucksvoll, bieten aber keine besonderen Erklärungen; der untergelegte Kommentar muss dem Zuschauer ausreichen. Der Lehrer muss bei solchen Filmen steuernd eingreifen, indem die Fragen zu dem Film gerade das nur wenig Erklärte aufgreifen, wenn es inhaltlich wichtig ist.

Die Ausleihe der Filme erfolgt über die Landesbildstellen oder Medienzentren. Wenn Filme eingesetzt werden, die nicht über die Landesbildstellen verliehen werden oder für den Gebrauch im Unterricht nicht zugelassen sind, muss der Lehrer die medienrechtlichen Bestimmungen beachten.

In besonderen Fällen bietet es sich an, Kinofilme auch im Kino anzuschauen. Das der Schule benachbarte Kino wird gerne bereit sein, in Zusammenarbeit mit der Schule eine Sondervorstellung eines vom Lehrer empfohlenen Filmes für die Schüler mit ermäßigtem Eintrittspreis durchzuführen.

Freiarbeit

Die Methode der Freiarbeit ist eine der zentralen Arbeitsmethoden der reformpädagogischen Bewegung vom Anfang des 20. Jh. Eng mit ihr verbunden ist der Name der italienischen Pädagogin MARIA MONTESSORI (1870–1952). Da die Reformpädagogik sich im Grundsatz für die Individualisierung bei der Erziehung einsetzte und damit im Gegensatz zur faschistischen Ideologie des Nationalsozialismus stand, war sie in Deutschland in den Jahren 1933 bis 1945 verboten und verpönt.

Während in anderen Ländern die reformpädagogischen Ideen sich ausbreiten konnten, musste in Deutschland nach dem Zweiten Weltkrieg erst ein mühsamer Neubeginn der reformpädagogischen Erziehungs- und Unterrichtsmethoden unternommen werden. Dieser Neubeginn war in der Bundesrepublik immerhin theoretisch möglich, erwies sich aber als sehr schwerfällig, während er zu Zeiten der ehemaligen DDR aus ideologischen Gründen nicht zur Diskussion stand. Erst nach der Wiedervereinigung und den aufkeimenden bildungspolitischen Diskussionen in den 1990er Jahren fanden reformpädagogische Ideen auch Eingang in die Kultussysteme der neuen Bundesländer. Breiten Zugang fanden sie dann in allen deutschen Ländern nach der Veröffentlichung der PISA-Studie aus dem Jahre 2000 und mit der beginnenden Suche danach, warum das deutsche Schulsystem im internationalen Vergleich doch ziemlich hinterherhinkte.

Die Methode der Freiarbeit entspricht wohl nicht dem, was sich ein „Normalbürger" unter Unterricht vorstellt. Denkt er an Unterricht, so sieht er einen Lehrer, der Schüler unterrichtet. Jedenfalls ist der Lehrer ein zentraler Punkt im Unterrichtsgeschehen. Kommt ebendieser „Normalbürger" in eine Klasse, die ihren Unterrichtsstoff gerade in Freiarbeit selbst erarbeitet, wird er erstaunt sein: Die Schüler sitzen konzentriert auf ihren Plätzen und sind in ihre Unterlagen vertieft, es herrscht eine ruhige Arbeitsatmosphäre. Die suchenden Blicke nach dem Lehrer entdecken ihn bei einem der Schüler. Er gibt ihm freundliche Anweisungen, der Schüler nimmt sie gerne auf. Dann geht er zu einem anderen und hilft ihm bei seiner Erarbeitung weiter. Ursprung der Entwicklung der Freiarbeit war für Montessori die „Polarisation der Aufmerksamkeit".

> ■ „Die Polarisation der Aufmerksamkeit besteht aus einem aktiven Kontakt zwischen Kind und Gegenstand, bei dem sich das Kind selbstvergessen in eine Arbeit versenkt. M. Montessori entdeckte dieses Phänomen 1907, als sie in einem Kinderhaus Roms ein

Mädchen beobachtete, das die Arbeit mit einem Einsatzzylinderblock 44-mal wiederholte ohne sich stören zu lassen. Dieses Erlebnis wurde für Montessori zum Ausgangspunkt für die Erforschung von Bedingungen, unter denen eine Polarisation der Aufmerksamkeit ermöglicht und wiederholbar wird." (dtv-Wörterbuch Pädagogik 2002, 1669) ▪

Bei der Freiarbeit soll der Schüler vom Lehrer vorbereitetes Unterrichtsmaterial selbstständig in einer bestimmten Zeit durcharbeiten und den Erfolg seiner Bemühungen in einer Erfolgskontrolle selbst evaluieren. Das Material ist altersgemäß so gestaltet, dass der Schüler es selbst bearbeiten kann. Trotzdem steht der Lehrer als Helfer bereit. Jedes Material ermöglicht eine bestimmte Lernaktivität, ist ästhetisch ansprechend und handlungsorientiert, d. h., der Schüler soll bei der Erarbeitung der Einzelaufgaben etwas tun.

Die Erarbeitung des Klimas eines bestimmten geographischen Raumes in Freiarbeit müsste also das erforderliche Werkzeug – Lineal, Buntstifte, Klimakarten, physische Karten, Klimadaten und eine Anweisung zur Zeichnung eines Klimadiagrammes – bereitstellen. Die Aufgabe ist dann, aus den gegebenen Klimadaten das Klimadiagramm zu zeichnen und – je nach Klassenstufe – es zu beschreiben sowie seine Besonderheiten zu erläutern und zu erklären. Das Ergebnis muss mithilfe eines „Erwartungshorizontes" vom Schüler selbst bewertet werden können. Die Ergebnisse werden in der Klasse ausgehängt, sodass jeder sich relativ zum Klassenkameraden einordnen kann. Der Lehrer wird dabei auch seine Kriterien für die Urteilsbildung und die Benotung erläutern.

Von Schülern kann aber nicht erwartet werden, dass sie von sich aus die richtigen Fragen an das Material stellen und damit auch die Probleme erkennen, die bestimmten Gegebenheiten innewohnen. Um sie dazu zu bringen, sich „problemorientiert" mit Inhalten zu beschäftigen, muss das Material entsprechend gestaltet sein oder der Schüler muss ausdrücklich auf die Probleme hingewiesen werden.

Aus dem Gesagten wird deutlich, dass die Fähigkeit einer Klasse, Un-

Notiz

▪ Freiarbeit ist eine schüler- und handlungsorientierte Methode, die den Lehrer als Unterrichtenden zeitweise durch den Lehrer als Lernhelfer ablöst.
▪ Freiarbeit muss schon sehr früh gelernt werden, denn nur eine an die Methode gewöhnte Klasse kann gewinnbringend damit arbeiten.
▪ Freiarbeit ist so materialaufwändig, dass der einzelne Lehrer überfordert sein könnte.

terricht als Freiarbeit durchzuführen, erlernt werden muss. Je früher der Lehrer damit beginnt, desto mehr Erfolg wird er haben. Es ist sicherlich ein Unterfangen mit von vornherein zweifelhaftem Erfolg, in einer Klasse pubertierender Schüler – Wende Unter- zur Mittelstufe – mit Freiarbeit zu beginnen. Bei heute üblichen Schülerzahlen pro Klasse von über 30 sind nicht alle Schüler für eine derartige, an sich sehr effektive und schülerangemessene Methode zu gewinnen. Ein Lehrer aber, der in der 5. Klasse Schüler unterrichtet, die bereits in der Grundschule Freiarbeit praktiziert haben, wird schnell die Vorteile dieser Methode für seinen Unterricht sehen.

Freiarbeit ist heute oft verbunden mit – aus dem Sporttraining übernommenen – Stationenlernen. Der Schüler arbeitet nicht mehr selbstständig nur Materialien durch, die er an seinem Platz vorfindet, sondern er wird innerhalb des Klassenraumes zu bestimmten Stationen geschickt, an denen ihn jeweils neue Materialien erwarten, die das gegebene Thema ausweiten oder vertiefen. Dabei kann er die eine oder andere Station überspringen, wenn seine Erarbeitung an einer vorherigen Station länger als erwartet gedauert hat. Auf diese Weise ergibt sich bei der Bearbeitung der Aufgaben eine Art Binnendifferenzierung der Leistungsfähigkeit – Schüler, die ihre Aufgaben schneller bearbeiten können, können zusätzlichen Stoff bearbeiten, den diejenigen, die es weniger schnell schaffen, nicht bearbeiten müssen, um das Ganze zu verstehen.

Bei der Bewertung der einzelnen Schülerleistungen müsste das eigentlich zu einer Notendifferenzierung führen, sodass die einen eine „2/gut" auf dem Niveau A, die anderen eine „2/gut" auf dem Niveau B erhalten. Diese Notendifferenzierung ist in heutigen Schulen aber nicht allgemein üblich. Der Lehrer wird Wege finden müssen, dem Schüler eine überdurchschnittliche Leistung auch ohne Notendifferenzierung zu bescheinigen, vielleicht durch eine besondere Beilage zum Zeugnis, die das verbalisiert, was die Note allein nicht differenzieren kann.

Obwohl die Methode der Freiarbeit in Verbindung mit Stationenlernen Eingang in die aktuellen Lehrbücher auch im Fach Erdkunde gefunden hat, ist die Vorbereitung des Materials weitgehend noch immer dem Lehrer überlassen, insbesondere dann, wenn es um experimentelle Übungen oder Bastelaufgaben geht („haptische Tätigkeit").

Workshop zur Freiarbeit im Rahmen einer pädagogischen Tagung. Eine Kollegin trägt ihre Erfahrungen vor und zeigt stolz das für die Freiarbeit von den Schülern benutzte Material. Auf die Nachfrage aus dem Plenum, wie lange sie denn gebraucht habe, um die haltbaren, aber aufwändigen Holzmodelle zu basteln, gesteht sie, dass der Schwiegervater Schreinermeister mit eigener Werkstatt im Keller ist und sie weitgehend unterstützen konnte.

Der erforderliche Zeitaufwand übersteigt die Kapazitäten des Fachlehrers bei weitem. So bietet es sich an, in der Schule innerhalb der Fachabteilung Material für die Freiarbeit von interessierten Kollegen bereitstellen zu lassen. Diese Mehrarbeit für Einzelne, die von der Schulleitung durch Entlastung an anderer Stelle kompensiert werden könnte, würde allen entgegen kommen und könnte im Laufe der Zeit ergänzt und erweitert werden. Die Schulen müssten das Material – Erstausstattung und Ergänzungen – im Rahmen der Lehrmittelfreiheit finanzieren.

Frontalunterricht

Auf das – zum großen Teil berechtigte – negative Image des Frontalunterrichts wurde bereits hingewiesen (vgl. Seite 14). Eigentlich handelt es sich dabei um eine bestimmte Sozialform des Unterrichts. Gleichwohl wird Frontalunterricht immer wieder – wie andere Sozialformen des Unterrichts – als Methode angesehen und soll deshalb auch hier angesprochen werden.

Frontalunterricht ist nicht gleichzusetzen mit Lehrervortrag; im Grunde genommen sind auch Schülerdarbietungen, beispielsweise das Referat, Frontalunterricht. Den sachlichen, vom Referenten ausgehenden Vortrag eines Referates aber dadurch aufzulockern, dass die Schüler in Form eines Frage-und-Antwort-Spiels zwischen ihnen und dem Referent in den Vortrag einbezogen werden, hieße, die Übung eines Referatvortrages ad absurdum zu führen.

Das Schreckensbild des dozierenden Lehrers, der auf nichts um sich herum achtet außer auf seine Selbstdarstellung, ist weitgehend ein Zerrbild vergangener Zeiten. Dennoch nimmt der Frontalunterricht einen zentralen Platz im aktuellen Unterrichtsgeschehen ein, wenngleich es bei Lehrern nicht opportun zu sein scheint, dies auf Befragen zuzugeben:

■ „Zwar wurden bis in die [19]70er und [19]80er Jahre zahlreiche theoretisch fundierte didaktische Modelle entwickelt, aber ob und inwieweit sie die unterrichtliche Wirklichkeit geprägt haben, erscheint offen. (...) Der Frontalunterricht ist bei allem der traditionelle Unterricht schlechthin geblieben." (GUDJONS 2003, 19) ■

> **Notiz**
>
> ■ Frontalunterricht ist primär eine Sozialform des Unterrichts. Er ist von vornherein weder schlechter noch guter Unterricht. Es kommt auf seine Funktion im Unterrichtsablauf an.
> ■ Frontalunterricht kann im Rahmen des Methodenwechsels seine Berechtigung haben, darf aber nicht alleinige Methode im Unterricht bleiben.
> ■ Frontalunterricht bedarf gewissenhafter Vorbereitung und Einübung rhetorischer Grundsätze.

Der Grund für diesen Widerspruch zwischen Anspruch und Realität ist vielfältig. Frontalunterricht ist beispielsweise zeitlich effektiv (vgl. GUDJONS 2003, 47). Andere soziale Formen des Unterrichts, bei denen die Schüler selbsttätig recherchieren und lernen, erfordern viel Unterrichtszeit. Die aktuellen Lehrpläne betonen zwar einerseits die Notwendigkeit zum selbsttätigen Lernen, vermindern aber die Inhalte gegenüber den früheren Lehrplänen nur scheinbar. Die Unterrichtszeit insgesamt und in den einzelnen Fächern kann auch nicht nach Belieben ausgeweitet werden, hat sie doch bereits jetzt die Grenze des Möglichen erreicht.

Bei 33 bis 34 Unterrichtsstunden pro Woche und zwei Stunden Hausarbeit zusätzlich kommen die Schüler rechnerisch leicht auf eine Wochen-Beanspruchung durch die Schule von 43 bis 44 Stunden, mehr als im Berufsleben der Erwachsenen üblich. Dabei ist noch zu berücksichtigen, dass die Lernzeit individuell sehr unterschiedlich ist, so dass auch diese an sich schon hohe Stundenzahl vom Einzelnen leicht überschritten werden kann.

Frontalunterricht übt weder die heute allseits geforderte Teamfähigkeit, noch vermag er den Schülern den Eindruck zu vermitteln, dass sie am Unterrichtsgeschehen tatsächlich mitwirken. Andererseits bedeutet die Notwendigkeit, im Unterricht die Methoden zu wechseln, schon an sich, dass der Frontalunterricht nicht vorherrschen, aber auch nicht ganz verschwinden kann.

> ■ „Das Element der Abwechslung kann durchaus neuen Schwung bringen und motivierend wirken, aber es geht bei der Verbindung von Methoden nicht um großzügig liberale Addition (alles hat seinen gleichen Wert) oder schülerfreundliche Abwechslung (öfter mal was Neues, das macht Spaß), sondern um systematische Integration unterschiedlicher methodischer Elemente. Ein Lehrer muss also nach der Stationenarbeit genau angeben, welchen Stellenwert und welche Reichweite eine anschließende frontalunterrichtliche Zusammenfassung hat; ein anderer wird dafür sorgen, dass der freien Arbeit der Erwerb notwendiger Sachkenntnisse als Grundlage für zu treffende Entscheidungen vorausgeht oder warum und wann genau eine Phase des Übens und Wiederholens (sei es auch in spielerischer Form) einem Projekt im Mathematikunterricht folgt." (GUDJONS 2004, 9) ■

Er kann sich als notwendig erweisen, wenn es darum geht, in ein Thema einzuführen, die Schüler einer Klasse auf ein gleiches Wissensniveau zu bringen, oder wenn es gilt, als Vorbereitung auf eine Klassenarbeit den Stoff noch einmal stringent anzusprechen und den Schülern zu verdeutlichen, was sie zu wiederholen haben. Auch Erlebnisberichte, die der Lehrer aus eigener Erfahrung oder von anderen vorträgt, sind Frontalunterricht, aber im Unterrichtsgeschehen erwünscht, wenn es der Lehrer schafft, sie mit der gebotenen Lebendigkeit vorzutragen und die Schüler sie als Verdeutlichung des Unterrichtsinhaltes aufnehmen. Persönliche Erfahrungen des Lehrers können gerade bei der Einführung eines neues Inhaltes die Aufmerksamkeit der Schüler wecken und aus dem frontalunterrichtlichen Erzählen in ein Lehrer-Schüler-Gespräch münden, in dem auch die Schüler ähnliche eigene Erfahrungen berichten.

Erfolgt innerhalb der Unterrichtsstunde kein Methodenwechsel, kann es zu Konzentrationssschwächen der Schüler kommen. Sie kompensieren diese mit Unaufmerksamkeit, Ablenken des Nachbarn und anderen, allgemeinen Störungen. Wenn der Lehrer den Schülern anlastet, sie seien „unaufmerksam" und „stören", verwechselt er Ursache und Wirkung.

Frontalunterricht hat also seinen Stellenwert, wenn er vom Lehrer bewusst und zeitweise im Unterricht eingesetzt wird. GUDJONS bezeichnet diese neue Sicht und Wertschätzung als „integrativen Frontalunterricht":

> ■ „Die moderne Didaktik (...) spricht von einem komplexen Zusammenhang zwischen Methoden, Inhalten und didaktischen Intentionen, ja geradezu von einem Implikationszusammenhang (...). Wer eine Unterrichtseinheit durchführt, muss daher seine Entscheidung von diesem komplexen Zusammenhang her begründen und frontalunterrichtlichen Phasen einen spezifischen Stellenwert zuweisen können. (...) Wenn es beispielsweise gelingt, ‚die Schüler mit Geschick und Phantasie dazu zu bringen, komplizierte Sachverhalte zu kapieren, ... ihnen eine Geschichte zu erzählen, die ‚ankommt', wenn ‚eine Unterrichtsstunde rund und stimmig, interessant und auf hohem Niveau verlaufen ist' (H. Mayer 1990, 35), wenn gemeinsam ein echtes Problem gelöst worden ist, etwas Neues entdeckt wurde (E. Niemeyer 1983, 67 ff.), – dann kann sogar traditioneller Frontalunterricht höchst befriedigend sein, für Schüler/innen wie für Lehrer/innen." (GUDJONS 2003, 20 f.) ■

Damit wird aber auch deutlich, dass Frontalunterricht kein unvorbereitetes Vortragen eines Lehrstoffes durch den Lehrer sein kann und darf, sondern genau so verantwortungsvoller Vorbereitung und Einpassung in die Unterrichtsstunde bedarf wie alle andere Teile einer Unterrichtsstunde. Da er den vortragenden Lehrer zumindestens zeitweise in den Vordergrund des Unterrichtsgeschehens rückt, muss der Lehrer auch rhetorische Prinzipien beachten, also nicht nur vorbereiten und reflektieren, was er sagt, sondern in gleicher Bedeutsamkeit auch, wie er es sagt. Die Haltung des Vortragenden, die Sprache, seine Gestik und Mimik werden von den Schülern aufmerksam wahrgenommen und steuern die Ernsthaftigkeit mit, mit der die Schüler das Vorgetragene rezipieren.

▪ „Frontale Unterrichtsabschnitte haben – so hat sich insgesamt gezeigt – ihren eigen[en] und unverzichtbaren Stellenwert im Rahmen eines integrierten Konzeptes: Darbietung von Informationen, das Bemühen um Vernetzung des Lernstoffes beim Erarbeiten, die Vermittlung von Methoden zur eigenständigen Arbeit und zur Arbeit in Gruppen, die modellhafte Bearbeitung von Problemen und die Anleitung zu Entdeckungsprozessen, die Sicherung von Unterrichtsergebnissen im Üben und Wiederholen, das Planen, Koordinieren und Auswerten von Lehr-/Lernprozessen bis hin zur Förderung der Klassengemeinschaft als zentraler Bedingung für erfolgreiches individuelles Lernen. (...) Frontalunterricht ist notwendig, sinnvoll und didaktisch legitimierbar." (GUDJONS 2003, 268) ▪

Geographische Informationssysteme (GIS) und Global Positioning System (GPS)

Bedeutung und Rolle des Computers und der „neuen" Medien erscheinen überbewertet, wenn im Lehrplan für das Fach Erdkunde in der Kursstufe des Gymnasiums Baden-Württemberg die „Arbeit mit elektronischen Informationsquellen wie Internet, Multimedia-Anwendungen, Datenbanken, Fernerkundung und Geographischen Informationssystemen (GIS)" tatsächlich „höchste Priorität" haben, also vor allem anderen stehen soll (Ministerium für Kultus und Sport BAW, 2001, 88). Wenn das so in den Schulen umgesetzt werden soll, dann müssen erhebliche finanzielle Mittel mit höchster Priorität bereitstehen für die Lehrerfortbildung, für die Hardwareausstattung und für die Raumausstattung der Schulen. Der Widerspruch zwischen politischer Aussage und tatsächlicher Umsetzung wird offensichtlich. Die Einheitlichen Prüfungsanforderungen in der Abiturprüfung/Geographie (EPA) relativieren diese länderspezifische Überspitzung, indem sie in einem von sieben Punkten unter „Methodenkompetenz" (gelassen) nennen: „Die Prüflinge können unterschiedliche Arbeitsmethoden der Geographie zur Informationsgewinnung, -verarbeitung und -darstellung anwenden" (Kultusministerkonferenz 2002, 4),

Insofern können geographische Informationssysteme bei der Arbeit mit dem Computer im Unterricht ihren Einsatz finden. GIS ist im Erdkundeunterricht der Schulen zur Zeit eher nur vereinzelt einsetzbar, auch wenn gerade in der Lehrerfortbildung Anstrengungen gemacht werden, GIS in den Unterricht zu integrieren. Es mangelt hier und da immer noch an der leistungsfähigen Hardware und an der Ausstattung mit Arbeitsplätzen in den Schulen, vor allem aber an der schülerfreundlichen Software. Sie ist für die Schüler und Schule insgesamt noch nicht ausgereift. Das kann und soll Schulen und Fachlehrer nicht davon abhalten, sozusagen als Pioniere den Pfad für GIS in der Schule zu bereiten und GIS im Unterricht einzusetzen und sich zu engagieren (z. B. satgeo.htm oder der Arbeitskreis „GIS in der Schule"). Es sollte aber erkannt werden, dass der Einsatz von GIS in den Schulen zur Zeit nicht flächendeckend erfolgt.

In Baden-Württemberg wurde vor wenigen Jahren den Schulen ein GIS-Programm empfohlen, das aber in der Anschaffung bereits den Vermögenshaushalt der Gemeinde belastete, außerdem in der Handhabung umständlich und als Anfänger- und Übungsprogramm sehr – vielleicht: weitaus zu – umfangreiche Funktionen hatte, die eher verwirrten, denn die Arbeit erleichterten. Gleichwohl schafften einige Schulen das Programm an. Um seine Verbreitung in den Schulen zu forcieren, wurde zwischen der Schulbehörde und dem Hersteller eine Vereinbarung getroffen, dass bei einer bestimmten Anzahl von Abnehmern der Preis des Softwarepaketes um gut 60 % nachgelassen werden könne. Daraufhin schafften weitere Schulen die Software an, konnten sie aber nur in Ansätzen mit engagierten Schülern einsetzen, weil sie immer noch zu schwierig in der Handhabung war. Inzwischen wird aktuell von der Schulbehörde die Empfehlung dieses Softwarepaketes als eine Sackgasse bezeichnet und den Schulen geraten, eine GIS-Freeware aus dem Internet zu benutzen.

Unter GIS versteht man ein System zum Erfassen, Verarbeiten und Präsentieren von Geodaten. Geodaten beschreiben Objekte der realen Welt, und zwar sowohl formal-geometrisch z. B. als Polygonzug, glatte Kurve oder Fläche, als auch inhaltlich in ihren Eigenschaften, z. B. die Klassifikation einer Straße durch die Anzahl der Fahrstreifen, den Belag und die Verkehrsdichte oder die aktuelle Nutzung einer landwirtschaftlichen Parzelle oder bestimmte Angaben über die Bewohner eines bestimmten Hauses.

Man kann allen Elementen in einem Luftbild oder einer topographischen Karte einen bestimmten oder auch mehrere Inhalte zuweisen, wenn das

Luftbild digitalisiert vorliegt. Programmiert man nun die Geodaten, ist es möglich, beliebige Zusammenhänge abzufragen, auf dem Bildschirm darzustellen und zugleich rechnerisch zu bearbeiten. Es ist beispielsweise möglich, in einem bestimmten Landschaftsausschnitt die aktuelle landwirtschaftliche Nutzung parzellengenau anzugeben oder die Bevölkerungsanzahl in einem definierten Raum zu errechnen und kartographisch darzustellen. Der besondere Vorteil geographischer Informationssysteme ist, dass sie in großer Geschwindigkeit beliebige Daten kombinieren und räumlich darstellen können. So ist es beispielsweise möglich, die Einwohner einer Region etwa nach Berufen, Einkommen, Einkaufsgewohnheiten, Mobilitätsbereitschaft, Familiengröße und Alter der Familienangehörigen zu klassifizieren und nach diesen und weiteren Angaben den Standort und das Angebot eines neuen Supermarktes oder Geschäftszentrums zu planen.

Die Schwierigkeit, die sich beim Gebrauch im Erdkundeunterricht ergibt, ist nun, dass die Datenlage ausgesprochen vage ist. Aus Datenschutzgründen können die erforderlichen Daten von den amtlichen Erhebungsstellen nicht weitergegeben werden, und Daten, die von privaten Dienstleistern erhoben wurden, sind für den Unterricht zu teuer. Man überschlägt, dass das Kostenverhältnis von Hardware zu Software und zu den für die Arbeit erforderlichen Daten 10:20:70 ist. Ein Ausweg aus dem Dilemma ist vielleicht die Herstellung einer Daten-Datei für Übungszwecke, wie sie von einigen Bundesländern erarbeitet wird. Die Daten müssten aber kompatibel sein für möglichst viele der angebotenen GIS-Software-Typen. Hinzu kommen die Kosten für die digitalisierten Luftbilder als Grundlage für die Arbeit mit GIS. Es gibt Ansätze bei den Landesvermessungsämtern, den Schulen die Schulumgebung als digitalisiertes Luftbild zur schulinternen Unterrichtsnutzung zu überlassen.

Bei aller GIS-Begeisterung bei denen, die mithilfe von Sponsoren oder eines geographischen Instituts schon Erfahrungen mit der GIS-Arbeit gemacht haben, allem Verständnis für die öffentlichkeitswirksame und das Fach stärkende Forderung nach GIS im Erdkundeunterricht und aller

> **Notiz**
>
> - Der Einsatz von GIS im Unterricht erfordert (immer noch) die zeitaufwändige Einarbeitung in die Software und eine geeignete Ausstattung der Schule.
> - GIS sollte im Erdkundeunterricht in seiner Funktion und seinen Anwendungsmöglichkeiten behandelt werden, aber im Gebrauch eher besonders interessierten Schülern vorbehalten bleiben.
> - Die Nutzung von GPS im Erdkundeunterricht ist in jeder Hinsicht sinnvoll.

Geographische Informationssysteme (GIS) und Global Positioning System (GPS) 87

Einsicht, dass GIS einen zunehmd wichtigen Platz in der geographischen Wissenschaft und Praxis einnimmt, bleibt doch die Frage, ob die GIS-Anwendung tatsächlich in den Schulunterricht gehört. Es ist in den vergangenen 50 Jahren nicht gelungen, die Arbeit mit dem unproblematisch erhältlichen panchromatischen Luftbild in verstärktem Maße und schon gar nicht in stereoskopischer Auswertung in den Unterricht einzubeziehen, und auch die hervorragenden Produkte der modernen Remote Sensing-Verfahren fristen im Schulalltag eher ein marginales Dasein und werden höchstens zur Illustration herangezogen; eine regelgerechte Auswertung der Bilder erfolgt kaum. Diese vorsichtige Zurückhaltung kann aber auch von der Realität schnell überholt werden – gemäß der Redensart: „Die Karawane zieht weiter, wer zurückbleibt, verdurstet."

Es ist richtig, dass Erdkundeunterricht noch weiter wegkommen soll und muss von der qualifizierenden Beschreibung hin zur quantifizierenden Darstellung. Dies kann man aber bei einem realiter in den Stundentafeln der Schulen eingeschränkten Schulfach mit Nebenfachcharakter auch auf anderen Wegen erreichen als über GIS. Statistiken in brauchbare Zahlenangaben umzurechnen und dabei einfache mathematische Grundrechenarten durchzuführen, stellt auch gymnasiale Schüler vor Schwierigkeiten. Hier könnte der Erdkundeunterricht immerhin den Mathematikunterricht durch einsichtige Anwendungen unterstützen.

Der Erdkundeunterricht muss auf GIS hinweisen, seine Funktion erklären und am Einzelbeispiel erläutern. Dieses Beispiel aber kann von sehr großem Maßstab sein und sich räumlich auf einen eng begrenzten Bereich beschränken, was der Notwendigkeit der erforderlichen didaktischen Reduzierung im Unterricht entgegenkommt. Das kann aber auch durch herkömmliche Datengewinnung und herkömmliche zeichnerische Umsetzung geschehen, die den Schülern möglicherweise zu Grundlageneinsichten über die Arbeitsmethode führt. Wenn sich dann besondere Interessengruppen finden, die schon in der Schule im Rahmen der Leistungs-Binnendifferenzierung geographisch mit GIS-Unterstützung arbeiten wollen, sollte der Lehrer ihnen allerdings größtmögliche Förderung zukommen lassen (vgl. LINDER 1999).

Die Nutzung der geographischen Positionsbestimmung über Satelliten (Global Positioning System/GPS) ist bei vorhandener Geräteausstattung im Geographieunterricht sinnvoll, weil GPS z.B. durch die Navigationsgeräte weite Verbreitung im Alltag gefunden hat[1]. Im Rahmen einer Schülerexkursion können die Möglichkeiten, müssen aber auch die Grenzen der Anwendung von GPS dargestellt werden. GPS ermöglicht beispielsweise die (fast) genaue Bestimmung des Schulstandortes oder die Speicherung einer Wegstrecke, auf der man dann wieder zurückfindet, oder die Berechnung der eigenen Geschwindigkeit, der Zeitdauer der noch zurückzulegenden Strecke, genaue Höhenangaben etc. Auch wenn das GPS-Gerät die Himmelsrichtung und die Höhenangabe ablesen lässt, sollte in der Schule nicht darauf verzichtet werden, Kompass und Höhenmesser bzw. Barometer für die gleichen Aufgaben zu benutzen.

Alle diese Informationen erfordern außer dem GPS-Gerät keine weitere Software oder besondere Kenntnisse. Zusammen mit GIS ermöglicht ein GPS-Gerät auch die Eingabe von Standorten mit dort erfassten Werten (z. B. Temperaturmessung). Die Angaben werden vom Programm verarbeitet und ergeben dann ein erwünschtes Ergebnis, z. B. die farbige Temperaturkarte eines bestimmten Gebietes.

Gleichwertige Feststellung von Schülerleistungen

In der „Bonner Vereinbarung der Ständigen Konferenz der Kultusminister der Länder der Bundesrepublik Deutschland (KMK) zur Gestaltung der gymnasialen Oberstufe vom 28.2.1997" wurde festgehalten, dass ein Merkmal des Unterrichts der gymnasialen Oberstufe das wissenschaftspropädeutische Arbeiten ist. Dabei gehe es u. a. „um Lernstrategien, die Selbstständigkeit und Eigenverantwortlichkeit sowie Team- und Kommunikationsfähigkeit unterstützen" (zit. HAAS 2004, 178). Als eine Art dieser Lernstrategien wird die „kursbezogene Haus- oder Facharbeit mit Selbstständigkeitserklärung" genannt. Sie wird mit einem Kolloquium abgeschlossen.

---

1 Das Nachrichtenmagazin DER SPIEGEL erklärte in seiner Ausgabe Nr. 10 vom 5. März 2007, 162 die Satellitennavigation zum „Techniktrend des Jahres".

Die Umsetzung dieser Vereinbarung der KMK erfolgte in den Ländern auf verschiedene Art und Weise. In einigen wurde die Vereinbarung wortwörtlich übernommen, kursbezogene Haus- oder Facharbeiten wurden also zugelassen. Andere, z.B. Baden-Württemberg, haben sie weit umfassender umgesetzt. Nach § 6 der „Abiturverordnung Gymnasien der Normalform (NGVO) des Kultusministeriums Baden-Württemberg vom 24. Juli 2001 in der Fassung vom 14. Januar 2005" sind in der gymnasialen Oberstufe „gleichwertige Feststellungen von Schülerleistungen vorgesehen, die sich insbesondere auf schriftliche Hausarbeiten, Projekte, darunter auch experimentelle Arbeiten im naturwissenschaftlichen Bereich, Referate, mündliche, gegebenenfalls auch außerhalb der stundenplanmäßigen Unterrichtszeit terminierte Prüfungen oder andere Präsentationen beziehen".

Damit diese Schülerleistungen eingeübt werden können, wurde bestimmt (Notenbildungsverordnung des Kultusministeriums Baden-Württemberg vom 5. Mai 1983 i.d.F. vom 23. März 2004), dass die Schüler ab Klasse 7 des Gymnasiums (in den anderen Schularten etwas eingeschränkt) in jedem Schuljahr zu einer derartigen, einer (schriftlichen) Klassenarbeit gleichwertigen Feststellung ihrer Leistung in einem Fach ihrer Wahl verpflichtet sind. Da die gFS einer Klassenarbeit gleichgestellt sind, soll sich auch der erforderliche Zeitaufwand in etwa entsprechen.

Jede gFS ist mit einem Kolloquium abzuschließen. In die Benotung sind das Verhalten des Schülers in diesem Kolloquium (soziale Kompetenz) sowie Inhalt, Aufbau, mündliche bzw. schriftliche sprachliche Leistung und Rhetorik der abgegebenen oder vorgetragenen Arbeit einzubeziehen. Die Bewertungskriterien legt der Fachlehrer zu Beginn des Schuljahres im Rahmen der „Transparenz" fest.

Da in jedem Unterrichtsfach gFS möglich sind, legt der Fachlehrer den Schülern in den ersten Wochen des neuen Schuljahres eine Liste mit möglichen Themen vor, aus denen die Schüler dann in Absprache mit ihm das ihnen genehme Thema aussuchen. Der Abgabe-/Vortragstermin wird gemeinsam vereinbart und muss eingehalten werden. Für die gFS gilt dann im Übrigen das entsprechend, was für die Leistungsart

Notiz

- Die der schriftlichen Klassenarbeit „gleichwertige Feststellung einer Schülerleistung" (gFS) kann ein Referat, eine Hausarbeit, eine Präsentation sein. Sie wird wie eine schriftliche Klassenarbeit benotet.
- Es handelt sich um die besondere Gewichtung einer Schülerleistung.
- In die Benotung wird das Ergebnis eines Kolloquiums einbezogen.

allgemein gesagt wurde (vgl. die Kapitel zu Referat, Hausarbeit, Präsentation, Experiment).

Für die Geographie ergibt sich die Möglichkeit, dass sich einzelne Schüler in einen geographischen Inhalt im besonderen Maße einarbeiten. Der Fachlehrer legt fest, ob die gFS Bezug zum laufenden Unterricht hat oder ein Thema umfasst, das den vorgeschriebenen Inhalt ergänzt. In geringem Umfang (Achtung: Zeitaufwand) sind auch Kartierungsarbeiten möglich. Der Lehrer sollte durch sorgfältige Überprüfung der Arbeit, insbesondere auch durch die präzise Nachfrage im Kolloquium ausschließen, dass ein Plagiat abgeliefert wurde.

Hausaufgaben

Ein leidiges Thema: Hausaufgaben ja oder nein? Und dann auch noch in einem „Nebenfach"? Haben die Schüler nicht genug zu tun mit der täglichen Schule, die ohnehin heute nicht mehr mittags zu Ende ist, sondern oft weit in den Nachmittag hinein dauert und vor allem – besonders in ländlichen Gebieten – mit einer nicht immer nur gemütlichen Schulbusfahrt endet? Dazu kommen nachmittägliche oder abendliche Verabredungen – Musik, Sport, Vereine, Jugendgruppen ... –, die alle ihre Berechtigung haben und auf ihre Weise zum Kompetenzerwerb des Schülers beitragen. Die Schule ist bekanntermaßen nur noch einer von vielen Sozialisationsorten des Jugendlichen.

Die Frage, ob Hausaufgaben überhaupt und speziell im Fach Erdkunde gestellt werden sollen oder nicht, ist hier nicht zu beantworten. Letztlich sind Hausaufgaben eine Entscheidung des Lehrers, die er aber dann auch konsequent umsetzen muss: Eine gestellte Hausaufgabe muss vom Schüler sorgfältig erarbeitet und vom Fachlehrer kontrolliert werden. Hausaufgaben müssen im Unterricht besprochen werden – und das bedeutet, einen Teil der Unterrichtsstunde dafür einzuplanen. Schüler, die die Hausaufgabe nicht erarbeitet haben, bekommen eine Nachfrist bei triftiger Entschuldigung. Auf jeden Fall muss die Verweigerung einer Hausarbeit grundsätzlich geahndet werden, weil sonst zu Recht kein Schüler einsieht, warum gerade er die Arbeit zu Hause erledigen soll.

Ob eine Hausarbeit in jedem Falle auch benotet werden muss, ist gleichfalls dem Fachlehrer überlassen und muss der Unterrichtssituation in der Klasse angepasst werden. Wenn der Schüler erwarten muss, dass seine Hausaufgabe benotet wird, wird er sie womöglich „unter Druck" und nur ungerne anfertigen. Hausaufgaben sollten aber auch zur eigenständigen Arbeit anregen und aus der intrinsischen Motivation des Schülers erfolgen, das im Unterricht Besprochene lernen und vielleicht auch vertiefen zu können. Dass diese Erwartungshaltung, die den Schlüsselwörtern und -formulierungen aktueller Pädagogik und Bildungspolitik entspricht

- Selbstständigkeit,
- Eigenverantwortung,
- Schule, das Haus des Lernens,
- Lernen wollen,
- Schülerorientierung,
- Spaß an der Schule haben,
- Schüler dort abholen, wo sie stehen,

der Realität nur selten standhält, ist tägliche Erfahrung des Lehrers.

Im Fach Erdkunde besteht die ständige Hausarbeit darin, die im Unterricht behandelten Inhalte zu lernen, indem das Schulbuch und der Atlas zu Rate gezogen werden. Außerdem besteht die Pflicht, das im Unterricht Geschriebene sauber in das Erdkundeheft zu übertragen – eine nicht nur gestalterische Aufgabe, sondern auch eine kognitive, weil der Einschrieb bewusst angeordnet werden und auch durch eigenständige Beiträge ergänzt werden soll. Der Lehrer weist auf diese „ständige Hausarbeit" im Unterricht im Rahmen der Transparenz hin. Stellt der Schüler beim Hefteintrag fest, dass er etwas nicht verstanden hat, muss er den Lehrer fragen. Das Erdkundeheft wird benotet. Auf die im Unterricht besprochenen Inhalte wird im Verlauf des weiteren Unterrichts zurückgegriffen. Wie in jedem anderen Fach wird derjenige Schüler Schwierigkeiten bekommen, der die Unterrichtsinhalte nicht regelmäßig selbstständig zu Hause durcharbeitet.

Bei der Kontrolle der Hausaufgaben ist unbedingt darauf zu achten, dass die Schüler „vorzeigbare" Ergebnisse vorlegen. Schnell Hingeschriebenes, Fehlerhaftes, Krakelschrift, die Arbeit ohne Lineal oder Zirkel u. a. sollte und kann der Lehrer nicht akzeptieren. Ob mit dem PC und Drucker angefertigte schriftliche Hausarbeiten akzeptiert werden, legt der Lehrer in Übereinstimmung mit der Fachkonferenz und dem Usus in der Schule fest. Dabei ist immer zu berücksichtigen, dass die handschriftliche Schreibleistung durch die Allgegenwart des Druckers und des PCs nicht an Wert verloren hat, sondern im Alltag weiterhin unverzichtbar und Voraussetzung ist für die Benutzung der elektronischen Hilfsmittel. Der Schule kommt hier durchaus eine nach wie vor wichtige Aufgabe zu.

Eine Hausaufgabe kann benotet werden – als schriftliche Leistung, wenn sie dem Lehrer schriftlich vorgelegt wird, als mündliche, wenn sie vorgelesen oder vorgetragen wird. Ob die konkret gestellte Hausaufgabe benotet wird, kann der Lehrer den Schülern in der Stunde, in der er sie stellt, mitteilen. Hausaufgaben sollen aber auch Übungen sein, die zunächst nicht der Benotung unterliegen. Wie schriftliche und mündliche Hausarbeiten in die Gesamtnote eingerechnet werden, muss der Lehrer im Rahmen der Transparenz dem Schüler (und den Eltern) zu Beginn des Schuljahres mitteilen.

Das Lehrbuch stellt zu jedem Kapitel Aufgaben zur Verfügung, die anhand des Textes und des Materials als Hausaufgabe erarbeitet werden können. Ansonsten eignen sich viele Inhalte und Methoden dazu, als Hausaufgabe bearbeitet oder geübt zu werden. Dabei sollte Wert darauf gelegt werden, dass der Unterrichtsinhalt im Rahmen einer Transferleistung angewendet wird.

So eignen sich beispielsweise Bildbeschreibungen (siehe S. 39) als Hausaufgaben oder die Beschreibung einer Tabelle, wobei dann die sprachliche Umsetzung von Zahlenwerten geübt wird durch den Gebrauch der entsprechenden Ausdrücke, z. B. mehr als, weniger als, über-/unter-/antiproportional, beinahe, gut, die Hälfte, ein/zwei Drittel, drei Viertel. Es ist zu prüfen, ob Statistiken, die absolute Zahlenwerte angeben, besser umschrieben werden können, indem die absoluten in relative Zahlen (Prozent) oder Indexzahlen umgerechnet werden (siehe S. 156). Bei der Verbalisierung ist zu unterscheiden zwischen „Prozent" und „Prozentpunkten": Die Veränderung von 10 % auf 15 % beträgt 5 Prozentpunkte, nicht 5 % – denn 5 % von 10 % sind nur 0,5 %, eine Veränderung um 5 % würde also – von 10 – als Ergebnis nur 10,5 % ergeben. 15 von 10 sind 150 %. Weiter bietet es sich an, Klimawerte in Klimadiagramme umzuzeichnen, den Jahresverlauf von Temperatur und Niederschlag zu beschreiben und mit dem heimischen Klima zu vergleichen (siehe S. 104). Es können Texte aus dem Lehrbuch oder aktuelle aus der Tageszeitung auf ihre Kernaussage hin zusammengefasst werden, möglichst in knapper Spiegelstrich-Formulierung und mit Verdeutlichung der Zusammenhänge (siehe S. 178). Oder beispielsweise:

- Internetrecherche zu Einzelfragen aus dem Unterricht,
- Erkundigungen oder Befragungen zu Inhalten, die auch im Nahraum bedeutsam sind,

- Protokolle von Unterrichtsstunden,
- geographische Erörterungen zu Inhalten, die im Unterricht besprochen wurden, vielleicht auch in Zusammenarbeit und in Absprache mit dem Fachlehrer in Deutsch: Wie ändere ich mein Verhalten angesichts einer zu vermeidenden Klimaveränderung? Was kann ich beitragen zum Erhalt des tropischen Regenwaldes? Ist die Hilfe für Regionen in Not sinnvoll, angesichts jahrzehntelanger, nahezu wirkungslos gebliebener Entwicklungshilfe?
- Herstellung eines Posters zu den im Unterricht besprochenen Inhalten,
- Beschaffung von aktuellem Material zu den im Unterricht besprochenen Inhalten,
- Inhaltsangabe einer aktuellen Fernsehsendung, die zeitlich nach der Unterrichtsstunde gesendet wird (evtl. in Absprache mit den Eltern bzw. dem Klassenpflegschaftsvorsitzenden),
- Verifizierung von im Unterricht genannten topographischen Situationen; die Überprüfung erfolgt dann in der Unterrichtsstunde an der Wandkarte bzw. mit OH-Folie.

Somit wird deutlich, dass den möglichen Inhalten der Hausarbeit kaum Grenzen gesetzt sind, wenn sie sich am aktuellen Unterrichtsinhalt orientieren. Grenzen werden ihr gesetzt durch den Zeitbedarf für ihre Anfertigung. In den Ländern gibt es verschiedene Richtlinien oder sogar Vorschriften dafür, wie viel Zeit Schüler einer bestimmten Klassenstufe insgesamt für Hausaufgaben aufbringen dürfen. Die angegebenen Zeiten sind individuell veränderbar, je nachdem, ob ein Schüler schneller oder langsamer arbeitet. Aber es sind Richtwerte. Das Fach muss sich in diese Richtwerte einpassen. Wenn die Erdkundestunden in Konkurrenz zu Deutsch, den Sprachen oder Mathematik liegen, wird es schwierig sein, über die ständige Hausarbeit hinaus (Hefteintrag) noch Hausarbeiten zu geben. Dann müssen die Arbeiten im Unterricht erledigt werden, was dem Lehrer Gelegenheit gibt zu helfen, wo es notwendig ist.

Für die Formulierung der Hausarbeit ist am Schluss der Unterrichtsstunde ein Zeitfenster einzuplanen. Die Hausaufgabe, die nach dem Stun-

> **Notiz**
>
> - Als Hausaufgabe ist immer die Übertragung des während des Unterrichts Mitgeschriebenen ins Erdkundeheft gestellt.
> - Hausaufgaben müssen klar und deutlich am Schluss der Stunde in einem dafür freigehaltenen Zeitfenster gestellt werden.
> - Hausaufgaben müssen von den Schülern in der dafür vorgesehenen Zeit auch angefertigt werden können.

denschluss und steigendem Lautpegel gestellt wird, wird von den Schülern schon akustisch nicht verstanden und möglicherweise auch nicht beachtet. Ärger bzw. subjektiv ungerecht empfundene, schlechte Noten sind dann programmiert. Die Hausaufgabe ist als klarer Auftrag mit einem Operator zu formulieren, z. B.: Schreibe auf ... Nenne ... Zeichne ... Vor allem Lehrer-Anfänger sollten sich die zu stellende Hausaufgabe wörtlich aufschreiben und den Text den Schülern vorlesen. Abwegig ist es, aus dem „hohlen Bauch", aus dem Augenblick heraus, eine wenig überlegte Hausaufgabe zu erteilen oder den Auftrag für eine Hausarbeit unklar zu formulieren. Wenn das Unterrichtsziel nicht erreicht wurde, ist es besser, keine besondere Hausaufgabe zu stellen als eine überstürzt formulierte.

Interview

Eine wichtige sozialwissenschaftliche Methode ist das Interview; sie hat damit auch eine große Bedeutung im Bereich der Sozial- und Wirtschaftsgeographie. Das Interview dient dazu, von Dritten Informationen zu einem bestimmten Thema zu erhalten. Das Interview, wie es hier verstanden wird, richtet sich an eine Einzelperson im Gegensatz zu einer Befragung, die sich an eine zufällige oder repräsentative Gruppe wendet.

Bei einem Interview müssen Fragender und Fragen zueinander und beide sollten wiederum zum Befragten passen. Es mag pädagogisch sehr zeitgemäß erscheinen, wenn beispielsweise ein Fünftklässler eine ältere Person darüber befragt, wie die Armut in der Welt beseitigt werden könne. Es besteht aber kein innerer Zusammenhang zwischen Fragendem, der Frage und der Befragten, weil der Fünftklässler wohl die Tragweite des Begriffs „Armut in der Welt" von sich aus nicht erkennen kann und sich die befragte Person in ihrer Antwort nur schwerlich auf den Fragenden einstellen kann (wie sollte das schülergerecht „aus dem Stand" beantwortet werden?). Hinzu kommt, dass der Fragende infolge eigener Kenntnis und Ausdrucksfähigkeit wahrscheinlich die Antwort der Befragten nicht „hinterfragen" kann. Die Frage selbst ist zu pauschal und erlaubt beliebige Antworten. Das Interview dürfte zu keinem tatsächlich verwertbaren Ergebnis führen.

Der Lehrer muss sehr sorgfältig bedenken, welche Schüler er mit welchen Fragen ein Interview durchführen lässt, damit seine Ergebnisse glaubhaft werden. Schüler, die anderen im Rahmen eines Interviews Fragen stellen, sollten in einem Alter sein, das es ihnen erlaubt, die Frage und die Antwort des Befragten zu verstehen und auf sie einzugehen. „Altkluge" Fragen sind zu vermeiden. Die Fragen sollen präzise sein und den Befragten keine Allgemeinplätze als Antworten ermöglichen.

Der Lehrer sollte sich während der Befragung in Sichtweite der Gruppen aufhalten. So kann er das Geschehen selbst beobachten und seiner Aufsichtspflicht Genüge tun. Die Schüler können in Konfliktsituationen ihm aber auch schnell ein Zeichen geben, das ihm bedeutet, sie zu unterstützen. Schüler sollten mindestens zu zweit das Interview durchführen. Sie müssen sich höflich vorstellen, ihren Auftrag nennen und den Passanten fragen, ob sie ihm einige Fragen stellen dürfen:

> „Guten Tag. Wir sind Schüler der Klasse 8 des Gymnasiums. Wir besprechen im Erdkundeunterricht bei Herrn Lehrer X gerade Indien. Wir haben uns gefragt, was man eigentlich zu Indien weiß. Wir selbst haben bemerkt, dass wir sehr wenig über dieses beinahe kontinentgroße Land wissen. Herr Lehrer X hat uns deshalb gebeten, Passanten dazu zu befragen. Wir wollen herausfinden, ob nur wir so wenig über Indien wissen. Dürfen wir Ihnen einige Fragen dazu stellen?"
>
> Bei „ja": „Herzlichen Dank."
>
> Bei „nein": „Entschuldigen Sie bitte, dass wir Sie aufgehalten haben. Wir wünschen Ihnen einen guten Tag."

Wenn der Passant zum Interview bereit ist, sollte er gefragt werden, ob er auch dazu bereit ist, einige Fragen zu seiner Person zuzulassen: Das Geschlecht sollte notiert, dann das Alter, der Beruf oder die Berufsgruppe, der Wohnort o.a. erfragt werden. Am Ende des Interviews bedanken sich die Schüler und bieten dem Passanten das Ergebnis an:

> „Herzlichen Dank dafür, dass Sie uns diese Fragen beantwortet haben. Sie haben uns sehr geholfen. Wenn Sie das Ergebnis der Befragung insgesamt interessiert, schicken wir es Ihnen gerne zu, wenn Sie uns jetzt Ihre Adresse geben."

Jedes Interview wird auf einem eigenen Protokollblatt festgehalten. Entweder werden Fragen nach dem Muster „Multiple Choice" gestellt; wobei Antworten vorgegeben werden und die vom Passanten gemeinte angekreuzt wird, oder der Protokollführer der Schülergruppe schreibt die Antwort des Passanten in Stichworten mit. Auf dem Protokollblatt sind die Begrüßung und die Schlussformel wörtlich vermerkt und können von einem Schüler vorgelesen werden. Das erscheint zunächst unbeholfen, bietet aber die Gewähr dafür, dass die höfliche Form gewahrt bleibt und deutlich wird: Die Schüler können keine Interviews führen, sondern sie sind dabei, es zu lernen.

Besonders wichtig ist es, Schüler bei Interviews auf mögliche Konfliktsituationen hinzuweisen. Von einem Passanten, der keine Antwort geben will, verabschieden sich die Schüler mit einem höflichen Gruß; sie entschuldigen sich dafür, dass sie ihn aufgehalten haben.

Die Erfahrung zeigt, dass es Schülern zunächst schwerfällt, Passanten als mögliche Interviewpartner anzusprechen. Es ist eine ungewohnte Aufgabe und besonders der Anfang kann belastet sein von Aufregung oder Hemmung. Beides legt sich aber schnell, wenn der erste willige und gesprächsbereite Interviewpartner gefunden worden ist. Damit dieses erste Erfolgserlebnis sich möglichst rasch einstellt, kann der Lehrer den Schülern raten, sich zunächst an ältere Passanten zu wenden; sie haben in der Regel Zeit, freuen sich über die Abwechslung, die ihnen durch die Ansprache der jungen Leute zuteil wird, und beginnen zu dem Interviewthema aus ihrer Erfahrung zu erzählen. Da die Arbeitszeit beschränkt sein muss, sollen die Schüler auch darauf hingewiesen werden, wie sie es schaffen, derart erzählwillige Passanten behutsam auf den Pfad des Themas zurückzuführen.

„Das ist für uns sehr interessant, was Sie uns erzählen. Dürfen wir jetzt bitte auf unsere Fragen zurückkommen?"

Die Auswertung der Protokolle erfolgt im Unterricht; nach Möglichkeit und wenn eine größere Anzahl Protokolle verarbeitet werden muss, kann der PC helfen. Das Ergebnis sollte als Poster präsentiert und zumindest im Klassenraum ausgehängt werden. Dazu gehört ein erläuternder Bericht, der allen ausgeteilt wird und auch in der Schülerzeitung oder im Jahresbericht der Schule veröffentlicht werden kann. Die Passanten, die über das Ergebnis informiert werden wollten, erhalten den Bericht ebenfalls.

Eine andere mögliche Art, ein Interview vorzubereiten und durchzu-

> **Notiz**
>
> - Oberstes Gebot bei der Durchführung eines Interviews ist Höflichkeit der Schüler.
> - Fragende und Fragen müssen zusammenpassen, Passanten müssen die Bereitschaft zum Interview erklären.
> - Der Lehrer muss während der Interviews seiner Aufsichtspflicht nachkommen und sich in Sichtweite seiner Schüler aufhalten.

führen, ergibt sich, wenn bestimmte Personen befragt werden sollen: In einem Neigungskurs Geographie (Sonderform des Leistungskurses in Baden-Württemberg; vier Wochenstunden in Klassenstufen 12 und 13) wurde auf die landwirtschaftlichen Arbeiter hingewiesen, die aus den ostmitteleuropäischen Ländern zur Ernte von Sonderkulturen zeitweise nach Deutschland kommen. Dabei kam der Wunsch auf, sich genauer mit diesen modernen Wanderarbeitern zu beschäftigen. Im Unterrichtsgespräch wurde Übereinstimmung darin erzielt, dass die Arbeiter nicht ohne Genehmigung des Arbeitgebers über ihre Herkunft, ihre Motive, ihre Erfahrungen und Erlebnisse befragt werden dürfen, dass dies auch nicht während der Arbeitszeit geschehen kann. Deswegen rief der Lehrer in Sonderkulturbetrieben an und holte die Erlaubnis zur Befragung der Arbeiter durch Schüler ein. Er schloss die Bitte ein, ihm Beschäftigte zu benennen, die zu einem Interview bereit seien.

Nach einigen Tagen wurden dem Lehrer Personen benannt, die sich zum Interview bereit erklärt hatten. Sie hatten auch schon dafür gesorgt, dass jemand dolmetschen konnte. Zum verabredeten Termin fuhren dann die Schülergruppen zu den benannten Personen und führten die Interviews durch. Da es angekündigte Besuche waren, kamen die Schüler weitgehend in den Genuss der herzlichen Gastfreundschaft insbesondere der polnischen Arbeiter, lernten ihre Beanspruchung durch die harte Arbeit, aber auch ihre Probleme kennen und machten so ganz eigene Erfahrungen mit diesen fleißigen Erntehelfern, deren billige Arbeitskraft vom Sonderkulturbetrieb dringend gebraucht wird.

Karte und Atlas

Eine der originären Aufgaben der Geographie ist es, ihre Forschungsergebnisse in Karten darzustellen. Umgekehrt ist es Aufgabe des Geographen, Karten lesen zu können. Entsprechend ist es eine der originären Aufgaben des Erdkundelehrers, die Schüler dazu zu befähigen, mit Karten umgehen zu können – was in der Regel bedeutet, Karten lesen zu können. Die Fähigkeit, Karten selbst zeichnen zu können, wird von Schülern nur in Ansätzen erwartet. Die öfter verlangte Fähigkeit, eine „Mental Map" zu zeichnen, führt nicht nur bei Schülern in der Regel zu eher katastrophalen Ergebnissen, weil sie das jeweils höchst subjektive Weltbild wiedergeben, das der Zeichner hat (vgl. z. B. KÖCK 2006, 23 f.).

Der erste von 18 „Geography Standards", die die American Geographical Society schon 1994 formuliert hat, geht über den Bereich der Geographie als Fachwissenschaft bzw. Unterrichtsfach weit hinaus, wenn er verallgemeinernd feststellt (zit. HAUBRICH 2000, 50): „Eine geographisch gebildete Person kann Karten, Globen und andere geographische Hilfsmittel und Methoden nutzen, um Rauminformationen zu gewinnen, zu verarbeiten und darzustellen." Wenn „geographische Bildung" ein unverzichtbarer Wert ist – was die Geography Standards anerkennen –, dann ist die Fähigkeit, mit Karten umzugehen, sie lesen und interpretieren zu können, eine unverzichtbare Fähigkeit und eine grundlegende Kulturtechnik wie lesen, schreiben oder rechnen zu können. Der Aufgabe, sie den Schülern – sicherlich ihren altersgemäßen und intellektuellen Fähigkeiten entsprechend differenziert – beizubringen, muss sich der Erdkundelehrer stellen.

Im Erdkundeunterricht ist die Karte allgegenwärtig: Als physische oder thematische Karte großen oder kleinen Maßstabs, als gedruckte oder projizierte Karte

- als Projektion einer OH-Folie,
- als Projektion von einem Atlas-Programm,
- als großformatige Wandkarte,
- als relativ kleine textbezogene Karte im Schulbuch,
- als Kartensammlung im Atlas,
- als topographische Karte,
- als in den Unterricht eingebrachte themabezogene Einzelkarte, wie sie vielfältig in der Literatur oder in den Print- oder E-Medien zu finden ist.

Die in den Schulen in vielen Jahren entstandene umfangreiche geographische Wandkartensammlung (oft in Verbindung mit historischen Wandkarten) verliert zusehends an Bedeutung. Die modernen Medien erlauben die Projektion von Karten, sodass der meistens umständliche, unter Umständen auch gefährliche Transport der an langen Holzstäben aufgerollten Karte überflüssig wird. Das Argument allerdings, dass im Erdkundeunterricht in jeder Unterrichtsstunde eine Karte im Klassenraum aufgehängt sein soll, weil sich dann das Kartenbild den Schülern gleichsam „automatisch" allmählich einprägt, ist nicht widerlegt; der OH-Projektor wird nicht die ganze Unterrichtsstunde über in Betrieb sein. Hier muss der Lehrer entscheiden. Es kommt sicherlich auch auf die Qualität des Bestandes der Kartensammlung an, die schnell zu wünschen übriglässt, wenn die Karten nicht laufend sorgfältig gewartet und die Sammlung trotz relativ hoher Kartenpreise nicht behutsam aktualisiert wird.

Außerhalb des Unterrichts benutzt der Schüler Straßenkarten, Stadtpläne, Linienkarten (z. B. Stadt-/Straßenbahnnetze), Übersichtspläne verschiedenster Einrichtungen, kommt mit Planungskarten der kommunalen Verwaltung bzw. übergeordneter staatlicher Stellen in Kontakt oder entdeckt den Text bzw. die Nachricht erläuternde Karten in der Tagespresse oder im Fernsehen. Immer größere Verbreitung finden transportable Navigationssysteme, die ja genauso kartographische Darstellungen des aktuellen Streckenverlaufs sind, wie sie von Routenplanern generiert werden, die als Software auf den heimischen PC geladen werden können und den geplanten Streckenverlauf in Einzelheiten angeben. Damit ist die Vielfalt der möglichen Karten bei weitem nicht erschöpfend benannt.

Die Fähigkeit, eine Karte lesen zu können, beginnt mit der Einsicht, dass eine Karte die Wirklichkeit verkleinert, vereinfacht, in bestimmter Auswahl und je nach Maßstab unterschiedlich verzerrt wiedergibt. Die Karte hat gegenüber der Wirklichkeit den Vorzug, dass sie beschriftet ist. Durch die geographischen Koordinaten ist – soweit erforderlich – die Einordnung in einen größeren räumlichen Zusammenhang möglich. Die Karte kann so eingerichtet werden, dass die Himmelsrichtungen und damit – maßstabsgerecht – die topographischen Situationen der Wirklichkeit entsprechen.

Die Schüler müssen lernen, dass sich die Zeichen, Farben und Texturen auf einer Karte nicht zufällig ergeben, sondern dass ihnen durch denjenigen, der die Karte entworfen hat, jeweils eine bestimmte Bedeutung zugewiesen wurde, die in der Legende bezeichnet ist. Deswegen müssen Karten von der Legende her gelesen werden – erst wenn man weiß, was die Karte überhaupt enthält, kann man sie lesen. Wer auf einer Straßenkarte für den Autoverkehr die Eisenbahnstrecken sucht, dürfte oft vergeblich suchen oder muss mindestens sehr genau hinsehen. Dafür sind die verschiedenen Straßenqualitäten überdeutlich gezeichnet. Wer sich nicht über die Bedeutung der verwendeten Farben

Notiz

- Die Fähigkeit, Karten lesen zu können, ist eine Kulturtechnik.
- Die Vermittlung der Fähigkeit, Karten lesen zu können, ist eine originäre Aufgabe des Erdkundeunterrichts.
- Grundregel bei der Kartenarbeit ist die Erkenntnis, dass Karten von der Legende her gelesen werden.

informiert hat, wird bei der grünen Farbe vielleicht „tiefes Land" lesen, wo schlicht „Wald" eingezeichnet ist.

Weil jede Karte einen Autor hat, kann sie jeweils auch subjektive, sogar verfälschende Aussagen enthalten, auch wenn dies dem Autor nicht bewusst gewesen ist. Das beginnt bei der ausgewählten Kartenprojektion; die Peters-Projektion verzerrt beispielsweise die Kontinente in einer Weise, wie sie der aus dem Weltraum wahrzunehmenden Wirklichkeit nicht entspricht. Das Weltbild in unseren Köpfen wird weitgehend von der eurozentrischen Weltkarte bestimmt, die die beherrschende Karte in den Atlanten ist. Europa/Afrika liegen aber mitnichten in der Mitte der Weltkugel, da es ja auch überhaupt keine „Mitte" auf der Kugel geben kann. Das andere Weltbild der Chinesen beispielsweise wird ja schon im Beinamen des Riesenreiches, „Reich der Mitte", deutlich – auf eurozentrischen Karten kann das jedenfalls so nicht erkannt werden. Amerikazentrische Karten vermitteln ein Weltbild, in dem Nord-, Mittel- und Südamerika auf beiden Seiten durch riesige Ozeane von den übrigen Landmassen der Welt isoliert sind.

Die Farbauswahl kann bestimmte Inhalte genauso in den Vordergrund der Wahrnehmung rücken, wie Größe oder Auffälligkeit von Signaturen die wahren Verhältnisse verfälschen können. Es gibt zurückhaltende Farben (Grün-, Blautöne) und aufdringliche (Rottöne). Wenn eine thematische Karte so eingefärbt ist, dass die inhaltlich weniger in Erscheinung tretende Aussage farblich in der Vordergrund gerückt wird, dann ist die Kartenaussage verfälscht. Besonders bei Karten, die die Lage von eher kleineren Orten veranschaulichen sollen, kann es zu grotesken Übertreibungen kommen, wenn der eigene kleine Ort auffallend groß und mit fetter Signatur dargestellt ist, die umgebenden Großstädte aber eher unauffällig nur mit ihrer Lage, nicht aber der tatsächlichen Ausdehnung markiert sind.

Wenn in einer thematischen Karte Zahlenwerte dargestellt werden, so sind bei der Legende die Skalierung und die Grenzwerte zu beachten. Das betrifft auch die Höhenangaben in einer physischen Karte. Hierbei ist oft im tieferen Bereich in Hunderterschritten skaliert, bei den oberen Bereichen sind dagegen oft mehrere tausend Höhenmeter in einer Farbe zusammengefasst. Der Vorzug bei der Anwendung von Programmen zur Kartenerstellung am PC oder Geographischen Informationssystemen ist auch, dass bei den zu erstellenden Karten die Farben, die Skalierungen und die Grenzwerte variiert werden können, bis der erwünschte visuelle Eindruck erreicht wird.

Große Schwierigkeiten haben Schüler erfahrungsgemäß auch mit dem Maßstab. Die eigentliche Größe z. b. der USA oder Indiens wird ihnen – und nicht nur ihnen – in der Regel nicht bewusst, weil die Atlaskarten oft nicht mit Karten gleichen Maßstabes von uns bekannten Regionen verglichen werden. Viele kleinmaßstäbige Karten in aktuellen Schulatlanten enthalten aber inzwischen die Karte Deutschlands im entsprechenden Maßstab als Vergleichsmöglichkeit. Diese Karten sollten bei der Besprechung nicht übersehen werden.

Kartierung

Mancher heute für die Geographie Begeisterte kam zu dem Fach über seine Freude am Kartenzeichnen. Die verwirklichte sich in der Regel darin, „Landkarten", also physische Karten von Ländern zu zeichnen und zu kolorieren, sie auch meistens mit der jeweiligen Nationalflagge zu schmücken. Anlass für die Tätigkeit war meistens die vom Erdkundelehrer gestellte Hausaufgabe.

Wenn Informationen in ihrer räumlichen Verteilung dargestellt werden sollen, müssen sie kartiert, d. h., es muss eine Karte von ihnen angefertigt werden. Das kann aufgrund von Informationen geschehen, die übernommen wurden, beispielsweise Statistiken, oder die selbst erhoben wurden. Die eigene Datenerhebung ist zeitaufwändig, führt aber in besonderem Maße in die wissenschaftliche Arbeitsweise des Faches ein. Im Rahmen von Haus- oder Facharbeiten z. b. für das Seminarfach oder als eine Schülerarbeit, die einer schriftlichen Klassenarbeit in ihrer Benotung gleichgestellt ist, können solche Arbeiten auch in der Schule angefertigt werden. Den erforderlichen Zeitaufwand schätzen Schüler, manchmal auch erfahrene Lehrer als zu gering ein, sodass es zu „Frust"-Erlebnissen kommen kann, wenn die Arbeit schließlich nicht beendet werden kann.

Im Kurs eines Seminarfaches „Wirtschaft und Leben in der Heimatgemeinde" kam die Idee auf, einen Wirtschaftsatlas des Schulortes zu erstellen. Die Schüler konnten vom Lehrer dazu gebracht werden, den Arbeitsbereich auf nur ein Stadtviertel zu konzentrieren, in dem die wirtschaftlichen Aktivitäten kartiert werden sollten: Art, Anzahl und Herkunft der Beschäftigten,

Umsatz, Absatzmarkt, Herkunft der Rohstoffe, ausländische Beziehungen etc. Obwohl ein GIS-Programm zur Verfügung stand, entschlossen sich die Schüler von vornherein, die Karte von Hand zu erstellen. Die Karten und damit der erste Teil des Wirtschaftsatlasses kamen aber doch nicht zustande, weil die Schüler nach den ersten Versuchen, die Informationen bei den Firmen zu erheben, scheiterten: Manche Firmen verweigerten wesentliche Angaben, manche vertrösteten „auf morgen", weil der Verantwortliche nicht im Hause sei, wieder andere empfingen die Schüler bereitwillig zu einem Termin, bei dem sich das Gespräch aber so interessant entwickelte, dass der ganze Nachmittag gebraucht wurde. Die Schüler sahen ein, dass sie nicht in der Lage waren, dermaßen viel Zeit in die Arbeit zu investieren, und gaben auf, obwohl der Fachlehrer sie dazu ermunterte, wenigstens einen kleinen Bereich mit wenigen Parametern zu kartieren und die Arbeit als Muster für eine spätere, umfangreichere anzusehen.

Eine Arbeit, die von einer Schülergruppe ohne allzu großen zeitlichen Aufwand zu leisten ist, ist die Kartierung der Geschäfte oder die Qualität ihrer Schaufensterauslagen in einer Geschäftsstraße des Schulortes. Eine andere Gruppe könnte zeitgleich die Passantenströme zählen und ebenfalls kartieren. Beides kann auf dem Stadtplan oder auf der Grundkarte 1:5000 erfolgen, die ggf. auf die gewünschte Kartengröße vergrößert werden können. Wenn die Kartengrundlage zunächst durch Übertragen der Grundrisse selbst geschaffen wird, sind Kopien mit Quellenangabe der Vorlage problemlos; wenn die Karten selbst kopiert werden, ist ggf. die Genehmigung des Herausgebers erforderlich. Karten größeren Maßstabs vom Schulort sind in der Regel beim Planungsamt der Gemeinde vorhanden und könnten von dort für schuleigene Zwecke kopiert werden. Es ist im konkreten Fall auch daran zu denken, ob die Satellitenbilder von „Google Earth" so weit gezoomt werden können, dass sie die für die Arbeit erforderliche Genauigkeit und Schärfe aufweisen.

Schüler einer „Arbeitsgemeinschaft Erdkunde" haben unter Leitung des Verfassers die Hauptstraße der Schulstadt funktional kartiert. Es wurde eine Karte 1:500 erstellt, sodass die Breite der Hausgrundstücke an der Straße auf der Karte maßstabsgerecht vorgegeben war. Die Stockwerke der Häuser wurden gezählt und schematisch zeilenweise an die Grundlinie angefügt. Anschließend wurden die Funktionen der einzelnen Stockwerke recherchiert (in der Regel durch Nachfragen im Haus). Dabei erhielten die Schüler vielfältige Informationen über die Geschichte des Hauses oder des Grundstückes, auf dem es sich befand. Die Zeilen für jedes Stockwerk wurden je nach Funktion (z.B. Wohnung, Arzt, Rechtsanwalt, Einzelhandel, Kaufhaus) von Hand eingefärbt. Parallel dazu erarbeiteten andere Schülergruppen die gleiche funktionale Kartierung, aber anhand von Einwohnerbüchern aus charakteristischen Jahren, z.B. 1920 oder 1946 unmittelbar nach Kriegsende. Das Ergebnis erbrachte ein anschauliches Abbild der bewegten Geschichte dieser Straße (SCHALLHORN 1972, OHL 2007).

Eine andere stadtökologische Kartierungsarbeit mit erfreulichem Ergebnis stand unter dem Thema „Bäume im Stadtgebiet". Hierzu wurden die Standorte, die Art, die Höhe und der Gesundheitszustand der Bäume im Innenstadtbereich des Schulortes kartiert, indem sie in die Grundkarte 1:5000 eingetragen wurden. Jeder Baumstandort wurde aufgesucht und sowohl zufällig vorbeigehende Passanten als auch in den benachbarten Häusern wohnende Einwohner danach befragt, welche Beziehung sie zu dem Baum haben und wie sie reagieren würden, wenn der Baum gefällt werden würde. Es ergaben sich interessante, z.T. auch emotional bewegende Beziehungen zwischen dem Nachbarn und dem Baum. Den Passanten fielen die Bäume eigentlich erst auf, wenn sie von den Schülern darauf angesprochen wurden.

Heute besteht die Möglichkeit, für solche Arbeiten auch Geographische Informationssysteme (GIS) einzusetzen. Das sollte vom Lehrer gefördert werden, wenn auf Seiten der Schüler Vorkenntnisse vorhanden sind und Interesse besteht. Dabei ist zu berücksichtigen, ob die Schülergruppe für geographische Arbeiten von vornherein Interesse bezeugt hat und sich deswegen durch die Anwendung von GIS nicht einer unerwünschten Steigerung des Schwierigkeitsgrades gegenübersieht.

Informationen können gezielt aus Luftbildern, Satellitenbildern oder Karten übernommen werden. Sind die Unterlagen zu klein und sollen die Informationen nicht herkömmlich und damit ziemlich umständlich „nach alter Art" mit dem „Storchschnabel" vergrößert werden, so können sie gescannt und auf einen Kartenträger – weißes Papier von der Rolle – projiziert und nachgezeichnet werden, der an der Wand befestigt ist. Diese Arbeitsweise bie-

> **Notiz**
>
> ■ Kartierungsarbeit ist zeitaufwändig; Schüler unterschätzen den Zeitaufwand häufig und sind dann enttäuscht, wenn die Arbeit abgebrochen werden muss.
> ■ Thema und Objekt der Kartierung sollten so ausgewählt werden, dass auch bei unvollständiger Fertigstellung ein brauchbares, einsichtiges Ergebnis vorliegt.
> ■ Für Kartierungen können GIS eingesetzt werden, wenn die Schüler entsprechende Vorkenntnisse und Interesse haben.

tet sich beispielsweise an, wenn das Gewässernetz einer Region oder ein ganzes Fluss-System dargestellt werden sollen. Ist die Vorlage dazu geeignet, dass die Informationen aus ihr auf ein Overlay übertragen und später projiziert werden, kann das auf OH-Transparentfolien erfolgen. Sollen Informationen übernommen werden, die hinterher nur kopiert werden sollen, ist auch die Verwendung von Transparentpapier möglich – kein Butterbrotpapier; Transparent-Zeichenpapier ist im Schreibwaren-Fachhandel erhältlich. Die Fachabteilung Erdkunde (resp. Kunst) könnte je eine Rolle von Zeichenkarton und Transparentpapier zum Verbrauch bereithalten.

Kartierungen im Gelände sind in Ansätzen ebenfalls mit Schülern möglich und schärfen deren Blick für landschaftliche Elemente und die Landschaftsgeschichte. Die Hangneigungen im Bereich eines Fließgewässers, am besten eines Nebenbaches mit überschaubarer Länge von der Mündung in den Hauptbach bis zum Talschluss, können in Beziehung gebracht werden mit der Kartierung von Bodenerosionserscheinungen. Fachübergreifend und fächerverbindend kann auch die Zusammenarbeit etwa mit dem Fach Biologie gesucht werden, um beispielsweise die Pflanzen eines Ausschnittes einer Wiese oder die Bäume in einem Waldausschnitt zu kartieren. Auch im Fach Deutsch ist die Kartierungsarbeit sinnvoll und möglich: Es kann die Karte der Schauplätze der Handlung einer Dichtung erstellt werden, wie es bei Schillers Drama „Wilhelm Tell" bereits oft geschieht.

Klimadiagramm

Das Schulfach Erdkunde lebt sowohl von der Visualisierung abstrakter Erkenntnisse als auch umgekehrt von der Abstraktion visueller, konkreter Inhalte. Texte, Zahlen oder Messreihen müssen veranschaulicht, Diagramme und Bilder aller Art interpretiert, analysiert und verbalisiert werden. Damit wird deutlich, dass es gerade für den Erdkundeunterricht erforderlich ist, dass die Schüler mit Diagrammen umgehen können.

Diagramme sind Schaubilder, die Zahlen visualisieren und sie mit anderen Parametern verknüpfen, etwa mit bestimmten Jahren. Im Erdkundeunterricht kommen die Schüler bereits in den unteren Klassen zum Beispiel im Zusammenhang mit der Besprechung von Wetter, Witterung und Klima mit

Klimadiagrammen in Berührung. Der Bildungsplan des Landes Baden-Württemberg (2004, 240) legt fest, dass die Schüler „Basisinformationen aus (...) Diagrammen, Klimadiagrammen, (...) Statistiken (...) erfassen und einfache geographische Darstellungsmöglichkeiten selbst anfertigen" können. Diagramme werden von der Überschrift, der Legende bzw. der Beschriftung aus gelesen. Erst wenn klar geworden ist, was das Schaubild zeigen will, kann es gelesen, in eigene Worte umgesetzt oder je nach Schüleralter auch erklärt werden. Einfache Diagramme sollten so früh wie möglich in den Unterricht eingeführt werden, damit die Schüler sie als erforderliche und absolut zum Unterricht gehörende Darstellung geradezu „verinnerlichen".

Da Klimadiagramme einerseits zu den frühesten Diagrammen gehören, die der Schüler kennenlernt, ihn andererseits aber bis zur Abituraufgabe und darüber hinaus begleiten können, sollte der Lehrer gerade auf die fachliche Kompetenz besonderen Wert legen, dass die Schüler anhand von Klimadiagrammen den Jahresgang von Temperatur und Niederschlag und die Merkmale von Jahreszeiten zunächst beschreiben, schließlich auch (aus der planetarischen Zirkulation der Atmosphäre und lokalen Abwandlungen) erklären können. Schon in frühen Klassen sollte die Zeichnung eines Klimadiagrammes anhand der amtlichen Temperatur- und Niederschlagswerte des Schulortes oder eigener, vorher gemessener Werte geübt werden. Gerade dafür ist die adäquate Ausstattung des Schülers mit Schreib- und Zeichengeräten unabdingbar.

Als Darstellungsart hat sich – bei aller möglichen wissenschaftlichen und methodischen Kritik im Einzelnen (vgl. POHL 2004, 198) – für die Schule das öko-physiologische Klimadiagramm nach H. Walter und H. Lieth bewährt. Dabei muss der Lehrer im Unterricht mit der Vielzahl der möglichen Parameter dieses Klimadiagramm-Typus sehr behutsam umgehen (z. B. WALTER 1970, 29). Ihm muss es letztlich überlassen bleiben, inwieweit er unter Berücksichtigung des Lehrplanes und der Fähigkeiten sowie des Interesses seiner Schüler über die Behandlung des charakteristischen Kennzeichens des Walter-Lieth-Klimadiagramms hinausgeht, dem das Skalenverhältnis $N = 2xT$, die Bestimmung von ariden und humiden Monaten ermöglicht.

Bei der Beschreibung eines Klimadiagramms kann beispielsweise folgendermaßen vorgegangen werden, wobei die Anforderungen entsprechend den klassenspezifischen Möglichkeiten variiert werden:

Methoden im Schulfach Geographie – alphabetisch

1. Station: Genaue Benennung der Stationsangaben (geographische Koordinaten, Höhenlage über NN); Beschreibung der geographischen Lage der Station.
2. Jahresgang des durchschnittlichen monatlichen Temperaturverlaufs: Nennung der Jahresdurchschnittstemperatur, Bewertung unter Berücksichtigung der geographischen Lage; Minimum-, Maximumwert(e), absolutes Minimum, absolutes Maximum (Wert, Monat, deutlich/schwach ausgeprägt, schnelle/langsame Änderung im Jahresverlauf); thermische Jahreszeiten und ihre Charakterisierung in Bezug auf die geographische Lage und in Vergleich zum Schulort (kühl/kalt/sehr kalt, warm/sehr warm/heiß, kurz/lang, schneller/langsamer/allmählicher Wandel); Schwankung der Temperatur im Jahresverlauf (groß/klein); Kennzeichnung als maritimer oder kontinentaler Temperaturverlauf. Zu beachten ist – in Absprache mit dem Physikunterricht – die Unterscheidung zwischen Temperaturangaben in Grad Celsius und Temperaturunterschieden in Kelvin.
3. Jahresgang der durchschnittlichen monatlichen Niederschlagssummen: Gesamtsumme und ihre Bewertung hinsichtlich der geographischen Lage und relativ zu den Werten des Schulortes; Verteilung über das Jahr; Minimum und Maximum, evtl. mehrere (Monate(e), Werte); Übersicht über den Jahresverlauf; hygrische Jahreszeiten; Charakterisierung (trocken/feucht/immerfeucht/wechselfeucht, Regenzeit/Trockenzeit, Winterregen/Sommerregen).
4: Zusammenfassung: Kennzeichen der Jahreszeiten/des Jahres. Witterungscharakter an der Station.
5: Zuordnung zu einem Klimagebiet gemäß der eingeführten Klimaklassifikation.
6: Erklärung des Klimagebietes aus der planetarischen Zirkulation der Atmosphäre und regionaler Besonderheiten, möglichst mit Skizze.
7: Eventuelle erklärbare Besonderheiten, unklare Besonderheiten.

Die Charakterisierung des Witterungsverlaufs von Stationen muss immer im Vergleich zu den klimatischen Verhältnissen am Schulort erfolgen. Deshalb ist es wichtig, dass die Schüler die Temperatur- und Niederschlagsdaten des Schulortes dauerhaft wissen.

> **Notiz**
> - Die Erläuterung und die Erstellung von Diagrammen sollten möglichst früh in den Erdkundeunterricht eingeführt werden.
> - Die Erläuterung von Diagrammen – wie bei allen zeichnerischen und kartographischen Darstellungen – erfolgt von der Legende her.
> - Bei der Besprechung von Diagrammen sollte auch die Darstellungsart reflektiert werden.

Bei der sprachlichen Umsetzung von Klimadiagrammen sind insbesondere die Verhältnisse auf den Erdhalbkugeln (tiefste Temperaturen im Januar bzw. Juli) sowie die richtige Bezeichnung der Jahreszeiten zu beachten: „Sommer" und „Winter" sind ggf. gegen die Bezeichnungen „Zeit des Sonnentiefstandes/Sonnenhochstandes" oder „unsere Sommer-/Wintermonate" zu ersetzen; einen Winter nach unserer Erfahrung gibt es beispielsweise im

Klimadiagramm 107

Diagramme mit verfälschender Darstellung

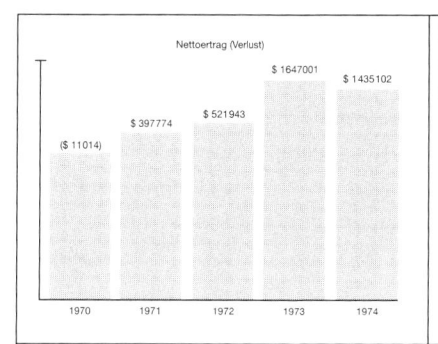

[Säulendiagramm: Nettoertrag (Verlust) 1970–1974: ($11014), $397774, $521943, $1647001, $1435102]	In diesem Beispiel eines Säulendiagramms ist die vertikale Achse nicht skaliert. (DEWDNEY 1994, 31)
[Kurvendiagramm: Anzahl der Buchungen 1987–1993, mit schräg nach oben verlaufenden Achsen und Skispringer-Illustration]	Dieses Kurvendiagramm suggeriert dem Betrachter durch die spezielle, ungleichmäßige Anordnung der Jahreszahlen (x-Achse) und der schräg nach oben führenden Anordnung der Werte der y-Achse den deutlichen Anstieg der Buchungen in einem Wintersportort; tatsächlich verharrt die Anzahl der Buchungen nach deutlichem Absinken seit 1991 etwa bei 300.000. (DEWDNEY 1994, 33)
[Säulendiagramm: Dividende 1985–1989 mit steil nach oben führender Grundachse]	In diesem Säulendiagramm wird der erhebliche Anstieg der Dividende suggeriert; die Darstellung verfälscht die Tatsachen dadurch, dass die Grund-Achse (Jahre) steil nach oben führt. (DEWDNEY 1994, 99)

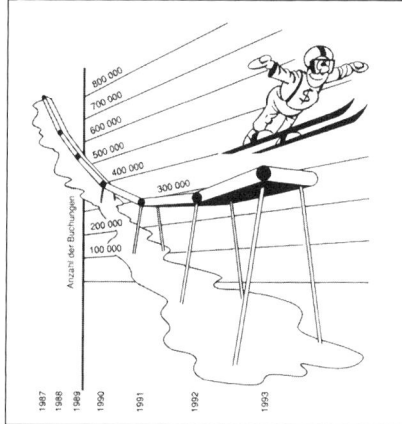

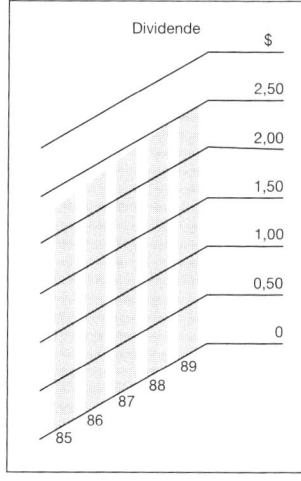

„Winter"regenklima des europäischen Mittelmeergebietes eigentlich nicht, weil dessen Charakteristikum ja gerade darin besteht, dass der Winter zwischen Herbst und Frühjahr ausfällt. Wenn in Australien von „Sommer" gesprochen wird, dann sind unsere Wintermonate gemeint. In den tropischen Klimagebieten gibt es keine thermischen, sondern hygrische Jahreszeiten.

Die Art und das Erscheinungsbild von Diagrammen können sehr vielfältig sein. Die Herstellung eines Säulen-, Kurven- oder Kreisdiagramms ist allerdings mit dem PC (z. B. MS-Excel) heutzutage völlig problemlos. Für den Lehrer ist bei ihrem Einsatz im Unterricht besonders zu beachten, dass ihre Aussage durch die Darstellungsart subjektiviert werden kann. Wenn Diagramme im Unterricht benutzt werden, sollte das verbunden werden mit mindestens dem Versuch einer kritischen Würdigung der Darstellung (siehe Abbildungen Seite 107).

Luftbild und Fernerkundung

Das Luftbild als genau datierbare, panchromatische, schwarz-weiße Abbildung eines Teiles der Erdoberfläche hat bisher immer noch nicht weite Verbreitung im Erdkundeunterricht gefunden. Dabei weist das Luftbild eine Reihe von Vorzügen auf, die seinen Einsatz im Unterricht als Arbeitsmittel besonders empfehlenswert machen könnten, u. a.:
- Das Luftbild ist – anders als die Karte – ein nicht generalisiertes, sondern detailgenaues, wenngleich nicht beschriftetes Abbild der Erdoberfläche; Luftbildarbeit bedeutet daher auch immer zugleich Kartenarbeit.
- Auf dem Luftbild sind Strecken und Flächen mess- bzw. errechenbar; Höhen können mit Hilfsmitteln bestimmt werden.
- Das Luftbild zeigt die Erdoberfläche zu einem genau datierbaren Zeitpunkt mit den „Inhalten" des fotografierten Raumes: Menschen, Autos, Tieren.
- Ein Luftbild kann zusammen mit den beiden Nachbarbildern oder einem von ihnen teilweise stereoskopisch – dreidimensional – betrachtet werden. Dazu ist ein Spiegelstereoskop erforderlich, das aber nur unter besonders günstigen Bedingungen in der Schule vorhanden sein dürfte. Die stereoskopische Betrachtung ist in kleinen Bereichen auch mit dem Taschenstereoskop möglich; besonders Geübten gelingt die dreidimensionale Betrachtung auch ohne Zusatzgerät.

Man legt die beiden Luftbilder, deren gemeinsamer Bereich dreidimensional betrachtet werden soll, in normalem Betrachtungsabstand nebeneinander. Die Luftbilder werden fixiert. Ein Zeigefinger, der jetzt zwischen Augen und Bilder gehalten wird, erscheint doppelt. Über seine Spitzen werden die unteren Ränder der auf beiden Bildern gemeinsam befindlichen Bereiche angeordnet. Wenn der Betrachter jetzt den Zeigefinger fixiert, sieht er einen Finger, über dem die beiden auf den Bildern gemeinsam befindlichen Bereiche zusammenfallen. Dieses (Schein-)Bild wird nun fixiert, und (nach einiger Übung) gelingt die dreidimensionale Betrachtung. Da dieses Vorgehen für die Augen Anstrengung bedeutet, kann es nur mit Vorbehalten mit Schülern durchgeführt werden; es gelingt nicht immer allen, den gewünschten Eindruck zu bekommen. Der „Trick" dient auch nur zur Betrachtung; das Ausmessen von bestimmten Elementen im Luftbild oder eine andere Bearbeitung des ja nur visuellen flüchtigen Eindrucks ist nicht möglich.

- Luftbilder der Umgebung des Schulortes können in der Regel ohne Schwierigkeiten, aber nicht immer kostengünstig über die Stadtverwaltung oder über die Forstverwaltung erworben werden. In einigen Ländern bieten die Landesvermessungsämter Bilder der Schulumgebung in Dateiform kostengünstig an. Damit eignen sie sich für die Weiterverarbeitung in Geographischen Informationssystemen.

■ Der Vergleich von Luftbildern verschiedenen Aufnahmedatums ermöglicht besonders anschaulich die Dokumentation von Landschaftsveränderungen.

Das Luftbild ist damit ein Medium, das „mit Maß und Zahl" beschrieben werden kann. Je nach Aufnahmedatum und -zeit kann z.B. die Flächennutzung in Relation zur Gesamtfläche des Bildes gesetzt werden, können die Anbauverhältnisse erkannt und die landwirtschaftliche Nutzung genauso bestimmt werden wie besonders verkehrsbelastete Straßen. Die Bauweise von Industriegebäuden lässt Rückschlüsse auf die Art der Industrie zu (z.B. weisen Sheddächer auf Textilindustrie hin oder mehrstöckige, geschlossene Gebäude ohne nachbarliche Emissionsquellen auf Dienstleistungen), die Bauweise von Wohngebäuden gibt Anhaltspunkte auf ihr Baujahr und damit das Jahr der besonderen baulichen Entwicklung der Gemeinde. Durch Bewertung der Umgebung der Häuser (Größe der Grundstücke, Art der Wohngebäude, Nutzung des Gartens: Gemüsegarten oder Landschaftsgarten, Anzahl und Größe der Swimmingpools in den Gärten, Klasse der abgestellten PKW u.a.) kann eine soziale Differenzierung von Stadtvierteln erarbeitet werden. Die Gebäudehöhen können anhand des Schattenwurfs erkannt werden; für die genaue Höhenbestimmung von Einzelelementen ist die stereoskopische Betrachtung und die Ausmessung der Parallaxenunterschiede erforderlich. Die Ergebnisse der Luftbildauswertung müssen anhand von Daten aus der abgebildeten Region evaluiert werden.

Die Landschaftsgliederung aus dem Luftbild kann mithilfe von Deckfolien erarbeitet werden, auf die die charakteristischen Landschaftsformen mit einer in der Legende festgelegten Signatur kenntlich gemacht werden. Unterschiedliche Landschaftsräume oder Regionen können gegen andere abgegrenzt werden.

Das Satellitenbild als Produkt der Fernerkundung hatte es aufgrund seiner spektakulären Ansichten, die es bietet, leichter, in das Schulbuch aufgenommen zu werden. Das Satellitenbild des Harzes und seiner Um-

Notiz

■ Das herkömmliche Luftbild kann als digitales Modell in Zusammenarbeit mit Geographischen Informationssystemen eine neue Bedeutung für den Erdkundeunterricht bekommen.
■ Satellitenbilder sind in der Regel sehr anschaulich und faszinieren durch ihre spektakulären Ansichten von der Erde.

gebung aus der Mitte der 1980er Jahre mit den signifikant unterschiedlichen Parzellengrößen auf dem Gebiet der ehemaligen Bundesrepublik und der DDR ermöglichte es, die damalige Grenze auf dem Bild nachzuzeichnen. Es hat sich in die Köpfe der heute älteren Fachkollegen gebrannt. Bilder aus verschiedenen Jahren vom austrocknenden Aralsee machen die dramatischen Folgen anthropogener Eingriffe in den Naturhaushalt deutlich.

Anders als Luftbilder sind die Satellitenbilder keine Bilder im fotografischen Sinne, sondern aus elektronisch aufgezeichneten („gescannten") Signalen erstellte Bilder der Erdoberfläche, die erst durch die Umwandlung per Computer und bestimmte Einfärbung auf dem Bildschirm entstehen. Ihre weiteste Verbreitung finden sie heute als Bilder der Wettersatelliten z. B. von dem geostationären „Meteosat", der laufend aus 30000 km Höhe unsere Hemisphäre in verschiedenen Spektralbereichen scannt; die Funksignale werden in Bilder umgewandelt, die z. B. das visuelle Bild der Erde mit der Wolkenverbreitung zeigen oder Wiedergabe infraroter Signale sind, die die Temperatur der gescannten Oberflächen (Erdoberfläche oder Wolkenoberflächen) durch Differenzierung der Grautöne angibt oder die einen Spektralbereich repräsentieren, in dem besonders gut die Verbreitung von Wasserdampf auf der Erde sichtbar wird.

Alle Farben von Satellitenbildern, auch die Grautönungen, sind Ergebnis der Bearbeitung der Bilder; die Bilder werden von Meteosat nur als Daten aufgezeichnet. Bei der Einfärbung bemüht man sich in der Regel, den uns gewohnten Eindruck zu treffen – deshalb sind beispielsweise die Wolken im Satelliten-Wetterbild weiß, Wüstengebiet gelb-rot, Wälder grün, Städte blaugrau; Wolken beispielsweise könnten genauso gut und schnell rot oder grün etc. eingefärbt werden.

Im Internet findet man die Bilder der Wettersatelliten, die andere Hemisphären der Erdkugel scannen. Satellitenbilder von Astro- oder Kosmonauten aus Raumkapseln oder von der Internationalen Raumstation sind allerdings meistens Schrägbilder von der Erde, die mit „normalen" elektronischen oder analogen Apparaten als Bilder auf Filmmaterial fotografiert bzw. auf ein Medium gespeichert wurden.

Je größer der Maßstab eines Luftbildes ist, desto genauer sind die Einzelheiten der abgebildeten Erdoberfläche zu erkennen, weniger gut ist dann allerdings die Übersicht möglich. Entsprechend gilt, dass ein Luftbild kleineren Maßstabes zwar eine bessere Übersicht ermöglicht, aber auf Kosten der Erkennbarkeit von Einzelelementen. Großmaßstäbige Luftbilder, die inzwischen als Dateien von den Landesvermessungsämtern erworben werden können, haben eine Auflösung im Zentimeterbereich. Wie erstaunlich detailreich und genau inzwischen auch Satellitenbilder sind, vermag ein Flug über die Erdoberfläche mithilfe von Google Earth zu vermitteln.

Moderation

Die Moderationsmethode beschreibt ein Verfahren, bei der Ideen zunächst auf Karten geschrieben, gesammelt und dann z.b. auf eine Pinnwand oder Flipchart gehängt, anschließend zur Strukturierung („Clustering") neu angeordnet und nach Bedarf ergänzt und bewertet werden können. Die Methode wird oft auch nach dem Unternehmen „Metaplan GmbH" mit dem geschützten Markennamen „Metaplan" bezeichnet.

Es handelt sich um eine Kartenabfrage-Technik und -Methode, die – unter Vorbehalten – auch im Schulunterricht eingesetzt und geübt werden kann. Da die ideale Anzahl der Gruppenmitglieder, die an einer Moderation teilnehmen sollten, mit acht bis fünfzehn angegeben wird, ist eine Klasse in der Regel in zwei Gruppen aufzuteilen. Während in einer der Lehrer die Leitung übernehmen kann, muss in der anderen dies ein eingewiesener oder schon geübter Schüler tun.

Das Prinzip der Moderationsmethode ist die Visualisierung der Lösung eines Problems vom Brainstorming bis zu einem übersichtlichen, strukturierten Ergebnis und der Evaluation des Vorgehens. Dabei sollen die Gedanken, Ideen, Vorstellungen, Bedenken etc. der Teilnehmer allen dadurch sichtbar gemacht werden, dass sie auf unterschiedlich geformte Kärtchen mit deutlicher, möglichst in einem Vorgespräch genormter Schrift geschrieben und dann auf die entsprechende Pinnfläche mit Nadeln befestigt werden. Die Kärtchen werden im Verlaufe der Moderation immer genauer strukturiert („geclustert", d.h., nach bestimmter Zusammengehörigkeit geordnet). Sind zu einem Gliederungspunkt verschiedene Kärtchen vorhanden, kann der Moderationsleiter an die Teilnehmer Klebepunkte verteilen, die von ihnen dann nach subjektiver Wichtigkeit auf die Kärtchen geklebt werden, sodass eine Rangfolge der Items entsteht.

Da das Ergebnis nicht allen in Form einer Kopie ausgehändigt werden kann, kann die fertige Moderationstafel fotografiert und das Bild dann allen zur Verfügung gestellt werden. Das Bild ist auch notwendig, wenn die Moderation fortgesetzt werden soll, die Pinnwand aber in der Zwischenzeit zu einer anderen Moderation gebraucht wird.

Die Moderationsmethode soll dazu führen, dass die Teilnehmer unbeeinflusst und ohne eine mögliche Hemmung vor einer Äußerung in einer Gruppe (z. B. Angst vor der Formulierungsmöglichkeit, Schüchternheit...) ihre Meinung in die Problemlösung einbringen. Der Leiter hat allein die Aufgabe, die Meinungen zu sammeln und nach von allen akzeptierter Weise zunächst grob vor-, dann nach Vorschlag und Übereinkunft der Gruppe übersichtlich und themagerecht zu ordnen. Er handelt immer im Sinne der Gruppenmitglieder und hält sich mit eigenen Ideen und Vorstellungen sehr zurück. Da es schwierig ist, zugleich die Meinungen zu sammeln und die Technik zu bewältigen (anpinnen, Übersicht bewahren), ist es ratsam, dass zwei Personen die Leitung übernehmen.

Damit sind schon eine Reihe von Schwierigkeiten genannt, die die Moderationsmethode bei der Anwendung im Unterricht belasten: Nicht nur, dass in der Regel nur ein Lehrer für die Klasse zur Verfügung steht, der nur eine der Gruppen betreuen („moderieren") kann, sollte für die Gruppenmoderation jeweils sogar ein Team zur Verfügung stehen. Alle Leiter sollten in der Moderation geübt sein.

Die Kärtchen, die von den Teilnehmern der Moderation verwendet werden, müssen vorbereitet, d. h., in verschiedenen Formen zugeschnitten sein und sollen auch oft nach einem bestimmten System verwendet werden (z. B. bestimmte Farben und Formen für bestimmte Inhalte). Die Schüler müssen sich danach richten. Schließlich sind Filzstifte, großformatiges Papier, Pinn-Nadeln, Scheren, Klebestifte etc. erforderlich, die nach der Moderation wieder geordnet werden müssen. Im Handel erhältliche Moderationskoffer, die alle erforderlichen Gerätschaften und zugeschnittene Kärtchen enthalten, sind für knappe Schulbudgets oft zu teuer. Verbrauchtes Material kann nachgekauft werden, ist aber ebenfalls nicht billig. Die Moderationsmethode mit selbstgebasteltem Material wirkt wenig professionell und verliert deutlich an Überzeugungskraft – und gerade das sollte der besondere Vorteil dieser Methode sein.

Notiz

- Die Moderationsmethode eignet sich gut dazu, alle Gruppenmitglieder in die Bearbeitung des Problems einzubeziehen.
- Die Moderationsmethode verlangt geübte Gruppenleiter.
- Für den Einsatz im Schulunterricht sind die Kosten für Verbrauchsmaterial bereitzustellen.

Das heißt nicht, diese Methode für den Unterricht nicht zu empfehlen. Wenn die Rahmenbedingungen stimmen (Gruppengröße, Leitung, Technik), ist die Methode hilfreich. Sie wird dann auch von allen Beteiligten als angenehm und erfolgreich angesehen.

Der Ablauf einer Moderation ist dann folgendermaßen:

- Begrüßung – Kennenlernen – Anwärmen:
Begrüßung durch Moderatoren, Zielplakat, Vorstellungsrunde, Gruppenspiegel („Wer sind wir?" – im Schulunterricht entbehrlich), Blitzlicht (Kurzbeitrag jedes Teilnehmers reihum zu seinen gegenwärtigen Gefühlen/Stimmungen), Ein-Punkt-Frage („Wie stark bin ich interessiert?", „Was erwarte ich?"); abhängig davon, wie gut sich die Gruppe kennt; hier geht es noch nicht um Inhalte, sondern um entspannte Atmosphäre.
- Problem-/Themenorientierung herstellen, Einstieg ins Thema:
Ein-Punkt-Frage („Wie wichtig ist...?" „Wie zufrieden bin ich mit ...?"), Tagesordnung entwickeln, Zuruf-Frage („Worüber wollen wir heute sprechen?"), Kartenabfrage, Themenspeicher; Probleme und Themen bewusst machen.
- Themen-/Problembearbeitung:
Kleingruppenarbeit, Kleingruppenszenario, Kartenabfrage.
- Ergebnisorientierung:
Tätigkeitskatalog („Was ist von wem bis wann zu tun?"); kritische Phase, weil hier Farbe bekannt werden muss, Arbeit übernommen wird; Euphorie kann auftreten, nicht überschätzen, Teilnehmer nicht auf Zeiten festnageln.
- Abschluss:
Ein- oder Zwei-Punkte-Frage („Wie zufrieden bin ich mit Ergebnissen/Zusammenarbeit?"), Feedback-Runde; Gruppenprozess und inhaltliche Ergebnisse reflektieren.
- Protokoll:
Fotoprotokoll, Abschrift/Abzeichnung, ggf. Erläuterung; entsteht simultan zur Sitzung als „Abfallprodukt", nur noch zu fotografieren, ggf. abzuschreiben; für Präsentationen ist eine Aufbereitung nötig.

Aus diesem Ablaufschema geht hervor, dass die Moderation insbesondere bei offenen Problemerörterungen angebracht ist. Bei Sachfragen, um die es im Erdkundeunterricht vorwiegend geht, kann die Moderationsmethode eingeschränkt angewendet werden – die Schüler können nur sagen, beurteilen und bewerten, was sie wissen, also vorher gelernt haben, wenn sie es nicht aus außerschulischen Informationsquellen erfahren haben.

Der Einsatz der Moderationsmethode wäre beispielsweise denkbar, wenn es um raum- oder stadtplanerische Entscheidungen geht, möglicherweise auch in Verbindung mit einem Rollenspiel. Soll der Wald gerodet werden zugunsten eines neuen Industriegebietes? Soll die neue Umgehungsstraße durch einen Teil des Landschaftsschutzgebietes führen? Soll ein neues Verbraucherzentrum am Ortseingang gebaut werden?

Originale Begegnung

Erdkunde beschäftigt sich mit dem, was „vor der Haustür" der Schule liegt – nichts liegt da eigentlich näher, als das Schulhaus zu verlassen, und das, was davorliegt, im Rahmen einer Exkursion, einer Besichtigung oder eines Geländepraktikums im Original in Augenschein zu nehmen. Eine solche „originale Begegnung" bedarf nicht nur vielfältiger organisatorischer Verabredungen durch den Lehrer, sondern muss sich auch an den jeweiligen Sicherheitsbestimmungen orientieren. Die Größe der Gruppe und die erforderliche Anzahl der Begleiter muss ebenso beachtet werden wie die richtige Ausrüstung, beispielsweise die Schutzbrille und der Helm bei der Begehung eines Steinbruchs. Die originale Begegnung mit Schülern bedeutet für den Lehrer also auch, besondere Verantwortung zu übernehmen.

Wenngleich die originale Begegnung von der „modernen" Geographiedidaktik gefordert wird (z. B. Hoffmann 2004, 21), ist sie noch nicht einmal in allen Lehrplänen empfohlen: Wären sie sogar Pflichtveranstaltungen, müsste der Schulträger für die Kosten aufkommen.

Im Schulalltag ist es ausgesprochen schwierig, originale Begegnungen einzuplanen. Da sie während der Unterrichtszeit stattfinden, fällt der Unterricht des begleitenden Lehrers aus. Eltern, die inzwischen für Unterrichtsausfall sensibel geworden sind, reagieren auch auf solchen gereizt, der letztlich die Qualität und das Ansehen der eigenen Schule stärkt. Nur durch rechtzeitige Vorbereitung und umfassende Absprachen kann der Fachlehrer die Grundlagen dafür schaffen, dass sein Unterrichtsausfall mit Verständnis aufgenommen wird.

Exkursionen sind von vornherein themabezogen und zielgerichtet: Der Lehrer verlässt mit der Schülergruppe das Schulhaus, um beispielsweise

- Bodenuntersuchungen zu machen,
- eine Betriebsbesichtigung durchzuführen,
- Messungen durchzuführen,
- Gesteine oder Fossilien zu suchen,
- eine Befragung zu einem Thema durchzuführen,
- ein bestimmtes geographisches Phänomen original in Augenschein zu nehmen, um es besser zu verstehen zu können.

Bei Exkursionen empfiehlt es sich, thematische Arbeitsgruppen zu bilden, die ihren Beitrag dokumentieren und präsentieren müssen. Da das Thema feststeht, sollten sich „Experten" für ausgewählte Inhalte besonders vorbereiten und ihr Wissen in die Erarbeitung des Themas „vor Ort" einbringen. Es wird bei der Vorbereitung oft vergessen, die Schüler auf eigentlich Selbstverständliches hinzuweisen: Ein Schreibgerät ist ebenso mitzunehmen wie Notizpapier (am besten ein Heft) auf fester Schreibunterlage. Man darf keine Hemmungen haben, auch bei Schülern der Sekundarstufe II nachzufragen. Jeder Standort ist genau zu lokalisieren (Koordinaten des GPS-Gerätes, Hoch-Rechtswert nach der topographischen Karte). Die Schüler sollen sich der Witterung entsprechend kleiden; festes Schuhwerk ist immer unabdingbar, auch an sommerlich heißen Tagen.

Alle Informationen müssen zunächst mitgeschrieben werden; die Auswahl kann dann bei der Ausarbeitung zu Hause oder in der Schule in Ruhe getroffen werden. Bei qualitativen, prozentualen oder Index-Angaben sollten die genauen Zahlen erfragt werden. Also beispielsweise nicht: „Hoch" und „wenig", sondern die genaue Angabe in Maß und Zahl erfragen und notieren. Oder: Wie viel beträgt die Steigerung von 37 % in absoluten Zahlen? Die Entscheidung, ob beim Exkursionsbericht die absolute oder prozentuale Angabe die aussagekräftigere ist, sollte im Zusammenhang des Berichts entschieden werden. Namen (mit Titel), Erreichbarkeit und Funktion von externen Informanten sind genau zu notieren.

Bei der Vorbereitung der Exkursion sollte der Lehrer nicht nur die voraussichtlich benötigte Wegstrecke berücksichtigen, sondern auch die Zeit, die insgesamt für die Exkursion benötigt wird. Wenn eine relativ kurze Exkursionsstrecke ausgewählt worden ist, so kann das doch im Einzelfall eine lange Zeitdauer der Exkursion bedeuten, weil an bestimmten Standorten unterschiedlich lange Erklärungen, Untersuchungen, Messungen oder Beobachtungen angestellt werden. Wenn eine solche Exkursion dann an einem gewittrigen Hochsommertag stattfindet, darf der Lehrer sich nicht darüber wundern oder sogar ärgern, dass die Aufmerksamkeit seiner Schüler bei fortschreitender Dauer nachlässt. Ausreichende Pausen müssen also immer in die Exkursionszeit eingerechnet werden. Insgesamt muss die Exkursionsroute immer aktuell vom Lehrer erkundet werden.

Bei jeder geographischen Exkursion muss die Bewusstheit über den jeweiligen Standort gegenwärtig sein. Die Schüler sollten gruppenweise oder sogar jeder für sich eine topographische Karte mitführen, auf der sie den Verlauf der Exkursion nachvollziehen können. Außerdem muss die geologische Karte mitgeführt werden. Je nach Ziel und Thema der Exkursion werden weitere thematische Karten benötigt. Mindestens ein geologischer Hammer sowie Kompass und Höhenmesser (auch bei vorhandenem GPS-Gerät) sollten zur Verfügung stehen.

Der Lehrer kann die Exkursion so vorbereiten, dass er an bestimmten Standorten für Erklärungen eine Flipchart zur Verfügung hat. Wenn deutlich wird, dass eine Exkursion jedes Jahr mit einer bestimmten Klassenstufe durchgeführt wird, kann man daran denken, Skizzen, Bilder, großmaßstäbige Kartenausschnitte etc. auf eine relativ stabile Unterlage aufzukleben und mit Kunststoff-Folie zu überziehen, um sie wetterfest zu machen. Die so aufbereitete Karte kann dann jedes Jahr benutzt werden.

Alles, was mitgeführt werden soll, wird auf die Schüler aufgeteilt, die sich beim Tragen abwechseln. Wenn es möglich ist, die Standortbesprechungen in der Nähe eines Wohnhauses oder einer Gaststätte durchzuführen, kann das benötigte Material auch vorher dort deponiert werden, wenn die Anlieger dem zustimmen.

Exkursionen dieser Art können auch während Aufenthalten in Landschulheimen oder anderen Klassenfahrten durchgeführt werden. Das erforderliche Kartenmaterial muss rechtzeitig besorgt werden. Bei Aufenthalten in Jugendherbergen ist oftmals umfangreiches und informatives Material für originale Begegnungen und Exkursionen dort vorhanden und kann benutzt werden.

Es ist nicht allen Fachbereichen in der Schule klar, dass auch Besichtigungen von landwirtschaftlichen Betrieben, Industriebetrieben oder Dienstleistungsunternehmen zum Auftrag des Erdkundeunterrichts gehören. Bei der Behandlung wirt-

Notiz
- Originale Begegnungen bereichern den Unterricht durch eigene Anschauung und Erkundung.
- Originale Begegnungen müssen sorgfältig vorbereitet und mit Eltern und Schule abgesprochen werden.
- Originale Begegnungen sind problemlos nur möglich mit Schülern, die sich den Anweisungen des Lehrers fügen werden.

schaftlicher Inhalte werden Standort- und Verflechtungsfragen behandelt, beim Inhalt „Nachhaltigkeit" die Produktlinienanalyse eines Produkts. Der Geograph kann die Betriebsbesichtigung oftmals besser in den gesamtwirtschaftlichen und räumlichen Zusammenhang einordnen als andere Fächer, die die besuchte Firma eher als Einzelbeispiel ansehen könnten.

Betriebsbesichtigungen jeder Art müssen vom Lehrer in besonderer Weise vorbereitet werden. Der Werkschutz in der Industrie verlangt heute oft einen Ausweis der Besucher. Da die Besichtigung in der Regel bei laufender Produktion durchgeführt wird, ist unbedingte Disziplin der Schüler erforderlich, sich an die Anweisungen des Lehrers und des Betriebsführers zu halten. Das allgemeine Arbeitsgeräusch kann die Verständigung während der Besichtigung erschweren; es muss im Vorfeld geklärt werden, ob eine tragbare Mikrofonanlage zur Verfügung steht oder wie sonst die Verständigung ermöglicht werden kann.

Bei der Besichtigung eines landwirtschaftlichen Betriebes sind die Schüler auf die Möglichkeit der Verschmutzung durch Tiere, Stallungen und Betriebsmittel hinzuweisen; sie müssen ihre Kleidung entsprechend auswählen. Wenn Tiere erschreckt werden, können sie für den Menschen gefährlich reagieren. Schüler sind auf dieses mögliche Verhalten der Tiere hinzuweisen; auch hier ist von ihnen unbedingte Disziplin gefordert. Wenn sie der Lehrer nicht grundsätzlich garantieren kann, sollte er mit der Klasse die Exkursion nicht durchführen.

Portfolio

Die Arbeit mit einem Portfolio gehört in unseren Schulen noch zu den weniger gebräuchlichen (offenen) Methoden, weil die Lehrpläne der Schulfächer bisher eher inhaltliche (geschlossene) denn methodische Vorgaben machten. Das Portfolio ist eine Arbeitsmethode, die dem Schüler weitgehend freie Hand in der inhaltlichen Gestaltung bietet. In deutsche Schulen fand die Methode erst zu Beginn der 1990er Jahre Eingang. Die Anregung kommt aus den USA (HÄCKER 2006, 29).

Ein Portfolio
- aktiviert die Handlungsorientierung des Schülers,

- regt ihn zu eigener Materialsuche, -sammlung und -gestaltung an,
- fordert ihn durch Selbstevaluation zur Reflexion über das eigene Tun heraus,
- fördert die Kommunikation zwischen Schülern und mit dem Lehrer und
- übt damit insgesamt die kognitiven, instrumentalen, sozialen und ästhetischen Kompetenzen des Schülers.

„Ein Portfolio ist eine zweck- und zielgerichtete Auswahl eigener Arbeiten eines Schülers, in welcher die individuellen Bemühungen, Fortschritte und Leistungen in einem oder mehreren Bereichen dargestellt und reflektiert werden." (SCHMIDINGER 2006, 68) Der Begriff „eigene Arbeiten des Schülers" muss im Erdkundeunterricht so verstanden werden, dass nicht nur eigene, schriftlich dargelegte Überlegungen, Zeichnungen, inhaltliche Darstellungen o.a. in das Portfolio eingelegt werden, sondern auch Materialien, die den vielfältigsten (in der Regel: Print-)Medien entnommen, aufbereitet (z.B. aufgeklebt) und insbesondere beschriftet wurden. Als mögliche Themen bieten sich für den Erdkundeunterricht aktuelle an, z.B. ein Portfolio zur Klimaveränderung, zum Flächenverbrauch, zur Globalisierung, zu Veränderungen in der Landwirtschaft, Planungen in der Heimatgemeinde, aber auch zu regionalgeographischen Themen, die im Unterricht über einen längeren Zeitraum besprochen werden, z.B. USA, Russland, Indien, China.

Die Beschriftung umfasst immer die genaue Quellenangabe, also bei Ausschnitten aus Tageszeitungen, Magazinen, Illustrierten etc. die genaue Ausgabe mit Seitenangabe, bei Internetquellen immer die genaue URL mit Datum des Ausdrucks sowie die bibliografisch genaue Quellenangabe bei Kopien aus der Literatur. Auch Materialien aus Reisebüros oder zugeschickte Materialien von Organisationen und Verbänden oder ausländischen Botschaften sind mit einer Quellenangabe zu versehen. Es ist ratsam, alle Quellenangaben zusätzlich auf einer separaten Seite im Anhang zusammenfassend aufzuführen. Den Schülern ist zu vermitteln, dass sie jedes Material verwenden können, das ihnen für ihr Portfolio passend erscheint, dass sie aber immer die genaue Quelle angeben müssen. Alles dies dient auch dazu, Plagiate zu verhindern.

Es ist im Unterricht darauf hinzuweisen, dass Bücher zugunsten des Portfolios nicht ausgerissen werden dürfen. Ausdrucke aus dem Internet oder Drucke mit dem PC-Drucker können vom Lehrer nur positiv bewertet werden, wenn der Drucker tatsächlich intakt ist, d.h., auch die erforderlichen Druckfarben zur Verfügung stehen. Über die Kosten sind die Schüler aufzuklären, sodass möglicherweise die Farbfotokopie oder die Schwarzweiß-Kopie für den jeweiligen Zweck auch ausreicht.

Jedes Material ist um eine Beschreibung zu ergänzen, die das Material würdigen soll, und zwar einerseits hinsichtlich seines Inhalts und andererseits hinsichtlich seines Wertes für das Gesamt-Portfolio. Der Schüler soll darüber reflektieren, inwieweit er das Material verstanden hat. Er soll sich Rechenschaft darüber geben, ob die fortlaufende Aufmerksamkeit für das Thema des Portfolios sein Sachverständnis erhöht hat, d.h., ob er nach einer gewissen Zeit Texte besser verstehen und in einen Gesamtzusammenhang einordnen kann als zu Beginn der Arbeit. Diesem Teil der Portfolioarbeit, der Reflexion und der Evaluation, ist besondere Aufmerksamkeit und Sorgfalt sowohl vom Schüler als auch vom Lehrer zu widmen, denn er bedeutet den eigentlichen Unterschied beispielsweise zur Führung eines Erdkundeheftes, in das ja auch selbstorganisiertes Material eingefügt werden soll.

In die Beschreibung kann auch die Geschichte der Beschaffung des Materials eingehen. Wenn beispielsweise Material einer Organisation in das Portfolio eingelegt wird, so ist es vielleicht interessant zu erfahren, wie der Schüler auf die Idee kam, gerade diese Organisation um Material zu bitten, und wie seiner Bitte entsprochen wurde. Der Schüler kann die Bedeutung und Arbeitsweise der Organisation selbstständig recherchieren und darstellen.

Die Materialien werden in eine Mappe eingelegt und nummeriert. Ein Ordner erweist sich als weniger geschickt, weil die zusammengetragenen Materialien unterschiedliche Formate und Dicke haben. Ein Inhaltsverzeichnis listet die verschiedenen Einlagen auf. Da sich die Herstellung des Portfolios über eine bestimmte Zeit hinzieht, die der Lehrer in Übereinstimmung mit den Schülern zu Beginn der Arbeit festgelegt hat, ist nicht vorhersehbar, welche und wie viel Materialien schließlich in dem fertigen Portfolio vorhanden sein werden. Deshalb ist die Nummerierung zunächst vorläufig durchzuführen; das Inhaltsverzeichnis wird z.B. mit Bleistift geführt und die Nummerierung der Materialien kann mit Hafties/ablösbaren Klebepunkten erfolgen.

Notiz

- Ein Portfolio ist die individuelle Erarbeitung eines Themas durch einen Schüler.
- Im Portfolio werden Materialien geordnet zusammengefügt, beschriftet, beschrieben (reflektiert) und ihre Qualität bewertet (evaluiert).
- Das Portfolio wird über eine angegebene Zeitspanne erarbeitet, nach festgesetzten Kriterien benotet und kann eine andere erforderliche Leistungsfeststellung ersetzen.

Klebungen sollten mit Fotokleber erfolgen, der leicht wieder ablösbar ist, ohne das Original zu beschädigen. Wenn alles beisammen ist oder das Portfolio abgeschlossen werden muss, weil die vorgegebene Zeit erreicht wird, müssen sowohl die Materialien dauerhaft nummeriert, als auch das Inhaltsverzeichnis handschriftlich sauber angefertigt oder mit dem PC hergestellt und gedruckt werden.

Das Portfolio eines jeden Schülers wird eine individuelle Ausgestaltung erhalten, seine persönliche „Handschrift" tragen. Im Vergleich erkennen die Schüler dann sehr schnell Unterschiede in der Qualität. Die Ergebnisse sollen im Unterricht und in Partner- oder Gruppenarbeit besprochen werden. Das gemeinsame Gespräch über die erarbeiteten Portfolios hat einen hohen Stellenwert, zumal es möglich ist, dass die Schüler Material (z. B. zu aktuellen Tagesereignissen aus der Tagespresse) einlegen, ohne es inhaltlich in seiner Tragweite verstanden zu haben. Das müssten sie im Gespräch in der Gruppe oder mit dem Lehrer erkennen. Auch Misserfolge sind zu dokumentieren, wenn beispielsweise versucht wurde, zu einem bestimmten Unterthema Material zu erhalten, was dann aber scheiterte – die Gründe sollen als Text im Portfolio festgehalten werden.

BRUNNER (2006) formuliert zehn Fragen, die der Lehrer sich stellen soll und deren Antworten bei der Portfolioarbeit „weiterhelfen" sollen:

- Für welchen Zeitraum soll das Portfolio angelegt werden? Unterschiedlich, in der Einübungsphase aber auf jeden Fall überschaubaren Zeitraum wählen.
- Wie soll das Portfolio in den Unterricht integriert werden? Beispielsweise parallel zum Unterricht oder Dokumentation des Erwerbs von im Lehrplan vorgeschriebenen Kompetenzen.
- Welche Ziele können mit der Portfolioarbeit verbunden werden? Schüler können sich ihrer Stärken und Schwächen bewusst werden oder neues Interesse am Fach gewinnen.
- Mit welchen Grundhaltungen wird die Portfolioarbeit unterstützt? Die Schüler sollen ihren eigenen Fähigkeiten vertrauen, auf ihren Stärken aufbauen und ihr Bestes geben.
- Wie sollte der Unterricht gestaltet sein? Voraussetzung für die Portfolio-Arbeit ist die Eingewöhnung in die offenen Lernformen. Die Ziele, die von allen erreicht werden sollten, müssen formuliert werden.
- Wie können Portfolios mit Noten beurteilt werden? Es sollte ein Qualitätsraster gemeinsam mit den Schülern entworfen werden, das eine Benotung ermöglicht. Ein Portfolio kann auch eine andere Leistungsfeststellung ersetzen.
- Wie können Kolleginnen, Schüler und Eltern auf die Arbeit mit Portfolios vorbereitet werden? Vorstellung des Portfoliokonzeptes in einer Lehrerkonferenz oder in einer Klassenpflegschaftsversammlung. Die Schüler müssen auf die Eigenverantwortlichkeit bei ihrer Arbeit hingewiesen werden.

- Wie sollen Portfolios aussehen und wo werden sie untergebracht? Portfolios werden von Schülern gestaltet; sie sollen in der Schule aufbewahrt werden.
- Wie werden Portfoliogespräche geplant? Die Gespräche sollen in regelmäßigen Abständen oder auch nach Bedarf eingeplant werden.
- Wie kann die anfängliche Portfoliobegeisterung der Schüler erhaltenbleiben? Die individuelle Anerkennung der Schülerarbeiten wird die Schüler dazu führen, die Arbeit engagiert fortzusetzen. Die Fertigstellung kann mit einem Portfoliofest begangen werden, zu dem die Arbeiten für die Besucher ausgestellt werden.

Poster und Ausstellungen

Im Schulfach Erdkunde werden Inhalte unterrichtet, die für jeden Einzelnen im Alltag Bedeutung haben. Regionalgeographische Inhalte über Kontinente, Länder oder in bestimmter Weise abgegrenzte Räume (z. B. Europäische Union) stehen neben den allgemeingeographischen über Landschaften, Lebens- und Wirtschaftsweisen, weltweite natürliche (z. B. Klima) oder sozio-ökonomische Zusammenhänge (z. B. Globalisierung).

Eine gute Möglichkeit zur selbstständigen Aufarbeitung bietet die Herstellung von Plakaten, Postern. Die Schüler diskutieren in Gruppen die Gestaltung eines Posters, suchen sich selbst aussagekräftige Bilder, fertigen Diagramme, Strukturschemata o. Ä. zu ihrem Thema an und beschriften sie dann. Alles wird übersichtlich auf handelsüblichen Fotokarton (A2-Format) geklebt oder die Schule hat eine Rolle Packpapier, von der die Gruppe das für ihr Poster erforderliche Format abschneidet. Größere zugeschnittene Formate sind im grafischen Spezialhandel erhältlich.

Das A2-Format ist kein großes Format. Die Schüler entscheiden sich trotzdem meistens nicht dafür, die Bildanzahl zugunsten eines großen Bildes zu beschränken, sondern bestücken ihr Poster mit vielen kleinen Bildern. Da die Beschreibungen auch noch Platz haben müssen, wird das Poster unübersichtlich. Ein Poster muss aber auf eine gewisse Entfernung „im Vorübergehen" aufgenommen werden können. Dazu bedarf es verhältnismäßig großer Bilder und einer Beschriftung mit großer, deutlicher Schrift. Ein Ausweg aus dieser Schwierigkeit könnte sein, dass die Gruppe die Erlaubnis erhält, mehrere Poster herzustellen. Insbesondere bietet es sich an, für Bilder, Beschreibungen sowie für die Überschrift und die Angaben zu Verfassern und Quellen je einen Karton zu benutzen. Die Zusammengehörigkeit der Kartons kann dadurch deutlich werden, dass alle Poster einer Gruppe die gleiche Farbe haben.

Weil Poster auch dunkle Farben haben oder schwarz (Fotokarton) sind, sollen Texte auf helles Papier geschrieben und dann aufgeklebt werden. Die Schüler müssen darauf hingewiesen werden, dass der Klebstoff auf der Rückseite von Bildern und Texten nicht in der Mitte, sondern an den Rändern aufgetragen werden muss, weil ansonsten die Bilder vom Plakatkarton unansehnlich abstehen.

Ein gravierender Fehler ist es, auf Poster Texte als nicht vergrößerte Fotokopien aus Büchern aufzukleben. Der Text ist meistens zu umfangreich und der Schriftgrad zu klein, als dass er von einem Betrachter überflogen werden könnte, denn ein Poster soll zum Betrachten einladen, nicht aber genaues Lesen erfordern machen – man mag hinzufügen: Wird der Betrachter eines Posters gezwungen, die Lesebrille aufzusetzen, ist der eigentliche Sinn des Posters verfehlt. Die richtige Auswahl und Lesbarkeit des Textes ist eine wichtige Aufgabe, die die Verfasser des Posters zu leisten haben.

Sind die Poster im Unterricht fertiggestellt, werden sie von der jeweiligen Gruppe oder ihrem Sprecher den anderen vorgestellt. Es kann in der Klasse ein „Ranking" durchgeführt werden, welches Poster das Thema am besten, d.h. am anschaulichsten, übersichtlichsten und informativsten, umgesetzt hat. Der Lehrer wird erkennen, dass seine Schüler ein feines Gespür für die Qualität der Arbeiten haben.

Die Klasse sollte sich nicht scheuen, ihre Ergebnisse als „Arbeiten aus dem Erdkundeunterricht" im Schulgebäude auszustellen, wenn die Poster ansprechend ausgefallen sind. Im Rahmen eines Elternabends können die Gruppen den Eltern ihre Poster erläutern; gleichermaßen können sie andere Schülergruppen durch die Ausstellung führen. Wird der Lokalredakteur der örtlichen Zeitung auf die Ausstellung aufmerksam gemacht, wird er vielleicht einen Bericht in seiner Zeitung schreiben, sodass die Leistungen des Erdkundeunterrichts sogar öffentlich werden. Ein Bericht in der Schülerzeitung oder im Jahresbericht der Schule sollte initiiert werden.

> Der Leistungskurs Erdkunde hat die neue französische Partnerstadt der Heimatgemeinde besucht. Die Schüler waren Gäste in französischen Familien und bekamen den Auftrag, sich in Gesprächen über die Struktur der Partnerstadt zu informieren, sodass es möglich sein würde, verschiedene typische Wohnviertel der Partnerstadt abzugrenzen. Diese wurden dann in gemischten Gruppen aus deutschen und französischen

Schülern aufgesucht und Einwohner an einem Vormittag nach ihren Lebensgewohnheiten befragt. Eine Dokumentationsgruppe fotografierte in den verschiedenen Vierteln. Zu Hause wurden die Ergebnisse der Befragung und die Fotos, ergänzt um historische und statistische Angaben sowie Pläne und Karten, zu einer Ausstellung aufgearbeitet, die der Öffentlichkeit im Rathaus der Stadt präsentiert wurde: „Leben in unserer neuen französischen Partnerstadt."

Im Übrigen lassen sich geographische Ausstellungen im Schulgebäude in vielfältiger Weise verwirklichen. Außer der Ausstellung der Arbeitsergebnisse, die während eines Ausfluges oder einer Exkursion erzielt wurden, können beispielsweise auch Ausstellungen mit geographischen Inhalten bei anderen Fächern angeregt werden. Ein Arbeitsauftrag im Kunstunterricht „Zeichnet/Malt eine Insel nach eurer Vorstellung!" kann in realer Darstellung oder als Kartenbild verwirklicht werden. Auch die Umsetzung eines Landschaftsfotos in eine topographische Karte oder umgekehrt kann im Kunstunterricht mit großem Erfolg durchgeführt und das Ergebnis in Form einer Ausstellung präsentiert werden. In höheren Klassen sind Porträts von Menschen fremder Länder denkbar – mit dem Ziel, die Einsicht zu gewinnen, dass der vermeintliche „Ausländer" keiner ist, der wie der nette Nachbar Aussehende aber noch keinen deutschen Pass hat.

Im Deutschunterricht können die Schüler die topographischen Angaben in einem fiktiven Text zu einer Karte umsetzen, wie es bei der Lektüre von Schillers Schauspiel „Wilhelm Tell" schon sehr oft geschieht. Der Englischunterricht kann die Schüler dazu anregen, etwa die Vielfalt der Millionenstadt New York in Postern einzufangen und sie auszustellen. Die Schüler können Besuchern ihre Poster sogar auf Englisch erläutern.

Auch die naturwissenschaftlichen Fächer bieten Themen mit geographischem Bezug:
- Biologie z. B. Bodengütekartierung, Waldschadenskartierung, Kartierung von Nistplätzen;
- Chemie z. B. Gewässergüteuntersuchung, Bodenchemismus, Luftuntersuchung;
- Physik z. B. astronomische Größenverhältnisse, Erdmagnetismus, Schallmessungen.

Selbst das Schulfach Musik kann durch ein Konzert „Lieder der Welt" zur Vielfalt beitragen: Der Erdkundeunterricht liefert eine Karte mit den Ländern, aus denen die Lieder stammen. Die Länder können auch charakterisiert werden.

Eine besonders aufwändige, gleichwohl lohnende Aufgabe ist es, wenn eine ganze Schule ihre Aktivitäten während eines Schuljahres unter ein geographisches Motto stellt, beispielsweise einen Kontinent: Jedes Fach würde versuchen, durch einen eigenen spezifischen Beitrag den Kontinent vorzustellen.

Neben den hauseigenen Ausstellungen sind von den Umweltverbänden, den Kirchen (Misereor, Brot für die Welt) oder von Ministerien oft Ausstellungen zu geographischen Themen abrufbar, die allerdings in der Regel entweder selbst abgeholt oder für die die Transportkosten von der Schule übernommen werden müssen. Der Aufwand lohnt sich erfahrungsgemäß aber immer, vor allem dann, wenn die Ausstellung im Schulhaus nicht sich selbst überlassen wird, sondern wenn vom Fach Erdkunde organisierte Führungen angeboten und durchgeführt werden.

Notiz
- Die Erarbeitung von Postern ist eine lohnende Methode für die Gruppenarbeit.
- Poster können auch für alle im Schulgebäude ausgestellt werden; die Schüler sollten Führungen organisieren.

Präsentationsprogramm

Vorträge leben – abgesehen von der Gestik und Mimik des Vortragenden – von der Lebendigkeit der Textformulierung und von der Visualisierung durch Grafik. Je freier der Vortrag gehalten wird, desto lebendiger wirkt er – grundsätzliche rhetorische Fähigkeit vorausgesetzt.

Der Computer ermöglicht es, mithilfe eines Präsentationsprogrammes (z. B. Dreamweaver, Mediator, MS-Powerpoint) einen Vortrag so zu gestalten, dass dem Publikum über einen Projektor (Beamer) auf der Projektionsfläche und dem Vortragenden – der dem Publikum zugewendet ist – auf seinem Monitor die Inhalte in Stichwörtern und die zugehörige Visualisierung durch Grafiken zugleich gezeigt werden. Der Vortragende kann anhand der Stichwörter frei sprechen und die Grafiken erläutern. Er darf aber nicht nur die Folien ablesen.

Auf seinem Bildschirm kann der Vortragende sich seine Kommentare einblenden, die das Publikum nicht sieht. Der Wechsel der einzelnen Bilder (= Folien) erfolgt durch – möglichst ferngesteuerten – Mouse-Click und kann grundsätzlich durch eine Animation belebt oder mit Geräusch unterlegt werden. Gerade diese Möglichkeiten sollten aber vom Vortragenden nur sehr zurückhaltend eingesetzt werden, weil sie die Zuhörer sehr leicht von der Sachlichkeit des Vortrags ablenken können.

Die Formulierung der Stichwörter erfordert breites Hintergrundwissen und große Sorgfalt. Die Grafiken müssen sorgfältig ausgesucht sein und genau zum Text passen. Insofern ist die Vorbereitung einer Präsentation umfangreich, weil sie den ausgearbeiteten Vortragstext voraussetzt.

Die Vortragsform der Präsentation hat ihren Ursprung in der Wirtschaft, bei der neue Produkte (Strategien, Aussichten ...) präsentiert werden müssen; das schließt die Information über das Produkt ein, aber auch das Bestreben zu überzeugen und die Verantwortlichen z. B. zur Produktion gerade des präsentierten Produkts zu motivieren. Der Vortrag als Präsentation ist ursprünglich keine rein sachliche Form des Vortrags, sondern subjektiv überhöht, weil der Vortragende ja von seinen Inhalten überzeugen will. Das bleibt allerdings heute bei der Einübung in der Schule eher unberücksichtigt, denn die unzweifelhaften Vorteile eines Präsentationsprogrammes haben andere Formen der Präsentation weitgehend zurückgedrängt. Trotzdem muss die Wahl der Präsentation mithilfe eines Präsentationsprogrammes in Übereinstimmung mit dem Thema und der Absicht stehen. Für den konkreten Sachvortrag sind andere Arten der Präsentation als der PC möglicherweise besser geeignet (s. OBERMANN 2001, 5).

Auch in der Schule hat das Präsentationsprogramm in wenigen Jahren einen wahren Siegeszug angetreten. Kaum ein Referat kommt noch ohne PC aus, und bei einer großen Veranstaltung wie dem Bundeswettbewerb „Jugend forscht" gibt es höchstens noch vereinzelt eine Arbeitsgruppe, die ihre Ergebnisse nicht mithilfe eines Präsentationsprogrammes vorstellt. Umso mehr muss der Fachlehrer dem Schüler die Grenzen, aber auch die Möglichkeiten eines solchen Programmes vermitteln.

Bei der Präsentation entfällt der lästige Wechsel von Overheadfolien während des Vortrags, bei dem stets die Gefahr besteht, dass die einzelnen Folien durcheinandergeraten

Notiz

■ Ein Vortrag mit einem Präsentationsprogramm erfordert in technischer Hinsicht besonders sorgfältige Vorbereitung.
■ Die Texte und Grafiken müssen ausreichend groß sein, damit sie auch bei größerem Abstand gut erkennbar sind.
■ Auffällige Animationen und akustische Besonderheiten sollten bei einer Präsentation möglichst nicht eingesetzt werden.

oder gar auf den Boden fallen. Rein technische Fehler beim Ablauf des Programms sind zwar auch möglich, aber selten und werden – wenn nicht vom Vortragenden verursacht – vom Publikum gelassen hingenommen.

Eine Präsentation erfordert eine teure technische Ausrüstung – in der Regel Laptop, Beamer –, die nicht überall vorhanden ist. Der Aufbau der Geräte in der Unterrichtsstunde ist zeitaufwändig und muss daher rechtzeitig vor Beginn der Unterrichtsstunde erfolgen. Besondere Schwierigkeiten ergeben sich oft bei den unterschiedlichen Anschlüssen der Geräte und bei den Kabelverbindungen, aber auch bei den eher profanen Ausrüstungsgegenständen wie einer schlichten Verlängerungsschnur. Hier ist besondere Umsicht bei der Vorbereitung erforderlich.

Wenn der eigene Laptop benutzt wird, ist vor dem Beginn der Präsentation unbedingt eine Prüfung erforderlich, ob alle Geräte kompatibel sind, also auch miteinander funktionieren. Gerade bei der Präsentation in Zusammenhang mit wichtigen Prüfungen gilt, dass für das technische Funktionieren des Equipments der Prüfling verantwortlich ist – d. h., er hat sich vorher davon zu überzeugen und im Mangelfall Abhilfe zu schaffen. Der Einsatz von PC und Präsentationsprogramm bedeutet damit auch ein durchdachtes Zeitmanagement. Für wichtige Prüfungen steht daher der Raum mit der Technik schon am Vortag für eine Generalprobe zur Verfügung und kann mindestens eine Zeitstunde vor Beginn der Prüfung vom Prüfling eingerichtet werden. Sollen mehrere Präsentationsprüfungen nacheinander durchgeführt werden, ist es sinnvoll, die Prüfungen in zwei Räumen wechselweise durchzuführen.

Ein Vortrag mithilfe eines Präsentationsprogrammes ist für den Vortragenden nicht nur technisch einfacher, sondern wirkt auf das Publikum lebendiger und anschaulicher als die Unterstützung durch herkömmliche Visualisierungen, wenn nur wenige Grundregeln beachtet werden:
- Der Vortrag muss vom Vortragenden, nicht aber vom Präsentationsprogramm bestimmt werden.
- Ein Präsentationsprogramm soll den Sachvortrag mit Behutsamkeit visualisieren.
- Die einzelnen Folien dürfen weder mit Text noch mit Grafik überladen werden.
- Texte und Grafik müssen auch in den hinteren Reihen des Raumes noch problemlos lesbar und erkennbar sein (der Vortragende muss sich davon selbst vorher überzeugen); als Schriftgröße ist mindestens 20 pt. empfehlenswert.

- Animationen und Geräusche sollen vermieden, höchstens sehr zurückhaltend, aber dann bewusst eingesetzt werden.
- Die Zeit der Projektion einer Folie muss deutlich dazu ausreichen, dass sowohl das Publikum den Text mitlesen als auch die Grafik in Ruhe betrachten kann.

Präsentationen setzen einen wichtigen Akzent im Unterrichtsgeschehen und üben den freien Schülervortrag (OBERMANN 2001, 5). Eine Computer-Präsentation kann anregend sein, wenn sie aber zur Regel oder zur Show wird, verliert sie an Reiz. Weniger ist deshalb auch beim Einsatz eines Präsentationsprogrammes mehr.

Es ist bei der Beurteilung einer Präsentation insbesondere darauf zu achten, dass der visuelle Gehalt den Inhalt nicht überdeckt. Der Lehrer muss sich davon überzeugen, dass der Schüler die Stichwörter, die er erarbeitet und präsentiert hat, auch inhaltlich verstanden hat. Der Präsentation folgt daher notwendigerweise ein Colloquium mit erheblichem Gewicht in der Gesamtbenotung. „Eine gute Präsentation verlangt, dass man ein Thema intellektuell erfasst, geistreich rüberbringt und optisch anspruchsvoll darstellt. Das sind so viele Ansprüche, dass es die meisten Menschen einfach überfordert." (DIETER SCHIECKE, Chefredakteur von „Powerpoint-Aktuell", zit. nach FAZ 10.2.2007, C 6)

Projekt

Das Fächerverbindende und Fachübergreifende ist grundsätzlich ein Merkmal des Brücken- bzw. Integrationsfaches Geographie. Angesichts der starren Organisation von Schule und Unterricht war es insbesondere der Erdkundelehrer, der aufgrund der Lehrplaninhalte, seiner Ausbildung sowie seiner Kenntnisse dazu in der Lage war, auch Inhalte anderer Fächer (Physik, Biologie, Chemie, Geschichte, Sozial-/Gemeinschaftskunde, auch die der Sprachen oder von Kunst oder Musik) in seinen Unterricht einzubeziehen. Dies geschah und geschieht in der Regel in Form des Projektunterrichts, der zu den Highlights des Schuljahres gehören kann – wenn er durch seine Häufung nicht zum Üblichen herabgestuft wird.

Der wachsende Einfluss der Wirtschaft auf die Schule seit dem auslaufenden 20. Jh. (vgl. Forderungen nach dem eigenständigen Schulfach „Wirtschaft" oder das Interesse der OECD an Bildungsfragen, das sich u. a. in PISA manifestierte) führte dazu, das auch von dort das Projekt als neue Unterrichtsgroßform für Schule als geeignet angesehen wurde. Schon im Jahre 1974 erschien in der Geographischen Rundschau in einem Beitrag von Jürgen Hagel eine Übersicht, welche Inhalte einzelne Fächer beispielsweise zum Thema „Verstädterung" fächerverbindend beitragen könnten – die Verwirklichung einer solchen Zusammenarbeit könnte dann zu einem Projekt führen:

- **Geographie:** Verstädterung, Verdichtung, Ver- und Entsorgungsprobleme, Stadtklima, Abwanderung empfindlicher Industriezweige, Planungsmaßnahmen.
Geschichte: Verstädterung in früheren Epochen, Hintergründe der gegenwärtigen Verstädterung (industrielle Revolution).
Physik: Entstehung einer Inversion (Versuch!), Veränderung der Strahlungsbilanz (Mechanismus, Folgen (...), technische Maßnahmen zur Reinhaltung der Luft und zur Überwachung, verschiedene Energieträger und Umweltbelastung.
Chemie: Zusammensetzung der Luft, Verbrennung und Abgase, Chemismus des Smog, Wirkungen von Gasen (z. B. Zerstörung von Kunstwerken, Schädigung der Lunge).
Biologie: Auswirkungen der Luftverunreinigung auf Lebewesen (insbesondere Flechten, Bäume, Menschen), Grenzwerte.
Englisch: Englische oder amerikanische Literatur.
Politologie: Umweltpolitische Konsequenzen (z. B. gesetzliche Regelungen wie Clean Air Act), Kosten, Wachstumsideologie, „Lebensstandard", „Qualität des Lebens".
Kunsterziehung: Erstellung einer Dokumentation, möglichst eines konkreten Falles aus der eigenen Umwelt, mit Visualisierung (z. B. Film, Ausstellung, Theater).
Religion: Die Verantwortung des Menschen.

(HAGEL 1974, 451)

Die tatsächliche Zusammenarbeit der Fächer, d. h. der Unterricht einer Schülergruppe durch Lehrer verschiedener Fächer unter dem gemeinsamen Thema „Verstädterung", wäre dann das, was man unter einem Projekt versteht. Die Schüler erarbeiten selbst die Bereiche, die sie für die Klärung des Gesamtproblems als wichtig erachtet haben. Jeder beteiligte Lehrer begleitet die Arbeit der Schüler eher als Moderator, als Hilfe Gebender, als Ansprechpartner oder als Wegweiser denn als Unterrichtender. Der Erdkundelehrer ist für die Rolle als Koordinator und Gesamtleiter des Projekts prädestiniert. Inwieweit sich diese ideale Zusammenarbeit in der Schule allerdings organisieren lässt, hängt von den lokalen Gegebenheiten ab.

Das Wesen eines Projektes besteht darin, dass sich eine Gruppe unter definierten Bedingungen und unter Beachtung der Arbeitsregeln für die Gruppenarbeit der Erarbeitung einer gemeinsam festgelegten Fragestellung unterzieht. Die Lehrer beraten die Gruppen im Wesentlichen nur und stehen ihnen für Fragen zur Verfügung. Sie vermitteln auch erste Kontakte zu Institutionen außerhalb der Schule, die dann von Schülerseite aus intensiviert und gepflegt werden.

Es werden innerhalb der Gruppe Untergruppen mit jeweiligen Leitern gebildet, die sich der gemeinsam beschlossenen Teilthemen annehmen. Die Untergruppen arbeiten für sich, treffen sich zum Plenum aber zu vorher festgelegten Terminen, an denen sie dann ihren Arbeitsfortschritt präsentieren. Die Arbeit unterliegt der beständigen Evaluation, ob Ergebnisse zu den vorgesehenen Themen innerhalb des Zeitplanes erarbeitet werden können. Kommen Teilgruppen zu der Einschätzung, dass sie überfordert sind, müssen sie das der Gesamtgruppe zur Kenntnis bringen und Lösungsvorschläge vorlegen, die mit den anderen diskutiert werden. Jeder Teilnehmer jeder Gruppe muss sich verantwortlich fühlen für die Arbeit seiner Teilgruppe und für den Erfolg der Gesamtgruppe.

Die Arbeit jeder Gruppe wird in einem Projektbericht dokumentiert. Aus ihm sollte auch ersichtlich sein, welche Aufgabe die einzelnen Gruppenmitglieder mit welchem Engagement und Erfolg übernommen haben.

Ein Projekt muss nicht in einer Klasse durchgeführt werden, sondern es kann für eine bestimmte Schülergruppe ausgeschrieben werden, vielleicht in Form der Binnendifferenzierung als Angebot für besonders interessierte oder begabte Schüler. Das in einigen Ländern eingeführte „Seminarfach" wäre für die Sekundarstufe II der geeignete organisatorische Rahmen, zumal es für das Abitur angerechnet werden kann.

Ähnlich, aber thematisch eingeschränkt, arbeiten Gruppen im Rahmen von Wirtschaftswettbewerben, z. B. im Wettbewerb der Sparkassen „Start up". Es geht darum, dass ein von den Schülern repräsentiertes, mit einem fiktiven Startkapital ausgestattetes Unternehmen nach betriebswirtschaftlichen Prinzipien ein fiktives Produkt erfolgreich auf dem

Notiz
- Die Schüler wählen in Übereinstimmung mit einem Lehrer ihr Thema und ihre Vorgehensweise.
- Den Lehrern kommt die Funktion zu, den Schülern als Ratgeber, Moderator, Türöffner und Wegweiser zur Verfügung zu stehen.
- Für den Erfolg sind alle verantwortlich – die Bereitschaft zur internen, offenen Kommunikation ist daher besonders wichtig.

Markt einführt. Nur wenige Lehrer, evtl. nur einer, sind als Berater der Gruppe beteiligt. Auch eine solche Aktivität kann als „besondere Lernleistung" zur Benotung im Abiturblock anerkannt werden.

Grundsätzlich sind für ein Projekt aber auch Schüler unterer Klassenstufen geeignet. Es bleibt immer die besondere Organisationsform, denn im wöchentlichen Zweistundenrhythmus lässt sich ein Projekt kaum durchführen. Hier muss in Abstimmung mit der Schulleitung eine ganz andere Rhythmisierung gefunden werden bis hin zu Projektunterricht an mehreren aufeinander folgenden Tagen oder – wenn die Gruppen „an der langen Leine" geführt werden – die völlige Selbstorganisation der Gruppen, die sich nur an vorher festgelegten Terminen mit den beratenden Lehrern in der Schule treffen.

Wenn ein solches Projekt angestoßen worden ist, ist es unabdingbar, dass alle Beteiligten sich mit vollem Interesse daran beteiligen. Sobald der eine oder andere in seinem Eifer nachlässt, ist das Ganze gefährdet. Wenn eine Gruppe bemerkt, dass der Zusammenhalt wegen unterschiedlicher Leistung oder Leistungsfähigkeit schwindet, muss sie intern durch Kommunikation und neue Planung für Änderung sorgen, denn sie steht ja in Verantwortung dem Gesamtprojekt gegenüber. Insbesondere wird von den Gruppenmitgliedern verlangt, auch kritische Arbeitsphasen mit den projektbegleitenden Lehrern offen zu besprechen. Ein so verstandenes Projekt stärkt die Eigenverantwortung des Schülers, seine Selbstorganisation und auch – hoffentlich – seinen Durchhaltewillen bei zunächst unüberwindbar erscheinenden Schwierigkeiten.

Referat

„Das Referat, von lat. referre ‚überbringen', ist eine mündliche oder schriftliche Berichterstattung über ein eigenes oder fremdes Untersuchungsgebiet in zusammenfassender Form. Der Referent ist gehalten, seine Informationen sachlich-korrekt darzustellen; eine eigene Bewertung unterbleibt oder wird als persönliche Stellungnahme deutlich vom eigentlich referierenden Teil abgesetzt."

So lernt es der Gymnasiast der 10. Klasse aus seinem Deutsch-Sprachbuch (z. B. Verstehen und Gestalten A 10, München 1998, 222).

Das bedeutet, dass in einem Referat der Referent Informationen von Dritten einem Publikum liefert. Der Referent kann natürlich auch eigene Erkenntnisse vortragen. Er muss dann aber den Stand der Forschung darstellen (also wieder „berichten, überbringen") und deutlich machen, wo seine Erkenntnisse darüber hinausgehen. Das wird im Unterricht in der Regel nicht vorkommen, wohl aber im Zusammenhang mit der Teilnahme an Wettbewerben.

Das Referat besteht aus Vorbereitung, Recherche, Ausarbeitung, Vortrag und Diskussion.

Der Referent und das Publikum haben sich aufeinander einzustellen. Das Publikum hat die Aufgabe und die Pflicht, dem Referenten zuzuhören. Wer nicht zuhören will, müsste eigentlich den Raum verlassen. Das ist im Schulunterricht nicht möglich. Daher kommt dem Publikum – der restlichen Schulklasse – eine besondere Verantwortung und Rolle beim Vortrag eines Referates zu.

Fragen oder ergänzende Beiträge werden in der anschließenden Diskussion gestellt oder angefügt; ein Zuhörer muss also mitschreiben und sich ggf. Fragen oder ein Statement notieren.

Grundlage eines Referates ist Informationsmaterial, das in einer Zusammenstellung „Benutzte Literatur" angegeben werden und dem Zuhörer zugänglich sein muss. Der Lehrer kann den Mindestumfang einer Lektüreliste vorgeben, damit die Schüler nicht nur auf Informationen aus dem Internet zurückgreifen.

Das vorgegebene Thema des Referats ist einzuhalten. Es kann nur rechtzeitig vor dem Abgabetermin und in Absprache mit dem Lehrer verändert werden.

Die Bibliografie muss in normierter Form angefügt werden (andere Bibliografie führt zur Abwertung): Verfassername, Vorname, *ggf. Zusatz* (Hrsg.) (Erscheinungsjahr): Titel (vom Titelblatt, mit Untertiteln), Erscheinungsort; ggf. Titel der Reihe. Das Erscheinungsjahr (hier nach dem Verfassernamen empfohlen) kann auch hinter den Erscheinungsort treten; die angegebene Reihenfolge ist aber – zum Beispiel bei mehreren Aufsätzen des gleichen Autors – praktikabler.

Informationen aus dem Internet sollten erst nach erster, grober Sachübersicht (Information aus Enzyklopädie oder Fachbuch) gesucht werden; ansonsten besteht große Gefahr der Desinformation. Die Schüler sollten eindringlich gewarnt werden vor der vermeintlich günstigen Nutzung von Referate- oder Hausaufgabensammlungen. Sie sind meistens gebührenpflichtig, was einige von ihnen so geschickt verbergen, dass der Nutzer von den Gebühren erst erfährt, wenn die Telefonrechnung eingetroffen ist. Informationen aus dem Internet müssen mit der genauen Adresse, dem Zeitpunkt des Aufrufs und einem Belegausdruck nachgewiesen werden. Die bei Schülern immer häufiger, sogar auch bei Lehrern beliebte Internet-Informationsquelle Wikipedia ist grundsätzlich nur mit starken Vorbehalten zu benutzen, weil die Verfasser der Texte völlig unterschiedliche Qualifikationen haben. Es sind als Textbeiträge sogar vom Lehrer als „mangelhaft" benotete Hausarbeiten bekannt, die der Schüler eingestellt hat.

Mündliche Informationen (Auskünfte von Betroffenen, Augenzeugen, Entscheidern …) können in das Referat eingearbeitet werden; sie müssen aber ebenso deutlich wie andere wörtliche oder umschreibende Zitate als Äußerungen Dritter kenntlich gemacht sein.

Informationen werden exzerpiert oder genau zitiert; jedes Zitat muss genau (sogar Druckfehler werden übernommen und mit „sic!" gekennzeichnet) und belegt sein (entsprechend der Bibliografie, mit genauer Seitenangabe). Exzerpte und Zitate sowie alle eigenen Gedanken und Ideen werden auf Karteikarten unter einem Schlagwort notiert.

Die Karteikarten werden entsprechend der Gliederung des Referates zusammengestellt und Zitate wortwörtlich notiert (Formulierung: „Ich zitiere: [Zitat.] Zitat Ende.") oder umschrieben (der [Autor in …] stellt dar, dass…. [Der Autor] hat in [Titel] geschrieben/festgestellt/formuliert…, dass / wie / warum…).

Der Text des Referates wird schriftlich ausgearbeitet (PC-Druck 1½ Zeilen, 12 pt, für den Vortrag auf mindestens 18 pt mit Rand vergrößert). Als Faustregel kann gelten, dass der Vortrag einer 1½-zeiligen 12 pt-Seite mindestens 3, aber bis 5 Minuten dauert (ohne evtl. Bilder, Diagramme etc.). Nimmt der Vortrag einer Seite weniger Zeit in Anspruch, so ist zu prüfen, ob die Redegeschwindigkeit des Vortragenden zu groß ist; dauert er länger, muss die Seitenanzahl an die voraussichtliche Dauer angepasst werden. Der Vortragende ist gut beraten, wenn er am Rand seines Textes besonderes Redeverhalten markiert (z. B. an den Rand schreiben: langsam! betonen!). Die eigene, dem Referat angemessene Vortragsgeschwindigkeit muss jeder einmal für sich selbst bestimmen (Überprüfung mit dem Tonband).

Dass Fremdwörter und Fachbegriffe im Fremdwörterbuch bzw. im Lexikon nachgeschlagen werden, damit ihre Bedeutung und Aussprache dem Referenten bekannt sind, ist selbstverständlich.

Die Haltung des Referenten soll formal streng und die Formulierungen sollen hochsprachlich und objektiv sein; keine joviale Ansprache des Publikums, keine zu lockere Form des Vortrags. Begrüßung (Guten Tag, Hallo etc.) ist bei einem Referat vor der Klasse in der Regel nicht erforderlich, da man aus einer bekannten Gruppe heraus als Referent auftritt und sich bereits vorher begrüßt hat. Der Referent nennt sein Thema („Mein Thema lautet: „..."). Vor fremdem Publikum stellt sich der Referent kurz vor. Beides kann von einem einführenden Moderator übernommen und braucht dann vom Referenten nicht wiederholt zu werden.

Der Referent steht am Rednerpult oder an dem für ihn vorgesehenen Platz; er bleibt dort stehen; er achtet darauf, nicht zu „wandern"; er achtet auch darauf, das Rednerpult nicht krampfhaft festzuhalten. Am Platz des Referenten muss eine Möglichkeit zur Ablage der Unterlagen gegeben sein. Ist z. B. bei einer öffentlichen Präsentation vor größerem Publikum etwa im Rahmen der Abschlussveranstaltung des Seminarkurses ein Mikrofon vorgesehen, so unterlässt der Referent eine Sprechprobe (z. B. ins Mikrofon pusten), lässt die Mikrofonstellung unverändert und verkneift sich die besorgte Frage, ob das Mikrofon eingeschaltet sei oder ob ihn alle hören könnten; er überlässt die richtige Einstellung des Mikrofons dem Veranstalter oder Sitzungsleiter, hat sie aber am besten selbst vor Beginn der Veranstaltung überprüft.

In der Schule ist der Vortragende für die funktionierende Technik selbst verantwortlich; er muss also selbst für die Anschlüsse sorgen, für die Einstellung eines Mikrofons und für funktionierende Geräte. Bei besonders wichtigen Vorträgen, zum Beispiel im Rahmen einer Abiturpräsentation, ist dem Vortragenden zu empfehlen, beim Einsatz technischer Geräte jeweils ein Ersatzgerät bereitzuhalten. Beide müssen so rechtzeitig vor Beginn des Vortrags auf einwandfreie Funktion geprüft werden, dass evtl. Mängel noch ohne Störung der Prüfung behoben werden können (Verlängerungsschnur, Ersatz einer defekten Glühbirne, Audiokabel etc.).

Der Vortrag erfolgt entweder anhand des ausgearbeiteten Textes oder anhand von Stichworten, die aus dem ausgearbeiteten Text entwickelt wurden. Der Vortrag von einem ausgearbeiteten Text aus ist einem Packen Karteikarten vorzuziehen – auch aus dem Grund, dass die Gefahr besteht, unter „Stress" die Karteikarten fallen zu lassen.

Der Vortrag erfolgt anhand des Textes weitgehend frei. Der Referent sucht mit dem Publikum Blickkontakt (gebräuchlich: das Publikum fest anschauen von hinten links in W-Form nach hinten rechts). Er soll aber keinen Einzelnen fixieren.

Da der Zuhörer sich während des Vortrags selbst Notizen macht, ist es für das Verständnis des Referates förderlich, wenn die Gliederung während des Referates sichtbar bleibt (z. B. OHP) und der Referent den jeweiligen Stand seiner Ausführungen an der Gliederung deutlich macht (z. B. Zeiger auf den Gliederungspunkt zeigen lassen). Fremdwörter, wichtige Fachbegriffe, Zahlen und Daten sollten visualisiert werden (OHP). Wird der OHP eingesetzt, bleibt der Referent dem Publikum zugewendet und zeigt am Original, worauf der Zuhörer achten soll (Zeiger = zugespitzter Pappstreifen). Werden Bilder eingesetzt und benutzt der Referent einen Laser-Pointer, so achtet er darauf, dass er den Bereich, auf den es ankommt, mit ruhendem Lichtpunkt bezeichnet („fuchteln" vermeiden).

Zwischenfragen zu erlauben klingt sehr höflich und zuvorkommend. Sie können aber den gesamten zeitlichen Ablauf des Referates erheblich stören; es ist auch möglich, dass Störungen aus dem Publikum in Form von Zwischenfragen vorgesehen sind. Zwischenfragen sollen deswegen nicht zugelassen werden; stattdessen ist Diskussions- bzw. Fragemöglichkeit am Schluss zeitlich einzuplanen.

Das Handout/Paper für den Zuhörer muss den Namen des Referenten, die Veranstaltung, das Thema, die Gliederung und die benutzten Quellen enthalten. Weitere Informationen erübrigen sich, weil der Zuhörer ja zuhören soll und die Inhalte des Referates so vorgetragen werden sollen, dass der Zuhörer sie verstehen und behalten oder in Notizform mitschreiben kann.

Der Referent achtet peinlich genau darauf, die vereinbarte Redezeit einzuhalten. Dazu dient ihm eine Uhr (Zeit- oder Stoppuhr). Sollte aus internen (z. B. eigene schlechte Planung) oder externen Gründen (z. B. Zeitverlust infolge Ausfalls des Mikrofons, längere Redezeiten der Vorredner, nicht vorherzusehende Vorfälle) die verabredete Redezeit knapp werden, muss der Referent dazu in der Lage sein, seinen Text im

Notiz
- Referate sollen das berichten, was andere zum Thema beigetragen haben.
- Referate sind sachbezogene, formal strenge Vorträge.
- Der Pflicht des Vortragenden, sich auf das Publikum einzustellen, entspricht die Pflicht des Publikums, dem Referenten konzentriert zuzuhören.

Augenblick sinnvoll zu kürzen. Wird die Redezeit überschritten, muss der Referent damit rechnen, dass ihm das Wort entzogen wird.

Die Bewertung des Referates im Unterricht erfolgt durch die Einzelbenotung (in der Oberstufe von 0 bis 15 NP) von (A) Aufbau, Gliederung, (B) fachlicher Qualität, (C) Eigenständigkeit, (D) Vortragshaltung und (E) Qualität der Quellen und herangezogenen Materialien. Aus den Einzelnoten wird das arithmetische Mittel gebildet. Der Fachlehrer kann eine Gewichtung der Einzelnoten vornehmen.

Reflexion

Wenn Erdkundeunterricht sich die Aufgabe stellt, aktuell zu sein, dann muss er auf entsprechende Faktoren und Ereignisse eingehen, die die Gegenwart bestimmen. Ein Unterricht, der beispielsweise das Ereignis des verheerenden Tsunamis im Indischen Ozean Weihnachten 2006 hinter die Erfordernisse der Lehrplanerfüllung stellt, ist sicherlich nicht aktuell zu nennen und kann den Schülern auch den Wert des Faches zur Erfassung der Lebenswirklichkeit nicht vermitteln.

Nun ist es sicherlich nicht ganz leicht, mit dem Wissen über die Wirklichkeit immer bequem weiter vor sich hin zu leben. Es ist bekannt, dass die Wahrheit am schlechtesten vertragen wird. Das, was Thomas Manns Tonio Kröger schon den „Erkenntnisekel" genannt hat, kann zur Belastung werden, vor allem dann, wenn nicht klar ist, wie ich mit dem erkannten Missstand umgehen kann. Der Erdkundeunterricht, der die Wirklichkeit behandelt, Aktuelles aufgreift, analysiert und die Konsequenzen darstellt, hat da eine besondere Verantwortung zu tragen.

Erdkundeunterricht behandelt nicht nur die Schönheiten der Welt. Die Behandlung der USA kann sich nicht mit der glitzernden Welt der Metropolen New York, San Francisco oder Los Angeles zufriedengeben, sondern muss z.B. in die Wirklichkeit der Gettos, die Situation von Minderheiten, die Rassenproblematik und die Flüchtlingsfrage an der Grenze zu Mexiko einsteigen. Die Behandlung der Entwicklungsländer erfordert seit jeher eigenes Fingerspitzengefühl des Lehrers, um die Balance einzuhalten zwischen einseitiger Schuldzuweisung und völliger Schuldlosigkeit.

Wie aber halten wir es mit den Fragen, mit denen die Schüler und ihre Eltern nur deswegen nicht konfrontiert werden, weil ihnen – verständlicherweise – die Sachkenntnis fehlt?

Da tischt die Mutter den hungrigen Kindern, die aus der Schule kommen, durchaus preiswerten, in jeder Beziehung appetitlichen Fisch auf – und die Kinder erfreuen sich daran, bis sie in einer der nächsten Erdkundestunden von der ökologischen und damit verbundenen sozialen Katastrophe am Ufer des Victoriasees in Ostafrika erfahren, die mit dem Aussetzen einiger weniger Exemplare des Nilbarsches in den Victoriasee ihren Anfang genommen hat. Sie erfahren von der Hungersnot unter den ehemaligen Fischern, die nichts mehr fangen, weil der Barsch die von ihnen bisher gefangenen Fische gefressen hat, sie erfahren von der fischverarbeitenden Industrie, die relativ wenigen Menschen Arbeit und noch weniger Menschen großen Wohlstand gegeben hat, sie erfahren vom florierenden Export der Filets des Victoriabarsches in die EU und von dem damit verbundenen, wenn auch illegalen, aber geduldeten Import von Waffen für benachbarte Bürgerkriege der grausamsten Art.

Die Tomaten in der Gemüseabteilung des Supermarktes lachen uns geradezu an, ihr Preis ist moderat und die Kunden greifen gerne zu. Wie aber gehen die Schüler damit um, dass ihnen der Erdkundelehrer Material gibt, dem sie entnehmen können, dass das Gemüse im Wesentlichen aus südspanischen Gebieten kommt, die über Quadratkilometer von Kunststoff-Folien überspannt sind und in denen afrikanische, meist illegale Immigranten zu einem Bruchteil des in Deutschland gezahlten Lohnes mithilfe des Einsatzes von Chemikalien die Früchte produzieren? Und es sind diejenigen Immigranten, die die gefährliche Überfahrt überlebt haben. Bei den Gemüseanbauern sind die billigen Arbeitskräfte durchaus erwünscht, und die Regierungen – von der Europäischen Kommission bis zu den Länderregierungen – tun nichts dagegen.

Wer wollte etwas gegen den Genuss eines Brathähnchens einwenden? Der Erdkundelehrer wird allerdings mit den Schülern erarbeiten, dass den Brathähnchen zunächst die Massenaufzucht der Küken mit aller tierschützerischen Problematik vorausgeht. Da die Gesetze der Marktwirtschaft auch bei der Brathähnchenproduktion greifen, ist der Produzent bestrebt, die Kosten und damit den Verkaufspreis möglichst niedrig und den Gewinn möglichst hoch zu halten. Wenn alle Kosten minimiert werden sollen, dann betrifft das auch die Futterkosten. Geflügelfutter wird als Sojaschrot vor allem aus Brasilien importiert, wo der tropische Regenwald nicht mehr nur für

Weiden gerodet wird, auf denen Rinder zur Fleischproduktion gemästet werden, sondern für den großflächigen Anbau von Sojabohnen, deren Verarbeitungsrückstände als preiswertes Sojaschrot importiert und dem Geflügelfutter untergemischt werden. Der Käufer des tiefgefrorenen Brathähnchens im Supermarkt trägt also – wahrscheinlich unwissend – zu der Rodung des tropischen Regenwaldes bei – und spendet beim Verlassen des Marktes vielleicht in die bereitgehaltene Sammelbüchse des Vereins „Rettet den Regenwald".

Weitere Beispiele bieten sich an, in denen deutlich wird, dass der Erdkundeunterricht liebgewordene Verhaltensweisen als umweltschädlich, nicht sozial verträglich oder ökonomisch unsinnig – als nicht nachhaltig – entlarvt:

- Die Belastung der oberen Troposphäre durch Emissionen aus Flugzeugantrieben,
- der CO_2-Ausstoß und damit die Klimabelastung von Spaß-PKW (vierradangetriebenen, geländetauglichen Fahrzeugen) auf städtischen Straßen,
- der Bau von Tiefbrunnen in Gebieten mit ökologisch empfindlichen Grundwasservorkommen,
- die singuläre, die allgemeine Wirtschaftskraft eines Entwicklungslandes nicht stärkende Hilfsmaßnahme,
- die Inanspruchnahme billigster Dienstleistungen und damit die Ausnutzung der Menschen und in Konsequenz daraus die Fehlentwicklung von Räumen in Touristikländern,
- die Valentinstags-Rose aus nicht nachhaltiger Produktion in Ostafrika oder Lateinamerika,
- Anbau und Verarbeitung der Baumwolle und die nicht nachhaltige Produktion von Stoffen, T-shirts, Jeans.

Der Lehrer regt die Schüler mit entsprechenden Materialien im Unterricht oder durch eigene Recherche dazu an, sich mit solchen Fragen und Problemen zu beschäftigen. Die Schwierigkeit ist, wie die Schüler mit den Erkenntnissen umgehen, die ihr Alltagsverhalten oft erheblich verändern müssten. Die Erfahrung zeigt, dass Schüler auch abwehrend reagieren können: „Sie wollen uns auch alles kaputt machen!" (vgl. SCHALLHORN 2004b)

Der Lehrer hat hier sensibel vorzugehen. Seine Wahrhaftigkeit – und Schüler haben dafür oft ein sehr empfindliches Gespür – wird am eigenen Verhalten gemessen. Er kann nicht den Verzicht auf das Auto im Unterricht für notwendig darstellen, wenn er selbst morgens mit seinem Geländewagen zur Schule kommt. Er kann nicht die ökologische Problematik von Brathähnchen glaubhaft darstellen, wenn er beim gerade vergangenen Schulfest mit seiner Klasse Brathähnchen zugunsten der Klassenkasse verkauft hat. Der Lehrer kann zugeben, dass er selbst von der Brisanz des Inhalts überrascht worden ist und sein Verhalten ändern wird. Er wird zugeben müssen, dass auch er sein Leben nicht von heute auf morgen, aber doch allmählich wird umstellen müssen und dass er dazu bereit ist, Gewohnheiten um seiner Glaubwürdigkeit willen aufzugeben. Insofern erweist es sich, dass Lehrer zu sein nicht nur ein Job ist, sondern das Lehrersein auch einschließt, Vorbild für seine Schüler zu sein.

Notiz

- Reflexion kann dazu führen, dass Gewohnheiten als nicht nachhaltig und als zu verändernde erkannt werden müssen.
- Der Lehrer wird den Schülern behutsam verdeutlichen müssen, wie sie ihr Verhalten anpassen können.
- Der Lehrer wird sich den Konsequenzen für das eigene Verhalten nicht entziehen können.

Regionale Geographie und Länderkunde

Dem Fach Geographie wird der Vorwurf gemacht, kein eigenes Objekt zu haben. HARD formulierte schon 1979 (23), „zehn Jahre nach Kiel": „Die hektische bis verzweifelte Suche nach dem unauffindbaren Gegenstand der Geographie ist so alt wie die Universitätsgeschichte". Im gleichen Aufsatz bekennt er sich aber auch dazu, „schon immer" zu denen gehört zu haben, „die die Geographie und ihre Kernparadigma – wozu auch das ‚Land' und die ‚Landschaft' gehören – wirklich ernst nehmen und verteidigen". (a.a.O., 41)

Die Diskussionen auf dem 37. Deutschen Geographentag in Kiel 1969 über den Rang der Länderkunde und ihre Bedeutung in der Geographie hatten zum Anlass die Einsicht, dass die länderkundliche Betrachtung keinen wissenschaftstheoretischen Unterbau hatte, damit eigentlich der subjektiven Beliebigkeit der Bearbeiter weitgehend überlassen war. Eine Länderkunde muss aus der Vielzahl der zu berücksichtigenden Parameter auswählen und

Zusammenhänge darstellen; beides konnte aber nicht objektiviert und wissenschaftlich, d.h. für jeden in gleicher Weise nachvollziehbar, geleistet werden. Die schwierige Wissenschaftsgeschichte der Geographie in den damals zurückliegenden 100 Jahren mit ihrem oft mit der Politik eingegangenen Einverständnis (Völkerkunde, Kolonialismus, „Volk ohne Raum", Blut und Boden-Ideologie des Nationalsozialismus) trug das ihre zu der scharfen Diskussion um die Geographie als Wissenschaft bei. Zugleich wurde deutlich, dass insbesondere die angelsächsische Ausprägung in den ausgehenden 1960er Jahren den Weg der Empirie und der kritischen Analyse beschritt, der den wissenschaftstheoretischen Ansprüchen unzweifelhaft genügte.

Aus der Schulgeographie wurde zu gleicher Zeit weitgehend Unbehagen über die seinerzeit den Unterricht beherrschende Länderkunde laut, die sich methodisch weitgehend an das Hettnersche „Länderkundliche Schema" hielt. Es wurde (zu) oft formal und wenig variierend im Unterricht Land für Land durchgepaukt und drohte das Schulfach Erdkunde in Formalismus erstarren zu lassen. Hier bahnten sich u.a. die didaktischen Ansätze des exemplarischen Vorgehens, der allgemein-geographischen Arbeitsweise, die sozialgeographisch geprägten „Daseinsgrundfunktionen" oder etwas später die „Allgemeine Geographie am regionalen Faden" als Alternativen an. Heute versucht man, Lehrpläne im Fach Erdkunde eher pragmatisch und nicht angebunden an eine einzige didaktische Richtung zu entwickeln. Aber sie sehen die länderkundliche Betrachtung kaum noch vor.

Ergebnis des Kieler Geographentages war jedenfalls, dass der Geographie in der Wissenschaft und in der Schule ihr eigentliches Forschungs- und Unterrichtsobjekt, das Land und die Länder, abhanden kam. An ihre Stelle traten Bereiche, die sich im Falle der Wissenschaft eng an Methoden und Erkenntnisse der Nachbarwissenschaften anschlossen, aber zusätzlich immer „raumbezogen" waren. Die Lehrpläne wurden so verändert, dass insgesamt Themen behandelt werden sollten, die ebenfalls den Nachbarwissenschaften entnommen wurden und damit in anderen Schulfächern eigentlich auch hätten unterrichtet werden können. Da die schulgeographischen Themen aber raumbezogen blieben, konnten sie im Schulfach Erdkunde immerhin konkreter als in den anderen Fächern, z.B. den Naturwissenschaften oder der Gemeinschaftskunde/Politik, am Raumbeispiel behandelt werden.

Wie kann das Schulfach die länderkundliche oder regionale Betrachtung zurückgewinnen, die in keinem anderen Fach ihren Platz hat, gleichwohl von anderen inzwischen als Niemandsland erkannt worden ist und zusehends unter den Fittichen andere Fächer Unterschlupf findet? Die Geschichte hat erkannt, dass sich Geschehenes immer auch im Raum abgespielt hat und dass der oft auch Auswirkungen auf das historische Geschehen hatte. In der Physik werden nicht mehr nur die Gasgesetze und die Luft besprochen, sondern das Klima und seine globale Veränderung. Das Schulfach Politik/Gemeinschaftskunde behandelt Räume unbelastet von einer Diskussion darüber, was denn ein „Raum" sei. Länderkundliche Darstellungen werden von Politologen geschrieben, bei Konzepten zur Entwicklungshilfe, Fragen der Globalisierung oder wirtschaftlichen Überlegungen und anderen, die Erde als System betreffenden Fragen führen Geographen die Diskussion jedenfalls nicht an. Durchaus kennzeichnend dafür: Unter den sechs Beiträgen der Zeitschrift „Aus Politik und Zeitgeschichte" der Bundeszentrale für politische Bildung Nr. 10/2007 befindet sich keiner eines Geographen – das Heft steht unter dem Thema „Europa".

Der Fachlehrer Erdkunde sollte versuchen, die länderkundliche Betrachtung wenigstens eines Landes in seinen Unterricht pro Jahr zu integrieren. Es sollte den Schülern dabei die Methode deutlich werden, wie man ein Land „in den Griff" bekommen kann. Atlasarbeit, Lagebeziehungen, geowissenschaftliche Grundlagen, Klimadaten, wirtschaftliche Verflechtungen, grundlegende wirtschaftliche Strukturdaten, Statistiken, Internetrecherche, aktuelle Zeitungsmeldungen spielen dabei eine wichtige Rolle, und das weitgehend verpönte „länderkundliche Schema" muss mitnichten fröhliche Wiedergeburt feiern, kann aber zumindest doch eine Art Fahrplan bei der Besprechung sein.

Der Lehrer kann auch den Mut haben, ein bestimmtes Merkmal des Landes als bestimmendes hervorzuheben – etwa in Art der Spethmannschen „Dynamischen Länderkunde". Dabei wird er Einseitigkeit vermeiden und ein Land nicht nur als „Milch-, Käse- und Eierland" oder „Holzland" darstellen.

Ausgehend von wirtschaftlichen und demographischen Strukturdaten, die z. B. im Internet oder im jährlich erscheinenden „Fischer Weltalmanach" (oder anderen Almanachen dieser Art) weitgehend problemlos

Notiz

- Die länderkundliche Betrachtung erscheint verpönt, weil sie mit historischem und wissenschaftstheoretischem Ballast beschwert ist.
- Die jährliche länderkundliche Betrachtung kann die komplexen Zusammenhänge zwischen Natur, Landschaftsgestalt und wirtschaftenden Menschen aufzeigen.
- Eine länderkundliche Betrachtung kann sich des gesamten methodischen Spektrums bedienen, das in der Schule zur Verfügung steht.

zu erhalten sind, kann ein Land „problemorientiert", aber auch in seiner landschaftlichen Schönheit und Individualität im Unterricht dargestellt werden. (Kurz-)Referate, Präsentationen zeigen von Seiten der Schüler weitere Zusammenhänge auf. Die ganze Palette der Methoden steht – natürlich jeweils in Auswahl – zur Verfügung. Wenn es den Schülern dann gelingt, das jeweils behandelte Land in seiner Komplexität in Art eines Strukturschemas darzustellen, haben sie exemplarisch Einsicht gewonnen in die Zusammenhänge zwischen naturwissenschaftlichen Gegebenheiten, Konsequenzen aus der Historie, wirtschaftlicher Aktivität und erforderlichen Entwicklungsmaßnahmen.

Wenn sich der Erdkundeunterricht die Behandlung wenigstens eines Landes oder einer Region pro Jahr vornehmen kann, erreichen die Schüler in dieser Methode Übung. Den Schülern wird dadurch bewusst, wie komplex vielfältige Faktoren in einem Land zusammenwirken, sie werden an maßstäbliches Denken gewöhnt. Ihr Blick wird geschärft für die Wahrnehmung wirtschaftlicher Aktivitäten, sie werden gewohnt sein, durch den Blick in den Atlas das bereiste oder das zukünftige Urlaubsland klimageographisch einzuordnen und seine landschaftliche Struktur auch aufgrund der geologischen Verhältnisse zu erkennen. In der Oberstufe des Gymnasiums ist es dann auch möglich, die länderkundliche Betrachtung wissenschaftstheoretisch zu problematisieren.

Reisende, Entdecker und Forscher

Im Erdkundeunterricht kommen Berichte von Reisenden oder Forschern oder über entscheidende Entdeckungen oder erzählerische Umsetzungen geographischer Sachverhalte nur selten vor. Dagegen sind im Lesebuch für den Deutschunterricht oft Auszüge aus dem Tagebuch des unglücklichen Südpolarforschers Robert F. Scott zu finden – im Zusammenhang mit Motivation und herausragendem Mut des Menschen.

Dabei haben gerade Originalberichte oder auch Auszüge aus Erzählungen ihren besonderen Reiz für Schüler, weil sie oft weit anschaulicher sind als die üblichen doch eher sachlichen Texte. Sie können mit ihrer erzählerischen Wucht, ihrer Anschaulichkeit und ihrem spannenden Geschehen Schüler nicht nur für die Geographie besonders oder sogar neu interessieren, sondern sie auch zum Lesen motivieren. Geradezu Glücksfälle liegen dann vor, wenn sich in einem Autor Fachwissenschaft und erzählerisches Vermögen vereinen.

In vielen Erzählungen werden geographische Sachverhalte angesprochen, manchmal so, dass selbst der Geographielehrer über die genaue Recherche des Autors staunt. So hat beispielsweise HEINZ KONSALIK – wie immer man zu diesem Autor stehen mag – das Geschehen um die Zerstörung des tropischen Regenwaldes im Amazonasgebiet in einem spannenden und gut recherchierten Roman wiedergegeben (Das Regenwald-Komplott, auch als TB lieferbar). In diesem Zusammenhang seien auch Filme erwähnt, die weit über den üblichen Rahmen des Unterrichtsfilmes hinausgehen und sich doch auch dazu eignen, in den Erdkundeunterricht einbezogen zu werden, vielleicht sogar im Rahmen einer Sondervorführung im lokalen Lichtspielhaus für eine ganze Klassenstufe oder sogar für alle Schüler der Schule. Erwähnt seien beispielsweise die beiden Filme, die im Jahre 2006 in den Kinos liefen: „We feed the world" (über die nachhaltige Produktion von Lebensmitteln) oder „Die unbequeme Wahrheit" von AL GORE (über die aktuelle Klimaveränderung). Texte und Filme bedürfen immer der Einführung in den Unterricht und einer angemessenen Besprechung.

Berichte von Entdeckern und Forschern über ihre Expeditionen in bisher nicht oder wenig bekannte Regionen der Erde sind oft in einer Zeit entstanden, in der Vorurteile über indigene Menschen oder ungerechtfertigte Machtansprüche des eigenen Staates die Reisenden bestimmten; manchmal führte auch die eigene Eitelkeit zu überschwänglichen Schilderungen.

Der Lehrer muss auswählen und entscheiden, was für seinen Unterricht brauchbar ist. Ein eigenes Archiv von Reiseberichten aus Zeitungen und Zeitschriften kann hilfreich sein, über aktuelle Texte zu verfügen. Auch die eigenen Erlebnisse auf Reisen, visualisiert mit eigenen Fotos, können genutzt werden – man sollte die Qualität des eigenen Schreibens/Erzählens und der Fotos jedoch selbstkritisch prüfen.

Zur Motivation der Schüler sind nicht episch-breite Landschaftsschilderungen nach der Art Theodor Fontanes gefragt, wenngleich gerade sie für ältere Schüler und literarisch Interessierte ihren Reiz haben dürften. Hier geht es um Darstellungen, die geographische Sachverhalte, Landschaften oder Einzelsituationen möglichst

- anschaulich,
- spannend,
- typisierend,
- lokalisiert (Ortsangaben),
- zur Diskussion anregend,
- ein geographisches Phänomen charakterisierend

wiedergeben. Die Texte sollen auch die Emotionen des Schülers ansprechen und Neugierde erwecken.

Texte dieser Art können als Einstieg eingesetzt oder während bzw. nach der sachlichen Behandlung des Themas eingesetzt werden. Bei geeigneten Texten kann ein im Vortrag geübter Lehrer so weit gehen, die Schüler zu bitten, ihre Augen zu schließen und sich auf eine „Traum"- oder „Fantasiereise" zu begeben, während er den Text vorliest (MEYER 2007).

Die Besprechung eines solchen Textes sollte zunächst die persönlichen Eindrücke der Schüler sammeln und zu einer Bewertung führen (Partner- oder Gruppenarbeit, Tafelanschrieb). Anschließend muss der Text aufgearbeitet werden, indem beispielsweise
- Hinweise zum Autor („Wer?") und
- zum erzählerischen Umfeld gegeben werden („Was?", „Warum?"), z.B. Abenteuererzählung, wissenschaftliche Darstellung, Schilderung, Reisebericht für...,
- der Text in seine Entstehungszeit eingeordnet wird („Wann?"),
- die topographischen Angaben im Atlas überprüft werden („Wo?") und
- die Darstellung insgesamt auf ihre sachliche und räumliche Richtigkeit überprüft wird („Wie?").

Eine mögliche Schul- oder Hausarbeit kann darin bestehen, den Text so umzuformen, als ob der Schüler selbst dabei gewesen wäre (also Eintrag ins Erdkundeheft in „Ich-Form").

Vier Beispiele sollen stellvertretend für andere stehen. KARL MAY stellt die Gefährlichkeit eines Salzsumpfes am Beispiel der Durchquerung des Schott Dscherid in Tunesien dar – verquickt mit einer spannenden Verbrecherjagd. Ein U-Boot-Leutnant schildert die Momente der erstmaligen Fahrt (s)eines Schiffes über den geographischen Nordpol, der Freiburger Geograph WOLFGANG WEISCHET schildert als Wissenschaftler und Betroffener die Eindrücke während des starken Erdbebens in Chile 1960, und schließlich versucht ein Astronaut, seine Empfindungen beim Anblick der Erde aus dem Weltraum in Worte zu fassen.

Abenteuer im Salzsumpf Schott Dscherid (Schriftsteller KARL MAY)
Ich habe auf fremden, unbekannten Strömen zur Winterszeit mit Schneeschuhen meilenweite Strecken zurückgelegt und musste jeden Augenblick gewärtig sein, einzubrechen, habe aber dabei niemals die Empfindung wahrgenommen, welche mich beschlich, als ich jetzt den heimtückischen Schott betrat. Es war nicht etwa Furcht oder Angst, sondern es mochte ungefähr das Gefühl eines Seiltänzers sein, der nicht genau weiß, ob das Tau, welches ihn trägt, auch gehörig befestigt worden ist. Statt des Eises eine Salzdecke – das war mir mehr als neu. Der eigentümliche Klang, die Farbe, die Kristallisation dieser Kruste – das alles erschien mir zu fremd, als dass ich mich hätte sicher fühlen können.
Ich prüfte bei jedem Schritte und suchte nach sicheren Merkmalen für die Festigkeit unseres Fußbodens. Stellenweise war derselbe so hart und glatt, dass man hätte Schlittschuhe benutzen können, dann aber hatte er wieder das schmutzige, lockere Gefüge von niedergetautem Schnee und vermochte nicht, die geringste Last zu tragen. Erst nachdem ich mich über das so Ungewohnte einigermaßen orientiert hatte, stieg ich zu Pferde, um mich nächst dem Führer [Sadek] auch zugleich auf den Instinkt meines Tieres zu verlassen. Der kleine Hengst schien gar nicht zum erstenmale einen solchen Weg zu machen. Er trabte, wo Sicherheit vorhanden war, höchst wohlgemut darauf los und zeigte dann, wenn sein Vertrauen erschüttert war, eine ganz vorzügliche Liebhaberei für die besten Stellen des oft kaum fußbreiten Pfades. Er legte dann die Ohren vor oder hinter, beschnupperte den Boden, schnaubte zweifelnd oder überlegend und trieb die Vorsicht einigemale so weit, eine zweifelhafte Stelle erst durch einige Schläge mit dem Vorderhufe zu prüfen. (…)
Halef war hinter mir in das Gebet eingefallen; plötzlich aber verstummten beide zu gleicher Zeit; – zwischen den zwei nächsten Wellenhügeln hervor fiel ein Schuss. Der Führer warf beide Arme empor, stieß einen unartikulierten Schrei aus, trat fehl und war im nächsten Augenblick unter der Salzdecke verschwunden, die sich sofort wieder über ihm schloss. (…) Noch war der Schuss nicht verhallt und der Führer nicht ganz versunken, so wusste ich bereits alles. Die beiden Mörder wollten ihre Ankläger verderben; sie hatten ihren Führer um so leichter gewonnen, als derselbe auf den unserigen eifersüchtig war. Sie brauchten uns gar kein Leid zu tun; wenn sie unsern Führer töteten, waren wir unbedingt verloren. Sie lauerten also hier bei der gefährlichsten Stelle des ganzen Weges und schossen Sadek nieder. Nun brauchten sie nur zuzusehen, wie wir versanken. Dass Sadek von der Kugel in den Kopf getroffen war, merkte ich trotz der Schnelligkeit, mit der alles geschah. Hatte die durchfahrende Kugel auch mein Pferd gestreift, oder war es der Schreck über den Schuss? Der kleine Berberhengst zuckte heftig zusammen, verlor hinten den Halt und brach ein. „Sihdi!" brüllte hinter mir Halef in unbeschreiblicher Angst. Ich war verloren, wenn mich nicht eins rettete: noch während das Pferd im Versinken war und sich mit den Vorderhufen vergeblich anzuklammern suchte, stützte ich die beiden Hände auf den Sattelknopf, warf die Beine hinten in die Luft empor und schlug eine Volte über den Kopf des armen Pferdes hinweg, welches durch den hierbei ausgeübten Druck augenblicklich unter den Salzboden gedrückt wurde. In dem Augenblick, während dessen ich durch die Luft flog, hat Gott das inbrünstigste Gebet meines ganzen Lebens gehört. Nicht lange Worte und viele Minuten gehören zum Gebete; wenn man zwischen Leben und Tod hindurchfliegt, gibt es keine Worte und keine Zeit zu messen.

Ich bekam festen Boden; er wich aber augenblicklich unter mir; halb schon im Versinken, fußte ich wieder und raffte mich empor; ich sank und erhob mich, ich strauchelte, ich trat fehl, ich fand dennoch Grund; ich wurde hinabgerissen und kam dennoch vorwärts und ging dennoch nicht unter; ich hörte nichts mehr, ich fühlte nichts mehr, ich sah nichts mehr als nur die drei Männer dort an der Salzwelle, von denen zwei mit angeschlagenem Gewehre mich erwarteten.

Da, da endlich hatte ich festen Boden unter den Füßen, festen, breiten Boden, zwar auch nur Salz, aber es trug mich sicher. Zwei Schüsse krachten – Gott wollte, dass ich noch leben sollte; ich war gestolpert und niedergestürzt; die Kugeln pfiffen an mir vorüber. Ich trug mein Gewehr noch auf dem Rücken; es war ein Wunder, dass ich es nicht verloren hatte; aber ich dachte jetzt gar nicht an die Büchse, sondern warf mich gleich mit geballten Fäusten auf die Schurken. Sie erwarteten mich nicht einmal. Der Führer floh; der ältere der beiden wusste, dass er ohne Führer verloren sei, und folgte ihm augenblicklich; ich fasste nur den jüngeren. Er riss sich los und sprang davon; ich blieb hart hinter ihm. Ihm blendete die Angst und mir der Zorn die Augen; wir achteten nicht darauf, wohin unser Lauf führte – er stieß einen entsetzlichen, heiseren Schrei aus, und ich warf mich sofort zurück. Er verschwand unter dem salzigen Gischte, und ich stand kaum dreißig Zoll vor seinem heimtückischen Grabe.

Da ertönte hinter mir ein angstvoller Ruf.

„Sihdi, Hilfe, Hilfe!"

Ich wandte mich um. Grad an der Stelle, wo ich festen Fuß gefasst hatte, kämpfte Halef um sein Leben. Er war zwar eingebrochen, hielt sich aber an der dort zum Glücke sehr starken Salzkruste noch fest. Ich sprang hinzu, riss die Büchse herab und hielt sie ihm entgegen, indem ich mich platt niederlegte.

„Fasse den Riemen!"

„Ich habe ihn, Sihdi! O, Allah illa Allah!"

„Wirf die Beine empor; ich kann nicht ganz hin zu dir. Halte aber fest!"

Er wandte seine letzte Kraft an, um seinen Körper in die Höhe zu schnellen; ich zog zu gleicher Zeit scharf an, und es gelang – er lag auf der sicheren Decke des Sumpfes. Kaum hatte er Atem geschöpft, so erhob er sich auf die Knie und betete die vierundsechzigste Sure:

„Alles, was im Himmel und auf Erden ist, preiset Gott; sein ist das Reich, und ihm gebührt das Lob, denn er ist aller Dinge mächtig!" (aus dem 1. Kapitel der Erzählung „Durch die Wüste" von KARL MAY)

Mit dem U-Boot ‚Nautilus' 1958 über den Nordpol (Marineleutnant LALOR)

Ich sitze mit dem Kapitän in der Offiziersmesse. Er gibt den Schreiben an Präsident Eisenhower und seine Gemahlin den letzten Schliff. Mrs. Eisenhower ist die Taufpatin unseres U-Bootes. Frank Adams kommt herein. „Noch zwei Meilen, Herr Kapitän." Die Musikbox wird ausgeschaltet. Über die Sprechanlage hält der Kommandant eine kurze und bewegende Ansprache: „Wenn wir weiterhin günstige Fahrt haben, wird die ‚Nautilus' in Kürze zwei lang geträumte Ziele der Seefahrt, ja der Menschheit verwirklichen. Sie wird eine Route für schnelle Reisen zwischen dem Pazifischen und dem Atlantischen Ozean öffnen. Sie wird als erstes Schiff den geographischen Nordpol erreichen. An diesem historischen Sonntag, dem 3. August 1958, wollen wir stumm für den Segen danken, der uns auf dieser Fahrt zuteil geworden ist." Wir verweilen einen Augenblick im stillen Gebet. Als die ‚Nautilus' an den Pol heranfährt, beginnt der Kommandant zu zählen: „Acht ... sechs ... vier ... zwei ... eins ... Ziel! 3. August 1958. Zeit: 23.15 Uhr östliche Sommerzeit. Für die Vereinigten Staaten und ihre Flotte – der Nordpol." Ein Traum ist Wirklichkeit geworden. Wir sind angekommen. Meerestiefe: 4087 Meter – eine Menge Wasser. Ehrfürchtig starren wir auf die Kreiselkompasse. Sie drehen sich hin und her. Schließlich weisen sie in die Richtung, aus der wir gekommen sind. Tom Curtis hantiert am Trägheitsnavigator mit seinem Rechenschieber. Ich frage ihn, wie nah wir dem exakten Pol gekommen sind. „Wir sind genau über ihn hinweggefahren, Bill." Dann ist es Zeit für Steak und Nordpoltorte. Der Pol liegt hinter uns." (Lalor 1959, 345)

Das Erdbeben in Chile 1960 (Geograph WOLFGANG WEISCHET)
Geographisch wirksam werden erst die eigentlichen *Erdbebenkatastrophen*. Am *Beispiel des Terremotos vom 21. und 22. Mai 1960*, das den Kleinen Süden betroffen hat und das ich selbst erleben und untersuchen konnte, sollen die Vorgänge und ihre Folgen kursorisch dargelegt werden (...). Es begann damit, dass am Morgen des 21. Mai, einem Samstag, gegen 7 Uhr morgens unser Haus mehrmals unter bis dahin unbekannten Erdstößen erzitterte. Im Laufe des Vormittags stellte sich heraus, dass es Ausläufer des schweren Bebens waren, das 500 km weiter nördlich die Stadt Concepcion und ihre Umgebung heimgesucht hatte. Am folgenden Tag wiederholte sich gegen 6 Uhr früh das Beben in ähnlicher Stärke: Lampen pendelten um 25 bis 30°, die Türen der Zimmer und der Schränke sprangen auf. Aber wer ahnte in Valdivia schon etwas Schlimmes! Auch als am Nachmittag kurz vor 3 Uhr bei einem neuerlichen Erdstoß die Erschütterungen so stark waren, dass fast alle Valdivianer ihre Häuser verließen, hielten wir das auch noch für die Ausläufer aus dem berüchtigten Erdbebengebiet um Concepcion. Der Südteil des Landes galt in der Erfahrung als erdbebensicher. Diese Vorstellung brach aber um 15.12 Uhr in einem wahren Inferno endgültig zusammen. Es gelang in den ersten Augenblicken noch, aus ebenerdigen Häusern ins Freie zu laufen. Dann war jedoch jede weitere Fortbewegung unmöglich. Man taumelte willenlos hin und her und stürzte endlich hilflos zu Boden.
Es ist schwer, die *Art der Beschleunigungen* und Bewegungen des Untergrundes zu beschreiben, die während des ungefähr 3½ Minuten dauernden Hauptbebens auftraten. Mit einer Umschreibung möchte ich es versuchen: Man stelle sich vor, dass man mitten auf der leeren Plattform eines Zehntonner-Lastwagenanhängers steht, der mit großer Geschwindigkeit über einen von tiefen Schlaglöchern übersäten, geschlängelten Feldweg fährt. Die sich dabei ergebenden harten Stöße, rappelnd wiederholt, gepaart mit einer Schleuder- oder Schlingerbewegung, kommen dem Gesamteindruck des Bebens nahe. Hinzu tritt der optische Eindruck des Hin- und Herschwankens von Häusern, Zäunen

Notiz
- Auch Berichte aus Romanen oder Originalberichte von Reisenden oder Entdeckern sollten Eingang in den Erdkundeunterricht finden.
- Ihre Auswahl sollte unter den Gesichtspunkten Anschaulichkeit und Spannung erfolgen.
- Die Auswahl erfolgt vom Lehrer sehr subjektiv, je nach dem, wie er die mögliche Einbeziehung in seinen Unterricht beurteilt.

und Mauern, sowie der akustische vom Zusammenklatschen der Trennwände der Holzhäuser, das Pfeifen der durch die Luft hin- und hergezerrten Telefon- und Hochspannungsdrähte, das Rauschen der weit überholenden Baumkronen, gemischt mit dem Heulen der Hunde sowie dem Schreien und Weinen der Menschen.
Nach dem Desaster dauerten die nervenbeanspruchenden *Nachbeben* – an Häufigkeit und Stärke abnehmend – noch über einige Monate. In den ersten achtzehn Stunden nach der Katastrophe wurden in Valdivia über 90 Erdstöße gezählt. Sechs davon waren so stark, dass neue Paniken auftraten. In den vier Wochen vom 21. Mai bis 20. Juni ereigneten sich insgesamt 56 Erdbeben vom Grade 5 und mehr, und bis in den Oktober hinein wurde man jede Nacht wenigstens einmal vom Knarren der Wände, Türen und Fenster als Folgen meist kurzer Erdstöße aufgeweckt. Die nervliche Belastung der Menschen war bei den über Wochen wiederkehrenden Erschütterungen durch die immer aufs Neue drohende Einsturzgefahr der bereits beschädigten Gebäude so groß, dass viele darunter zusammenbrachen und in Hospitäler bzw. Pflegeheime eingeliefert werden mussten. (WEISCHET 1970, 164 f.)

Die Erde aus dem Weltraum (ASTRONAUT IRWIN)
Die Erde erinnerte uns an eine in der Schwärze des Weltraums aufgehängte Christbaumkugel. Mit größerer Entfernung wurde sie immer kleiner. Schließlich schrumpfte sie auf die Größe einer Murmel – der schönsten Murmel, die du dir vorstellen kannst. Dieses schöne, warme, lebende Objekt sah so zerbrechlich, so zart aus, als ob es zerkrümeln würde, wenn man es mit dem Finger anstieße. Ein solcher Anblick muss einen Menschen einfach verändern, muss bewirken, dass er die göttliche Schöpfung und die Liebe Gottes dankbar anerkennt. (JAMES B. IRWIN (USA), Mission Apollo 15, 15. Juli 1971; zit. nach KELLEY 1991, 38)

Rollenspiel

In der Realität sind viele Situationen denkbar, in denen Gremien Entscheidungen treffen müssen, die auch geographisch bedeutsam sind:
- Nach einem Erdrutsch (vor einem drohendee Erdbeben, bei Sturmwarnung) muss entschieden werden, ob und wo evakuiert werden muss,
- der Gemeinderat diskutiert und entscheidet über den Verlauf einer Umgehungsstraße (der Ausweisung eines neuen Baugebietes/Industriegebietes, Landschaftsschutz-/Naturschutzgebietes ...),
- die Leitung eines Wirtschaftsunternehmens entscheidet über eine Standortverlagerung.

Immer sind dabei Personen oder Gruppen unterschiedlicher Meinung beteiligt.

Im Unterricht könnten derartige Situationen in Form eines Rollenspiels von den Schülern wirklichkeitsnah durchgespielt werden. Dazu benötigen sie nicht nur Informationen, sondern auch die Darstellung einer konkreten Situation. Im offenen bzw. freien Rollenspiel (Stegreifspiel) können sie die übernommene Rolle ohne vorherige Festlegung kreativ und eigenständig gestalten. Im gelenkten bzw. angeleiteten, geschlossenen Rollenspiel sind die Vorgaben für das Rollenhandeln weitgehend festgelegt. Das letzte hat den Vorteil, dass der Lehrer die Ausprägung der Rollen so steuern kann, dass sie für bestimmte Schüler besonders geeignet sind.

Situation und Beteiligte werden beim gelenkten Rollenspiel entweder vom Lehrer vorgegeben oder im Unterricht zusammen mit der Klasse entwickelt. Die Situation ist schließlich allen bekannt (Unterrichtsgespräch, OH-Projektion). Die Einzelheiten der Rollen sollten nicht allen bekannt sein, insbesondere nicht, wenn – auf einem höheren Schwierigkeitsniveau – die beteiligten Rollen auch mit bestimmten Charaktereigenschaften verbunden werden, z. B. kompromissbereit, immer schlecht gelaunt, nörgelnd, möglicherweise auch persönliche Beziehungen eine Bedeutung erlangen, die zu einer unsachlichen Lösung des Problems führen – ganz wie in der Wirklichkeit. Wie weit die schauspielerische Umsetzung gehen soll (Kostüme, Kulissen), muss von der Klasse entschieden werden. Der Lehrer muss darauf bedacht sein, dass das Rollenspiel nicht zu einem kleinen Theaterstück wird – dann wird sicherlich der Rahmen des Erdkundeunterrichts gesprengt und das Rollenspiel müsste als Projekt – fachübergreifend und fächerverbindend – weitergeführt werden. Im Allgemeinen sollte die Durchführung eines Rollenspieles eine Unterrichtsstunde einnehmen, wobei vorbereitende Arbeiten als Hausaufgaben erledigt werden können.

Nach dem ersten Vorspielen müssen zunächst die Rollenspieler die Gelegenheit erhalten, zu der Realisierung ihrer Rolle Stellung zu nehmen. Anschließend können die Zuschauer ihre Eindrücke wiedergeben, wobei nicht bewertet, schon gar nicht benotet werden sollte. Umständliche Diskussionen darüber, wie etwas besser oder anders ge-

Notiz

- Das Rollenspiel setzt fundierte Informationen und spielbereite Schüler voraus.
- Ein Rollenspiel soll bewusst machen, wie es zur Lösung eines Problems kommt.
- Das Rollenspiel ist ein bedeutender Beitrag zur Erlangung sozialer Kompetenz.

spielt werden könnte, sollten durch spontanes Vorspielen ersetzt werden. Anschließend kann das Rollenspiel erneut vorgespielt werden.

Wenn die beteiligten Schüler eine Lösung für das ausgewählte Problem gefunden haben oder erkennbar auch keine Lösung gefunden werden wird, wird das Rollenspiel beendet. In der Regel wirkt ein erfolgreich durchgeführtes Rollenspiel in der Klasse nach, indem die Lösung und die Darstellung von den Schülern weiterdiskutiert werden oder indem es als Anstoß dazu genommen wird, beim nächsten Elternabend ein Rollenspiel aufzuführen.

Rollenspiele wurden im Rahmen der Unterrichtspakete des *"Raumwissenschaftlichen Curriculum-Forschungsprojekt (RCFP)"* des Zentralverbandes der Deutschen Geographen (1978) eingesetzt und sind dann vor allem als Wirtschaftsspiele auch außerhalb der Schule entwickelt worden (vgl. SCHALLER 1983).

■ Tipps und Anregungen zur Auswertung eines Rollenspiels
Allgemeine Leitfragen:
Wie haben sich die Beziehungen verändert? Welche Probleme sind bearbeitet worden? Sind es die Probleme Einzelner, der Gruppe oder des Leiters gewesen? Welche Belastungen einzelner Spieler sind aufgetreten? Wie ging die Gruppe, der Leiter damit um? In welchen Situationen, auf welche Art und Weise und mit welchen (erkennbaren?) Zielsetzungen hat der Leiter eingegriffen?
Fragen zur Rollenverteilung:
Wer ergriff die Initiative, wer hatte Führungsrollen? Wer griff überwiegend andere an, wer verteidigte sich überwiegend nur? Wer hat vermittelt, zusammengefasst, geordnet? Welche Koalitionen gab es, wer hielt zu wem, wer suchte, wer fand Verbündete?
Fragen zur spielerischen Darstellung (Spielebene):
Wie wirklichkeitsnah haben die Einzelnen gespielt? War Raum für individuelle Auslegung, wurde er ausgenutzt? Wer hat viel oder wenig dazuerfunden? Wie haben die einzelnen Teilnehmer in Mimik, Gestik und nichtverbalen Äußerungen gewirkt? Sind Funktionen, rollentypische Verhaltensweisen der Spieler von den Zuschauern erkannt worden? Sind die Spieler aufeinander eingegangen, haben sie Reaktionen anderer vorweggenommen?
Fragen zur Entscheidungsfindung und Konfliktlösung:
Warum ist das Spiel so und nicht anders ausgegangen? Welche Gründe und Kriterien wurden entwickelt und anerkannt? Von wem? Gab es Versuche, der Entscheidung auszuweichen, Kompromisse zu finden? Standen mehrere Lösungen zur Entscheidung? Wie sahen Entscheidungshilfen aus, wer gab sie? Wie war die Qualität der Entscheidung: Überzeugend für alle oder aus Zeit-(Macht-)gründen einseitig? Hatte sie Folgen? Für wen?
Fragen zum Zusammenhang von Alltag und Spiel:
Sind einzelne Verhaltensweisen im Alltag wiederzuerkennen? Welche Erkenntnisse hat die Gruppe/der Einzelne über eigene Konflikte gewonnen? Wurden gesellschaftliche Wertvorstellungen, Interessen und Zwänge angesprochen? (ZIMMERMANN 1995, 5) ■

Schriftliches und Mündliches

Schriftliche Darstellungen und mündliche Äußerungen gehen in die Gesamtnote eines Unterrichtsfaches nach einem Verhältnis ein, das der Fachlehrer im Rahmen der Notentransparenz den Schülern zu Beginn des Schuljahres bekanntgibt. Die Fachkonferenz kann eine Empfehlung aussprechen, wie zu verfahren ist; der Fachlehrer setzt das Verhältnis aber im Rahmen seiner pädagogischen Freiheit selbst fest.

Zu den schriftlichen Noten zählt alles, was der Schüler schriftlich zur Benotung abgibt, also beispielsweise schriftliche Hausarbeiten, Wiederholungsarbeiten, Klassenarbeiten oder das Erdkundeheft. Mündliche Noten beruhen auf mündlichen Leistungen, also mündliches Abfragen und vor allem auch die Benotung des Beitrags zum Unterrichtserfolg. Das ist nicht gleichzusetzen mit der Note für die (bloße) Beteiligung am Unterricht.

Beide Arten der Leistungsbenotung sind im Erdkundeunterricht nicht anders als in anderen Fächern. In der Schulwirklichkeit unterscheiden sie sich aber in den Grundlagen, denn oft wird das Fach nicht in gleicher Weise von den Schülern ernst genommen wie der Unterricht in einem der Kernfächer, selbst wenn fehlender Notenausgleich im Zeugnis auch zum Scheitern des Schülers führen kann.

Bei aller Ernsthaftigkeit, mit der auch Erdkunde unterrichtet werden soll und muss, wäre der Lehrer vielleicht doch gut beraten, wenn er in seinem „Neben"-Fach die Chance ergreift, die Schüler auch über die Benotung für das Fach zu gewinnen. Das kann und darf nicht dazu führen, dass die Zeugnisnoten alle „sehr gut" oder „gut" sind. Aber der Lehrer sollte seine Ansprüche bewusst und reflektiert so stellen, dass die Anzahl der „ausreichenden" und schlechteren Leistungen überschaubar bleibt. Ein fachlich versierter Lehrer kann das leisten, ohne anspruchslos zu unterrichten.

Klasse 8: Der Lehrer stellt zu Beginn des Schuljahres die Aufgabe, ein Portfolio anzulegen, das am Ende des Schuljahres benotet werden soll. Die Aufgabe ist den Schülern fremd. Sie wird mehrmals im Unterricht erläutert, der Lehrer gibt Ratschläge. Die Schüler bleiben skeptisch. Der Lehrer fühlt den Widerstand in der Klasse und macht ein Angebot: „Das Portfolio soll euer Interesse für das Fach wecken. Ihr wisst, was ich erwarte und wie ihr das Portfolio anlegen sollt. Trotzdem spüre ich eure Bedenken. Deshalb schlage ich euch vor, dass diejenigen, die das Portfolio anlegen wollen, mir das schriftlich mitteilen. Wer nicht will, meldet seine Teilnahme nicht und legt das Portfolio nicht an. Diejenigen, die mitmachen, zeigen mir den Fortschritt etwa alle vier bis sechs Wochen. Ich sage euch dann, ob der Weg, den ihr eingeschlagen habt, der richtige ist. Wir legen zum Ende des Schuljahres einen Termin fest, an dem das Portfolio abgegeben wird. Die Portfolios, die dann vorliegen, werden benotet und das Ergebnis wird in die Gesamtnote eingerechnet – wenn sie die Gesamtnote des Schülers nicht verschlechtert. Vorgelegte Portfolios sollen also die Gesamtnote verbessern. Wer will unter diesen Bedingungen mitmachen?" Drei Viertel der Schüler der Klasse melden sich.

Ein besonderes Problem stellt die Qualität der schriftlichen und mündlichen Formulierungen dar. Fachliche Genauigkeit, grammatische Korrektheit, sichere Fragetechnik des Lehrers, Äußerungen in ganzen Sätzen müssen auch im Erdkundeunterricht selbstverständlich sein. Hierin muss der Lehrer auch seine Vorbildfunktion wahrnehmen.

„Unterrichtsmitschrift in Klasse 10:
Lehrer: Ihr habt jetzt schon sehr schön gesagt, dass die Menschen in der Dritten Welt hungern. Das ist ja ganz wichtig. Nun solltet ihr aber auch noch sagen, weshalb das so ist. – Ja, Tobias.
Tobias: Ja, die wissen halt nicht, wie man, wie man richtig arbeitet.
Lehrer: Ja, gut, Tobias, und nun du, Carolina.
Caro: Die Natur macht da nicht so viel her, oder?
Lehrer: Ja, Caro, das ist möglicherweise sehr wichtig. – Will noch jemand was sagen?
Jan: Also ich, ich hab mal im Film gesehen, dass die Ernte da oft reinfällt, also, ich meine, die taugt nichts.
Lehrer: Also gut, da sehen wir doch, dass es einige Punkte gibt, die wir jetzt klären wollen. Schlagt doch 'mal im Buch S. 144 auf. Julia, lies bitte mal ...

Nachgerade unseriös wird Unterricht, wenn er in den Gelenkstellen seiner Phasen so verläuft wie hier wiedergegeben. Die sprachliche Nachlässigkeit des Lehrers provoziert und verstärkt retardierte Sprachmuster auf Schülerseite. Dies hat unmittelbare inhaltliche Konsequenzen, denn der Ausschnitt [oben] verdeutlicht einen Unterricht, der aufgrund der sprachlichen Gegebenheiten nicht sachgemäß ist." (CZAPEK 2004, 114 f.)

Die Erfahrung zeigt, dass Lehreranfänger zwar auf die Techniken hingewiesen werden, sich im Laufe der Unterrichtsjahre aber doch Nachlässigkeiten einstellen, die vielleicht erst bei der Besprechung einer Unterrichtsbegutachtung dem Lehrer bewusst werden. CZAPEK (2004) hat stringent auf die Notwendigkeit der sprachlichen Klarheit und Richtigkeit im Unterricht hingewiesen und auch darauf, dass die lässige Beachtung der fach- und sachgerechten Unterrichtssprache durch den Lehrer gravierende Defizite bei den Schülern auslösen muss. Jeder Lehrer muss gerade auch in dieser Hinsicht seinen Unterricht reflektieren.

■ „Wir haben Geographie und nicht Deutsch", so tönt es bisweilen aus Schülermund, wenn im Fachunterricht aus gegebenem Anlass auch darauf verwiesen wird, dass eine sachgerechte Sprachgebung die Leistung in Geographie mitbestimme. Dies irritiert

jedoch nicht allein Schüler, auch viele Lehrer lassen es leider an der notwendigen Verbindlichkeit im Sprachlichen fehlen. Übersehen wird vielfach, wie sehr sich die Intellektualität des Faches Geographie auch aus seiner Anforderung an sachlogische Präzisierung im sprachlichen Vermitteln komplexer geographischer Sachverhalte ergibt. Da Geographieunterricht in besonderer Weise inhaltsorientiert ist und die Fülle der inhaltlichen Beziehungen schon in den unteren Klassenstufen nur schwer unterzubringen ist, erscheint das Ansinnen, hierbei auch noch die sprachliche Erziehung zu pflegen, unbotmäßig. (...) Jedoch darf dieses Ansinnen gar nicht als ein zusätzliches empfunden werden, denn jedwede Unterrichtsarbeit ist grundsätzlich auch Spracherziehung: zum einen durch das Vorbildverhalten des Lehrers, zum anderen durch die Erfordernis, auf die seit eh und je etablierten schriftlichen Überprüfungen kontinuierlich vorbereiten zu müssen und die mündliche Leistung nicht nur nach inhaltlicher Kenntnis, sondern auch nach der Güte der Vermittlungsfähigkeit dieser Kenntnis einschätzen zu müssen. Letztlich heißt das, all jene Belange deutlicher zu beachten, die wie selbstverständlich im Unterricht mitlaufen:
- Überprüfen der Hausaufgaben,
- Eingehen nicht nur auf inhaltliche Aspekte, sondern auch auf die Methode der Lösung und deren sprachliche Güte,
- Rückmeldung zu sprachlicher Qualität mündlicher Beiträge,
- weitgehendes Verzichten auf fragmentarische Lösungen (Stichwörter),
- Einfordern komplexerer sprachlicher Darlegungen auch im Unterrichtsgespräch,
- Angleichen sprachlicher Anforderung an das Gelernte in anderen Fächern, v.a. an die Aufsatzerziehung und an die sprachliche Bildung im Deutschunterricht (Grammatik/Stilkunde),
- Betonen von Begriffslernen. (CZAPEK 2004, 111, 114)

In diesem Sinne nachdenklich geworden, soll die folgende schriftliche Arbeit aus einer 8. Klasse des Gymnasiums (G9) noch einmal auf die angesprochenen Defizite hinweisen; zugleich soll die Arbeit aber auch deutlich machen, dass manche Ansprüche an und hehre Vorstellungen von der Leistungsfähigkeit von Schülern des Gymnasiums zumindestens zu überprüfen sind. Es handelt sich um eine typische Lösung der Aufgabe in dieser Klasse.

Thema: „Landwirtschaft in den USA." Im Lehrbuch (Lehrbuch Seydlitz 4, Hannover 1997, 107) sind neben einem Text Strukturdaten der US-amerikanischen Landwirtschaft (Tabelle) sowie der USA-Anteil bestimmter landwirtschaftlicher Produkte an der Weltproduktion und am Weltexport angegeben (Kreisdiagramme). Aufgabe: „Erkläre mithilfe des Textes sowie der Abbildungen (...) die ‚Revolution der amerikanischen Landwirtschaft'." Arbeitszeit: 30 Minuten.

Notiz
- Äußern Sie sich grammatisch und syntaktisch richtig und fordern Sie Gleiches von Ihren Schülern im Mündlichen und Schriftlichen
- Benutzen Sie die Fachsprache.
- Stellen Sie eindeutige Fragen, vermeiden Sie Redundanzen.

Die sprachliche Form sowie Orthographie und Zeichensetzung sind hier gegenüber der Originalschülerarbeit unverändert; die Arbeit ist nur am Schluss gekürzt. Der Schüler hat keinen „Migrationshintergrund":

„Ein Grund für das enorme Wachstum der Landwirtschaft, ist der Mittelwesten. Weil es dort ein gutes Klima gibt und ein Boden der für den Ackerbau besonders gut geeignet ist. Das ist jedoch nur möglich, da der Boden aus Schwarzerde besteht. Deshalb ist die USA auch der größte Agrarexporteur der Welt. Jedoch ist der Mittelwesten nicht der einzige Grund für diese gewaltige Revolution, sondern auch Wettbewerbe und der technische Fortschritt. Doch den größten Schub nach vorne brachte die Motorisierung. Jedoch steigerte der Einsatz von Mineraldünger, Schädlingsbekämpfungsmaßnahmen und verbessertes Saatgut. Die Fortschritte sieht man im folgenden Beispiel: 1860: Ein Farmer konnte sich und sein Familie ernähren 1900: bereits 7 Menschen 1940: 11 Menschen 1980: schon über 60 Menschen und heute schon über 90 Menschen. Hier sieht man nun den Fortschritt noch einmal im Überblick: Die USA hat 12 % Weizen, 46 % Mais, 52 % Sojabohnen, 2 % Reis, 19 % Baumwolle, 10 % Tabak und 14 % Fleisch, Anteil der Weltproduktion. Zu dem hat die USA, 29 % Weizen, 60 % Mais, 68 % Sojabohnen, 14 % Reis, 28 % Baumwolle, 16 % Tabak und 13 % Fleisch, Anteil am Weltexport. Ein weiteres Beispiel (...)." [Es folgt die genaue, kommentarlose Abschrift der im Buch abgebildeten Tabelle mit den Strukturdaten der Landwirtschaft.]

Nicht nur Geographielehrer sollten hellhörig werden, wenn in einer im Februar 2007 veröffentlichten repräsentativen Befragung von 1100 Hochschullehrern der Elektrotechnik, Elektronik und Informationstechnik ernüchternd festgestellt wurde, dass sich nicht nur die Physik- und Mathematikkenntnisse der Studenten in den vergangenen 15 Jahren verschlechtert haben, sondern dass auch zwei Drittel der Befragten beklagen, dass die Ausdrucksfähigkeit der Studenten in Deutsch nachgelassen hat (nach einem Bericht des „Handelsblatt" vom 22. Februar 2007, 5).

Schulbuch

Die Schulbücher gerade in Erdkunde haben in der Vergangenheit mit jeder Neukonzeption und Auflage einen Schub an Anschaulichkeit genommen. Heute ist ein Geographieschulbuch ein reichbebildertes, mit vielfältigen Textkästen und -blasen durchsetztes, dazu in Text und Statistik informatives Medium, das überdies dem Lehrer mit seinen Arbeitsaufträgen oder sogar Freiarbeitsstationen eine wichtige Hilfe ist. Zusätzlich zum Schulbuch soll der Schüler auch immer den Atlas gebrauchen, sodass ein reiches Angebot von Karten, Texten, Bildern, Diagrammen, Arbeitsaufträgen und sogar Karikaturen die Vielfalt potentieller Medien in diesem Fach spiegelt – wobei dann der Film und das Internet noch gar nicht berücksichtigt sind.

Der Lehrer muss sich im Unterricht daher bewusst auf das eine oder andere Angebot im Schulbuch beschränken, manchmal auch das Angebot des Schulbuches für den Unterricht ausschlagen und die Schüler auf die Hausarbeit verweisen. Es erscheint schlicht unmöglich, ein heutiges Erdkundeschulbuch in seiner Vielfalt im Unterricht allein abzuarbeiten.

> „GRAF untersuchte 1989 in Hessen, wie viele Fachwörter Schüler einer 5. und 6. Klasse im Fach Biologie lernen können: ‚Im Ergebnis der Untersuchung stellte Graf fest, dass keiner der Schüler in der Lage war, alle vermittelten Fachwörter (ca. 3 je Stunde) im Kontext richtig anzuwenden. Der Studie zufolge lernen Schüler des 5. und 6. Schuljahrgangs (die kaum über biologisches Vorwissen verfügen) nur ein bis maximal zwei Fachwörter pro Unterrichtsstunde. In der anschließenden Wortschatzanalyse wurden alle in Hessen zugelassenen Biologiebücher der Sekundarstufe I untersucht. Die fachlich geprägten Wörter wurden rechnergestützt ausgezählt und in Relation zu den zur Verfügung stehenden Unterrichtsstunden gesetzt: Je nach Schulbuch wurden acht bis zwölf neue Begriffe pro Unterrichtsstunde ermittelt! Ähnliche Ergebnisse ergaben Wortschatzanalysen von Physikschulbüchern (...) und Sachkundebüchern (...).'" (GOGOLOK 2006, 482)

Hinzu kommt das Problem, dass die medienreichen Schulbücher in der Anschaffung inzwischen teuer sind, sodass Neuanschaffungen infolge knapper werdender finanzieller Zuweisungen der Landesmittel seitens der Kommunen hinausgezögert werden, gerade für das Nebenfach Erdkunde. In der Realität führt das dann dazu, dass gerade das auf Aktualität aufbauende Fach auch auf Schulbücher zurückgreifen muss, die doch recht in die Jahre gekommen sind, auch wenn der Lehrplan noch so neu ist. Die eigene Aktualisierung ist dem Lehrer bei den oft speziellen Zusammenstellungen der Statistiken nur unter großem Zeitaufwand möglich. Inzwischen bieten Verlage Aktualisierungen über das Internet an.

Da das Schulbuch für den Lehrer auch eine Erleichterung bei seiner Vorbereitung sein soll und muss, wird er sich an die Abfolge der Inhalte im Schulbuch halten und seine Inhalte im Unterricht behandeln. In der Dichte des Unterrichtsalltags läuft der Lehrer dann Gefahr, das Schulbuch als „heimlichen" Lehrplan zu behandeln.

Wie soll der Lehrer sich nun im Unterricht bei seinem Zeitzwang einerseits, aber der Medienvielfalt und -attraktivität andererseits dem Schulbuch gegenüber verhalten? Es gilt zunächst, sich Rechenschaft darüber abzulegen, was der Lehrplan intendiert. Allein darauf hin ist das Angebot des Schulbuches und der anderen Medien zu überprüfen und anzunehmen. Es kann also mitnichten darum gehen, das Schulbuch „durchzunehmen", sondern der Lehrer muss die Inhalte des Schulbuches lehrplangerecht auswählen, seine eigenen Akzente setzen, die Interessen seiner Schüler berücksichtigen und die Schulbuchinhalte geschickt ergänzen. Dann allerdings stellt sich auch die Frage, ob ein Schulbuch im Fach Geographie mit der Medienvielfalt außerhalb der Schule in Konkurrenz treten soll (und darf), oder ob von der Didaktik eine Reflexion über die unterrichtsgemäße, realistische Gestaltung eines Schulbuches in Geographie erfolgen sollte.

Die Frage, ob ein Schulbuch für das Fach bei aller Möglichkeit, die sich ihm bietet, nun tatsächlich wie ein reichbebildertes, buntes Magazin erscheinen soll, kann gestellt werden. Der Medien-Überreizung unserer Schüler außerhalb der Schule muss die Schule nicht entsprechen. Denn zunächst ist das Schulbuch weniger ein Bilderbuch, sondern ein Buch mit Informationen – und die sollten gerade in der Schule sachlich sein: Begründet, mit Maß und Zahl belegt, besonders dann, wenn es dem Lehrer schwerfallen dürfte, diese genauen Angaben selbst in vertretbarer Zeit zu gewinnen. Ein Schulbuch dürfte doch eigentlich das Recht haben, wie ein Schulbuch auszusehen – was nicht gleichzusetzen wäre mit „langweilig".

Notiz

■ Das Schulbuch ist kein Lehrplan.
■ Aus der Vielfalt des Angebots des Schulbuches muss der Lehrer gezielt das für seinen Unterricht und seine Schüler Geeignete herausfiltern.
■ Die Inhalte des Schulbuches müssen vom Lehrer möglichst mit Aktualität sowie Maß und Zahl ergänzt werden.

■ „Bedeutsam ist nach wie vor der Gedanke, dass Bildung gerade die Distanz zu den unmittelbaren Interessen und Bedürfnissen braucht. (..) Die erforderliche Distanz ist aber auch zu gewinnen durch wissenschaftliche bzw. wissenschaftsorientierte Betrachtung der Welt. (...) Die gegenwärtigen reformpädagogischen Versuche, diese Disparatheit in der Schule als einheitlichem ‚Lebensraum' zu ‚integrieren' sind daran gemessen geradezu hinterwäldlerisch unmodern." (GIESECKE 1998, 26 f.) ■

Statistik

Wenn Zahlenwerte nicht als Diagramm oder Kartogramm vorliegen, sondern als reine Zahlenangaben in Tabellenform, wird die Umsetzung durch die Schüler in der Regel schwierig, da von ihnen ein hohes Maß an Abstraktion, Übersicht und sprachlicher Formulierungsfähigkeit verlangt wird. Das soll an folgendem Beispiel verdeutlicht werden:

	Produktion von PKW und Kombi (in Mio.)	
	Jahr	
	2003	2002
USA	4,510	5,019
Japan	8,478	8,618
Deutschland	5,121	5,123
Frankreich	3,220	3,293
Zwischensumme USA, Japan, Deutschland, Frankreich	21,329	22,053
VR China	2,019	1,102
Weltproduktion	41,949	41,358

(nach: Der FischerWeltAlmanach 2007, 696)

Diese Statistik soll gelesen, d. h. sprachlich umgesetzt werden, indem sie erläutert wird. Die Randbeschriftungen sagen aus, dass die Stückzahlen der Produktion von Personenkraft- und Kombiwagen in verschiedenen Ländern in zwei aufeinanderfolgenden Jahren in absoluten Zahlen angegeben ist. Die Quelle erscheint seriös.

Bei der Betrachtung der Zahlenwerte ist zunächst zu bestimmen, ob die Aussagen absolut (also in Millionen Stück) oder relativ (in Prozent) erfolgen sollen.

Die absoluten Zahlen vermitteln, dass die Produktion in den Ländern USA, Japan, Deutschland und Frankreich im Jahr 2003 im Vergleich zu 2002 um 724.000 Stück zurückgegangen ist, während sie sich in der VR China um 917.000 Stück erhöht hat. Die Weltproduktion ist im gleichen Zeitraum um 591.000 gestiegen. Dabei beträgt der Rückgang in den USA 509.000 Stück, in Japan 140.000, in Deutschland 2.000 und in Frankreich 73.000 Stück.

Die Verwirrung dürfte angesichts der vielen Zahlen groß sein. Besonders schlimm ist, es, wenn z. B. in einem Referat der Vortragende die Stückzahlen wie in der Vorlage in einer Mengeneinheit nennt, also irgendwann in seinen Vortrag die Formulierung „alle Angabe in Millionen Stück" einflicht und die Zahlenangaben entsprechend verkürzt.

Die Verbalisierung von Statistik darf also die genauen Zahlen nicht wiederholen, die ja ohnehin in der Vorlage angegeben sind und bei einem Vortrag den Zuhörern zur Verfügung gestellt werden müssen (Folie, Tafel, Flipchart, Handout …). Sie muss glätten und runden, zumal die Zahlenangaben in dieser Vorlage bereits auf 1000, oft auf noch größere Zahlen gerundet sind.

Dabei sind Hilfswörter hilfreich wie beispielsweise
- etwa (statt 724.000: etwa ¾ Million)
- beinahe (statt 917.000: beinahe 1 Million)
- gut (statt 73.000: gut 70.000)
- mehr als (statt 509.000: mehr als 500.000)
- weniger als (statt 591.000: weniger als 600.000)
- knapp (statt 591.000: knapp 600.000).

Absolute Zahlenangaben sollten veranschaulicht werden. Insbesondere bei hohen Zahlen verlässt uns in der Regel die Vorstellungskraft und die tatsächliche Größe bleibt sehr abstrakt. Die Art der Veranschaulichung bleibt dabei dem Lehrer überlassen. Es bieten sich Umrechnungen an in vielleicht besser vorstellbare Zeitangaben, Längen, Höhen oder Dicken.

Ein Tag hat 86400 Sekunden. Eine Milliarde Sekunden entsprechen 31,7 Jahren. Der Lehrer könnte folgendes fiktive Geschehen erfinden: Jemand bekommt den Auftrag, seinen achtstündigen Arbeitstag damit zu verbringen, dass er fortlaufend zählt und jede Sekunde eine Zahl nennt (angenommen wird, dass dies auch bei den hohen Zahlen möglich ist). Er benötigt dann 111,1 Jahre, um bis zu 1 Milliarde zu zählen – ohne Berücksichtigung von Urlaubs-, Sonn- und Feiertagen, an denen er nicht zählen würde. Der deutsche Bundeshaushalt 2007 hat ein Volumen von 267,6 Mrd. Euro. Um diese Zahl zu er-„zählen", hätte ein Methusalem vor gut 29.000 Jahren in der auslaufenden Mittleren Steinzeit anfangen müssen und heute noch etwa weitere 700 Jahre Zählzeit vor sich …

Würde man alle im Jahre 2003 in der Welt produzierten PKW und Kombi (41,9 Mio.) mit einer angenommenen Durchschnittslänge von je 4,50 m hintereinanderstellen, würde die gut 19.000 km lange Schlange Autos fast um den halben Globus reichen. Dicht aneinandergestellt würden die Autos bei einer angenommenen Durchschnittsfläche von 7 m² pro Auto eine Fläche einnehmen, die der Fläche der Millionenstadt München (310 km²) beinahe entspricht (293 km²).

Auf weitere, allgemein bekannte Umrechnungen braucht hier nicht näher eingegangen zu werden (Flächenverlust an tropischem Regenwald durch Rodung ca. 1 Fußballfeld pro Sekunde, Bevölkerungszunahme auf der Erde 1 Mensch pro Sekunde, Flächenverlust durch Überbauung z. B. in Baden-Württemberg 1 m² pro Sekunde ...).

Eine andere Möglichkeit, Zahlenwerte anschaulich zu verbalisieren, besteht darin, sie relativ, also bezogen auf einen Bezugswert, in Prozent oder als Indexzahl auszudrücken. Das bedeutet natürlich bei absoluten Zahlenangaben die vorherige eigene Umrechnung. Es müssen „Prozent" und „Prozentpunkte" unterschieden werden. Prozentwerte verschleiern oft die absoluten Zahlen, weil schon kleine Veränderungen bei kleinen Werten hohe prozentuale Veränderungen ergeben (z. B. 2 + 2, Zunahme um 100 %); bei hohen Werten ergeben gleiche Veränderungen wie bei kleineren und selbst relativ große Veränderungen nur geringe prozentuale Verschiebungen (z. B. 100 + 2, Zunahme um 2 %).

Angewendet auf das Beispiel (Seite 157) können sich also folgende Aussagen ergeben (hier zur Verdeutlichung zunächst nicht auf ganze Zahlen gerundet und mit ergänzenden Zahlenangaben, anschließend bereinigte Fassung): „50,8 % (21,2 Mio.) aller im Jahre 2003 in der Welt hergestellten PKW und Kombi (41,9 Mio.) wurden in den vier Ländern USA, Japan, Deutschland und Frankreich produziert. Damit lag der Anteil dieser Länder an der Weltproduktion um 2,4 Prozentpunkte unter dem im Jahre 2002 (53,2 %) und ihr Anteil an der Welt-Produktion ging um 4,6 % zurück (von 53,2 % auf 50,8 %). Die Produktion in den vier Ländern sank insgesamt um 3,2 % (von 22,0 Mio. auf 21,3 Mio.)."

In der sprachlich bereinigten Formulierung ergibt sich dann: „Etwa 50 % aller im Jahre 2003 in der Welt hergestellten PKW und Kombi wurden in den Ländern USA, Japan, Deutschland und Frankreich produziert. Damit lag der Anteil dieser Länder an der Weltproduktion aber um beinahe 2,5 Prozentpunkten unter dem im Jahre 2002 und ihr Anteil an der Welt-Produktion ging um fast 5 % zurück. Die Produktion in den vier Ländern sank insgesamt um gut 3 %."

Der Gebrauch von absoluten und relativen Zahlen kann die eigentliche Aussage beeinflussen: „Die Produktion von PKW und Kombi erhöhte sich in der VR China von 2002 bis 2003 um über 80 %, während die Weltproduktion nur um 1,4 % zunahm und die Produktion in den vier wichtigsten Produktionsländern

Notiz

- Die Arbeit mit statistischem Material ist Grundlagenarbeit.
- Die Verbalisierung kann sich zielbezogen auf absolute oder relative Zahlen beziehen.
- Übung bei der Bewertung der Zahlenangaben mit entsprechenden Begriffen ist erforderlich.

USA, Japan, Deutschland und Frankreich insgesamt sogar um 3,2 % sank." Mit dieser Aussage stünde die PKW- und Kombiproduktion in China glänzend da; sie verschleiert allerdings, dass die VR China im Jahre 2003 mit 2,0 Mio. PKW und Kombi immer noch weit weniger als jedes der vier wichtigsten Produktionsländer produzierte.

Wenn die Angaben zum Jahr 2002 als 100 gesetzt werden, ergeben sich Indexzahlen; aus der Tabelle auf Seite 157 ergibt sich dann folgende:

Produktion von PKW und Kombi im Jahr 2003 (2002 = 100)	
	Jahr 2003
USA	89,8
Japan	98,3
Deutschland	99,9
Frankreich	97,7
Zwischensumme USA, Japan, Deutschland, Frankreich	96,7
VR China	183,2
Weltproduktion	101,4

Bei Prozentaussagen oder Indexzahlen über Entwicklungen haben sich die Ausdrücke „über-" bzw. „unterproportional" als gute Bewertungsmöglichkeit gezeigt, z.B.: „Die Zunahme der Weltbevölkerung betrug in den Jahren 1955 bis 1990 96 %. In den Industrieländern wuchs die Bevölkerungszahl stark unterproportional um nur 33 %, in den Entwicklungsländern stark überproportional um 127 %."

In der Praxis kann eine Aufgabe anhand von Statistik und ihre Lösung so aussehen wie die folgende Aufgabe aus einer Abiturprüfung in einem Leistungskurs Erdkunde:

USA – Erwerbstätige nach Wirtschaftssektoren in %			
Jahr	Wirtschaftssektoren		
	I	II	III
1958	15	50	35
1970	4	31	65
1996	3	24	73

Aufgabe:
In den USA hat sich in den letzten Jahrzehnten ein deutlicher Wandel der Erwerbsstruktur ergeben. Beschreiben und begründen Sie diese Veränderungen.

Lösungshinweis (im „Erwartungshorizont", nur für Korrektoren):
- Seit 1958 Rückgang des Anteils der Erwerbstätigen im primären Sektor an der Gesamtzahl der Erwerbstätigen um 80 % wegen Maschinisierung, Rationalisierung und Betriebsaufgaben.
- 1958 höchste Anzahl der Erwerbstätigen im sekundären Sektor (die Hälfte aller Erwerbstätigen), bis 1996 Halbierung und Verlust des Spitzenplatzes infolge von Rationalisierung sowie Organisations- und Managementinnovationen (lean production, just in time, outsourcing).
- Tertiärisierung durch Verdoppelung des Anteils der Erwerbstätigen 1996 gegenüber 1958 und deutlicher Spitzenplatz seit 1970 im tertiären Sektor wegen neuer Technologien (Datenverarbeitung), Entstehens von Arbeitsplätzen in gering entlohnten Dienstleistungen sowie verstärkten Bedarfs an Dienstleistungen aller Art.
- Entwicklung zur „postindustriellen Gesellschaft".

Systematische Suche

Die inhaltliche Fülle der Geographie ist überwältigend. Naturwissenschaftliches und Sozialwissenschaftliches gehören ihr an, dazu die Erscheinungen auf der Erde und das Verhalten der Menschen im Raum. Welche Inhalte davon müssen im Schulunterricht ihren festen Platz haben? Welche Kenntnisse brauchen Schüler unbedingt, um ihr Leben selbstbewusst, verantwortlich und in Rücksicht dem anderen gegenüber gestalten zu können?

Lehrpläne wollen auf diese Fragen Antworten geben. Der Lehrer aber hat darüber hinaus die Möglichkeit, die Schüler zur selbstständigen Beobachtung ihres Umfeldes zu bringen und sie damit auf die Vielfalt um sie herum aufmerksam zu machen. Er kann sie dazu anregen, an geeigneten Beispielen diese Vielfalt selbst kennenzulernen.

In Lehrbüchern der Sekundarstufe I gibt es schon das Kapitel „Wir sammeln Gesteine des Heimatraums". Natürlich ist das auch eine Folge des Unterrichtsprinzips „Vom Nahen zum Fernen", das – so fragwürdig es ist – aus den Curricula nicht zu vertreiben ist. Die Aufforderung, die Gesteine des Heimatraums zu sammeln, führt den Lehrer schnell dazu, die Schüler systematisch suchen und sammeln zu lassen, was sie „draußen" an Steinen finden – in welcher Fraktion auch immer, sei es Sand, seien es Gerölle oder ein stattlicher Findling (den man dann allerdings nicht realiter in den Klassenraum bringen, sondern höchstens während einer Exkursion besuchen oder fotografieren kann).

Werden die Schüler im Zusammenhang mit der Besprechung des Nahraumes zur Gesteinssammlung aufgefordert, bringen sie bereitwillig mit, was sie gefunden haben. Der Lehrer hat ihnen vorher aufgetragen, sich den Fundort ihres Steins genau zu notieren und zu versuchen, ihn auf einer topographischen Karte zu markieren. Die Schüler sollen selbst Schachteln basteln, in denen die Gesteine aufgehoben werden können.

Im Unterricht wird dann die Aufgabe darin bestehen, die Fundstücke zu sichten und sie nach Gemeinsamkeiten zu ordnen, nach Festigkeit (Härte), Körnung, Farbe oder Wasserdurchlässigkeit und -aufnahmefähigkeit. Die Eigenschaften werden in einer Tabelle zusammengetragen, der Lehrer ergänzt die Fachbezeichnung für den Stein. Die Stücke werden entsprechend bezeichnet, nummeriert, ein Verzeichnis wird angelegt, in dem auch die genauen Fundorte der Stücke benannt werden, optimal mit Hoch- und Rechtswert der TK 25. Die Fundorte werden mit einem Symbol je nach Gesteinsart in eine Karte eingetragen, sodass die Verteilung der Gesteine erkannt wird. Möglicherweise ergibt sich dabei schon das Abbild der tatsächlichen petrologischen Anordnung, wie sie teilweise auch der geologischen Karte zu entnehmen ist.

Vielleicht gelingt es, anhand der Fundstücke den Lebenszyklus eines Gesteins von der Entstehung über die Verwitterung, den Transport bis zur Neu-Entstehung zu verdeutlichen. Am Beispiel des Granits wäre das etwa die Reihe: Tiefengestein, Hebung, Aufdeckung, Verwitterung mit Lockerung und Zerstörung, Transport mit weiterer Zerkleinerung, Sedimentation, Absinken, Aufschmelzen, Eindringen in die Erdkruste, Abkühlung zu Tiefengestein, Hebung ... – der Gesteinskreislauf ist anhand der Steine und einiger Ergänzungen durch den Lehrer und Überlegungen der Schüler erkannt.

Die Schüler können dazu angeregt werden, das, was sie jetzt im Unterricht durchgeführt haben, beispielsweise im Verlaufe der nächsten Urlaubsreise am Urlaubsort selbst durchzuführen. Sie werden damit zur Beobachtung der Umgebung ihres Aufenthaltsortes angehalten. Der eine oder andere Schüler wird möglicherweise dauerndes Interesse daran haben, Gesteine zu sammeln und sich eine Gesteinssammlung aufzubauen. Der Lehrer kann den Schüler in seinem Bemühen unterstützen, seine gewachsene Sammlung vielleicht auch einmal in der Schule ausstellen oder den Schüler auf Mineralienausstellungen oder -börsen in der Nachbarschaft aufmerksam machen.

Vielleicht gelingt es, mit den Fundstücken der Anregung in einigen Schulbüchern zu folgen, die Gesteine in eine Fläche, die das eigene Bundesland im kleinen Maßstab wiedergibt, so anzuordnen, wie sie tatsächlich im Land zu finden sind, sodass sich eine Gesteinskarte des Landes ergibt.

Aber nicht nur Gesteine liegen „vor der Haustür" zum Sammeln bereit. In vielen Gegenden ist es möglich, Fossilien zu suchen. Wenn die Suche erfolgreich war, soll das Fossil nach geologischer Zeit und mit seinem genauen Namen bestimmt werden. Die Schüler müssen auch ungewohnt klingende wissenschaftliche Bezeichnungen kennenlernen und akzeptieren, genau so, wie sie selbst einen unverwechselbaren Namen tragen. Vielleicht kann der Lehrer auch unter diesem Gesichtspunkt ein geeignetes Ziel des nächsten Landschulheimaufenthaltes vorschlagen. Wird ein Steinbruch aufgesucht, ist auf sicheres Werkzeug (Geologenhammer, Meißel) ebenso zu achten wie auf die erforderliche Sicherheitsausrüstung (Helm, Schutzbrille, Schlagschutz für die Hand).

Eher unscheinbare Herkunftshinweise sind kleine Aufkleber auf Bananen, Schilder an Apfelsinennetzen oder das leichte Schutzpapier, in das einzelne Agrumen eingepackt sind oder die Aufkleber auf Apfel- oder anderen Obstkisten. Die Aufkleber können gesammelt und ihre Herkunft bestimmt werden. Die Schüler müssen immer genau notieren, wo und wann die Frucht gekauft worden ist. Bei Apfelsinen wird es anhand der Ortsbezeichnungen auf dem Schild oder dem Papier möglich, die jeweiligen Haupterntegebiete zu bestimmen, wenn beides beispielsweise von November bis Februar gesammelt wird. Werden die Schilder mit Kaufdaten systematisch verglichen, kann eine Karte entworfen werden, der entnommen werden kann, wann aus welcher Region Apfelsinen im Schulort zu kaufen sind. Die Angaben sind durch gemeinsame Recherche oder durch ein Schülerreferat zu erläutern. Auch bei Bananen ergibt sich anhand der Aufkleber auf den Früchten die Möglichkeit, die Herkunft zu bestimmen. Die Schüler werden aufgefordert, die unterschiedlich hohen Preise dieser tropischen Früchte zu erläutern. Die Recherche und weiterführende Arbeit kann dann auf die ökologischen und wirtschaftlichen Probleme hinweisen, die mit dem Bananenanbau verbunden sind.

Nicht in den Klassenraum mitbringen können die Schüler Wolken. Aber sie können in Form von Fotos gesammelt werden, und die in vielen Familien vorhandene elektronische Kamera ermöglicht es, die Bilder über den (mobilen) PC mit Beamer im Klassenraum zu projizieren, ohne dass vorher Ausgaben für die Bildentwicklung und -vergrößerung anfallen. Die Schüler bekommen vom Lehrer den Auftrag, über vier Wochen Wolkenbilder zu beobachten, zu fotografieren und zu versuchen, den Wolkentyp zu bestimmen. Im Unterricht werden die Bilder dann zu einer systematischen Zusammenstellung benutzt („Wolkenatlas"). Diese Erarbeitung im Erdkundeunterricht kann im Deutschunterricht fächerverbindend fortgeführt werden: Fotografiere Wolkenbilder, deren Form einem Menschen oder einem Tier etc. ähnelt, und entwirf dazu eine Bildergeschichte!

In ähnlicher Weise könnten Schüler dazu aufgefordert werden, während ihrer Urlaubsreisen Fotos von typischen Erscheinung der Landschaft aufzunehmen, in denen sie sich aufhalten. Die Bilder werden in das Erdkundeheft oder ein eigenes „Urlaubstagebuch" geklebt und erläutert. Im Verlaufe der Zeit erhalten die Schüler dann eine Sammlung von typischen Landschaftsfotos und durch die Erläuterung reflektieren sie über diese Landschaften: Landschaftsbeschreibung heute, Entstehung, zukünftige Entwicklung, Besonderheiten.

Unter günstigen Umständen ist es für den Lehrer oder die Schüler auch möglich, zu Unterrichtsthemen, in- oder ausländische gebrauchte Briefmarken zu bekommen. Sie werden vergrößert fotokopiert und dann mit der Klasse besprochen. Die Aufforderung, Briefmarken zu sammeln, muss

> **Notiz**
> ■ Systematisch gesammelt werden können Gegenstände und Fotos von Erscheinungen, die nicht in den Unterricht mitgebracht werden können.
> ■ Alle gesammelten Objekte werden geordnet, nummeriert, genau bezeichnet und mit einer schriftlichen Erläuterung versehen.
> ■ Die Hinweise, die sich durch das Sammeln ergeben, können durch Referate oder schriftliche Hausarbeiten vertieft und erweitert werden.

der Lehrer rechtzeitig vor der Behandlung des Inhalts im Unterricht stellen – wenn nicht als Daueraufgabe die Aufforderung gilt, zum jeweiligen Unterrichtsthema Briefmarken zu sammeln und im Unterricht vorzustellen. Für deutsche Briefmarken liegt in der Regel eine ausführliche Beschreibung des Motivs vor, die bei der Post bezogen und vielleicht sogar im nächsten Hauptpostamt eingesehen werden kann.

Tafelbild und Tafelanschrieb

„Die Tafel ist tot – es lebe die Tafel!" möchte man angesichts der Medienvielfalt im heutigen Unterricht ausrufen. Gerade im Erdkundeunterricht sollte sie aber immer noch zentrales Medium sein, gleichgültig, ob in der hergebrachten Form mit Kreide[1], in weißer Ausführung für die Beschriftung mit Faserschreiber oder als Flipcharts für beliebige Schreibwerkzeuge. Modernste Entwicklungen der herkömmlichen Tafeln in Zusammenhang mit elektronischem Equipment – z. B. „E-Beam-System" – zeigen ganz neue Verwendungsmöglichkeiten und didaktische Verankerung im Unterricht auf.

Wesentliches Merkmal der Tafel ist, dass sie während des Unterrichtsgeschehens beschriftet wird – womit allerdings auch schon die ganze Problematik angesprochen ist, die damit verbunden ist. Werden die im Unterricht behandelten Inhalte an der Tafel schrittweise festgehalten, so entsteht vor den Augen der Schüler die Ergebnissicherung, an der sie in der Regel mitgearbeitet haben sollten. Beim Entstehen kann sie in das eigene Heft übertragen werden. Das bedeutet, dass der Lehrer die Tafel wohlüberlegt beschriften muss. Die Einteilung muss bei der Unterrichtsvorbereitung durchdacht worden sein und den Schülern muss vor Beginn des Tafelanschriebs bekannt gegeben werden, welchen Platz sie in ihrem Heft dafür vorsehen sollen.

---

[1] Wesentliches Argument gegen den Gebrauch der herkömmlichen Tafelkreide ist die potentielle Gesundheitsgefährdung durch den Kreidestaub, der eingeatmet werden kann. Spezialkreiden haben sie in der Vergangenheit bereits minimiert, aber nicht aufgehoben.

Tafelanschriebe können z.B. sowohl Texte sein in Form
- der stichwortartigen Fassung mit Spiegelstrichen oder
- als Mindmapping (freihändig und verästelt, aber doch überschaubar) oder in Form des
- Brainstorming mit anschließender Kategorisierung und Ordnung oder als
- Strukturschema als auch
- Faustskizzen, die auch ihrerseits meistens beschriftet sind, oder
- Diagramme, Profile u.a.

Ihnen allen gemeinsam muss sein, dass sie in deutlicher und angemessen großer Schrift an die Tafel geschrieben bzw. gezeichnet werden. Die Wörter dürfen – z.B. bei der Mindmap – nicht auf dem Kopf oder senkrecht stehen, sondern müssen immer zumindest weitgehend waagerecht ausgerichtet sein. Es sollte beachtet werden, dass der Text oder die Zeichnung in der Regel an Qualität verliert, wenn er bzw. sie ins Schülerheft übernommen wird.

Im Vorwort von Heft 2 der schon „klassisch" zu nennenden Reihe „Zeichnen im erdkundlichen Unterricht" (z.B. GÜRTLER 1965) schreibt Ludwig Wolf:

> ■ „Wesentlich ist allerdings, wie der Lehrer den Stoff darbietet. Doch ein Zeichenkünstler braucht er nicht zu sein. Das bannt sogar die Gefahr, dass das Mittel den Zweck überwuchert und der erdkundliche Unterricht sich in eine Zeichenstunde verwandelt, in der ein unerreichbares Vorbild die Aktivität der Kinder lähmt, statt sie – worauf alles ankommt – durch den eigenen Gebrauch von Auge und Hand aus der Passivität zu lösen. (...) Man hat gesagt, der gute Erdkundelehrer sei am Verbrauch von Kreide zu erkennen. Ein Fehler ist es bestimmt, wenn ein Lehrer die Wandtafel meidet, aus Furcht, dafür zu ungeschickt zu sein. Er möge das Wort des Philosophen bedenken: ‚Der Mensch weiß nie genau, was er kann. Er muss es versuchen!'" (a.a.O., IV) ■

Den Schülern muss klargemacht werden, dass sie für den Tafelanschrieb mit verantwortlich sind, da sie ja Zeuge seiner Entstehung sind. Der Lehrer oder Schüler, die an die Tafel schreiben, sind nicht gefeit vor Fehlern. Das bedeutet, dass die Schüler während des Entstehens und beim Eintrag in ihr Heft den Text auf formale und inhaltliche Fehler überprüfen, Fragliches durch Rückfragen klären müssen.

Erfahrungsgemäß fällt es insbesondere jüngeren (aber durchaus auch älteren) Schülern nicht leicht, stichwortartige Formulierungen selbst zu entwickeln oder sie anschließend zu verbalisieren. Das muss deshalb im Unterricht besonders geübt werden.

Der Lehrer muss die Schüler darauf hinweisen, dass eine objektive Richtigkeit auch bei Faustskizzen vorliegen muss, d.h., sie müssen wie jede Karte einen Maßstab, eine Überschrift, eine Legende und die Angabe der Ausrichtung (Windrose) haben.

Der Maßstab einer Faustskizze kann dadurch festgelegt werden, dass eine Referenzstrecke (etwa zwischen zwei Städten oder anderen markanten topographischen Situationen) aus dem Atlas übernommen wird. In die Maßstabsleiste wird dann die Entfernung übertragen und auf glatte Zahlen (1 km, 10 km, 50 km, 100 km ...) umgerechnet. Die Angabe der genauen Maßstabszahl sollte in der Faustskizze vermieden, stattdessen die Maßstabszahl mit der Angabe „etwa" oder „ca." gerundet werden.

Besonders bei jüngeren Schülern hat es sich herausgestellt, dass sie zunächst nicht davon überzeugt werden können, dass eine Faustskizze eben keine Atlaskarte mit allen Einzelheiten, sondern eine geglättete, vereinfachte Zeichnung ist, der aber doch die charakteristischen Merkmale der genauen Atlaskarte nicht fehlen (Abbildung unten). Die Faustskizze ersetzt nicht den Atlas, sondern ergänzt ihn dadurch, dass sie die typische Form verdeutlicht. Gleichermaßen schwierig ist es, den Schülern zu verdeutlichen, dass die Faustskizze ohne Flächenfärbung bleibt, wenn sie nicht ihre inhaltliche Berechtigung hat und den Farben dann in der Legende ihre Bedeutung zugewiesen wird.

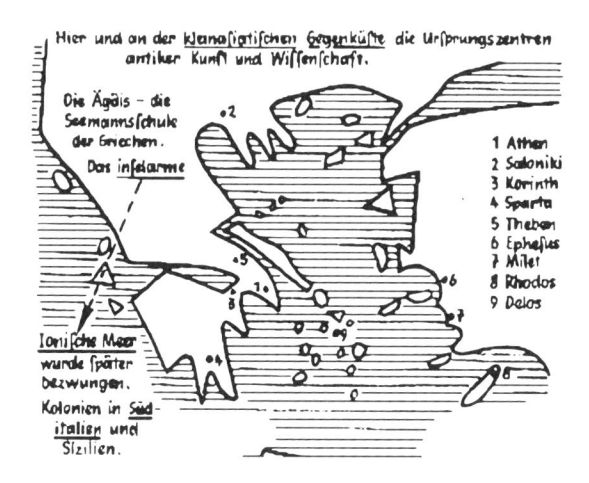

Faustskizze: Im Vergleich zum Atlas sind die Vereinfachung und Glättung der Küstenlinien deutlich zu erkennen, obwohl sie immer noch detailreich ist. Dieser Faustskizze fehlen die Windrose, die Maßstabsleiste und die Überschrift (Ausschnitt aus: GÜRTLER 1965, 15).

Flächenfärbung führt bei Schülerkarten immer wieder zu wenig erfreulichen Ergebnissen. Schüler benutzen oft wenig geeignete Stifte, drücken zu stark an, halten den Stift nicht schräg genug und zeichnen auf einer strukturierten harten Unterlage. Das führt dann zu einer „Flächenfärbung", bei der die einzelnen Stiftbewegungen zu sehen sind oder die zu fett und ungleichmäßig ist und auf der sich möglicherweise Strukturen der Unterlage durchpausen. Wenn Flächenfärbung vom Lehrer gewünscht wird und der Kartenaussage angemessen ist, so sollte sie eingeübt werden. Entscheidende Kriterien sind dabei die Qualität des benutzten Buntstiftes (bruchsichere Mine), der Andruck (schwach), die Haltung des Stiftes (schräg) und die Unterlage (glatt, weich).

Gerade in unteren Klassen hat es sich bewährt, bei Faustskizzen, die im Unterricht angefertigt werden sollen, den Schülern zu Beginn der Stunde ein Arbeitsblatt auszuteilen, auf dem markante Punkte der zu erstellenden Faustskizze bereits markiert sind. Der Schüler kann dann die Punkte verbinden und somit zu einer in Maßstab und Form sicheren Skizze angeleitet werden. Auf dem Arbeitsblatt können zugleich die Kästchen für die Legende vorgesehen sein sowie (ohne Beschriftung) die Maßstabsleiste und die Windrose.

> **Notiz**
> - Tafelanschriebe müssen vom Lehrer gut vorbereitet sein. Den Schülern müssen vor der Mitschrift Größe und optimale Heftausrichtung mitgeteilt werden.
> - Faustskizzen sind genau, aber in Einzelheiten geglättet und typisiert.
> - Tafelanschriebe müssen gut lesbar sein. Schüler übernehmen sie meist mit Qualitätseinbußen.

Unterrichtet werden

Schule vollzieht sich im Unterricht. Das ist eine Binsenweisheit und doch nicht jedem Teilnehmer an „Schule" klar. Die einen sehen die Schule als ihren „Job", die anderen als eigentlich unangenehme Notwendigkeit oder als Zwangsinstrument der Gesellschaft, wieder andere als Martereinrichtung, die ihnen nur Not und Sorgen eingebrockt hat, bevor sie diese verhasste Institution verlassen konnten.

Könnte sich – unter Ausschaltung externer Einflüsse – Schule herausstellen als eine – wenngleich teure, aber heutzutage immer noch mit zu geringen finanziellen Mitteln ausgestattete – Einrichtung, in der die nachwachsende Generation unter einigermaßen gleichen Bedingungen das Wissen, die Fähigkeiten und die Fertigkeiten erlernt, die sie zum Ersatz der ausscheidenden Generation benötigt, damit ihr Lebensstandard mindestens der bleibt, den sie von den „Alten" übernommen hat, kurz: damit erhalten und weiterentwickelt wird, was ist?

Schule ist zunächst ein Zusammenwirken von Menschen, von denen die meisten – Schüler und Lehrer – sich jeden Tag begegnen, andere (Eltern) das Geschehen eher aus der Ferne betrachten, dabei erfüllt sind von Erinnerungen an die eigene Schulzeit. Schule ist als Institution kein Ort der Freiwilligkeit, sondern einer, den die Gesellschaft als notwendig erkannt hat, weil jeder, der nicht einmal die Fähigkeiten dazu erlernt hat, seinen Lebensunterhalt später selbst zu erwirtschaften, von der Leistungsfähigkeit der Allgemeinheit unterstützt werden muss.

„Fragen wir danach, warum die Schüler in die Schule kommen – mal von der Schulpflicht abgesehen –, dann stellt eine Untersuchung (aus dem Bereich von Jürgen Zinnecker, Siegen) fest, dass die Kinder nicht in die Schule kommen, um zu lernen, sie kommen nicht des Unterrichts wegen, sondern um ihre Freunde zu treffen und dort alle möglichen Dinge zu erleben. Das war übrigens bei normalen Kindern immer so. Und damit stehen wir vor dem Problem, dass die Schule als Institution Lern- und Leistungsanforderungen stellt, die die jungen Leute wiederum nur marginal interessieren." (HERRMANN u. a. 2006, 132)

Wenn es stimmt, was die aktuelle neurologische Forschung ergeben hat, dass nämlich Spitzenkönner wird, wer mindestens zehn Jahre lang angestrengt täglich drei und mehr Stunden lang – insgesamt etwa 10 000 Stunden – geübt hat, dann kann Schule allein, die ja bei Abschluss mit dem Abitur deutlich über zehn Jahre lang gedauert hat, in der Regel keine Spitzenkönner in einem der Schulfächer hervorbringen – schon gar nicht in dem lückenhaft unterrichteten Schulfach Erdkunde. Es muss allgemeine, übergreifende Fähigkeiten und Fertigkeiten geben, die einen Abiturienten nach seiner Schulzeit mehr oder minder prägen. Was hat er eigentlich in 12 oder 13 Schuljahren vor allem gemacht?

Die Antwort mag überraschen, weil sie vielleicht zu simpel ist: Er ist unterrichtet worden. Er hat es – hoffentlich – gelernt, auf Anweisung und mehr oder weniger bereitwillig praktische (Sport, Experimente, Musikinstrumente spielen ...) und theoretische (Grammatik und Vokabeln lernen, Strukturen und Zusammenhänge erkennen ...) Inhalte zu rezipieren und anzuwenden. Er hat es gelernt, sie kritisch zu „hinterfragen" und sich sein eigenes Urteil darüber zu bilden. Er hat es gelernt, „unterrichtet" zu werden, anderen zuzuhören, ihre Meinungen zu durchdenken und sie zu der eigenen zu machen oder auch nicht. Er hat es gelernt, das Objektive (die Unterrichtsinhalte) vom Subjektiven (den Menschen, die sie mit einer bestimmten Methode vermittelt haben) zu trennen und auch Meinungen von denen zu adaptieren, denen er nicht von vornherein eine persönliche Sympathie entgegen bringen konnte. Er hat Verhaltensweisen gelernt, die im „späteren" Leben von grundlegender Bedeutung sind, nämlich jemandem zuzuhören, dessen Meinung zu bewerten und zu beurteilen und sie in sein eigenes Urteilsvermögen zu integrieren – oder auch, sie anzunehmen, weil er sie als opportun und grundsätzlich erträglich in der jeweiligen Situation erkannt hat.

▪ „Was aber notwendig ist, ist ein Schülerverhalten, das dem des offenen Unterrichts und der offenen Schule geradewegs entgegengesetzt ist. Nicht die eigenen Interessen, Bedürfnisse und Wünsche stehen im Mittelpunkt, am Anfang, in der Mitte und am Ende des eigenen aktualistischen Tuns, wie die Reformpädagogik suggeriert, sondern Verantwortung für sich selbst und Lernen mit und neben Freunden und Mitarbeitern." (GÜNTHER 1996, 92) ▪

Wenn Lehrer diese Aufgabe – Schüler lernen, unterrichtet zu werden – als grundsätzlich wichtige anerkennen und ihr im Schulalltag einen oberen Rang einräumen, dann relativiert sich ihr Verlangen, das fachliche Lernen in ihrem Unterricht in den Vordergrund zu stellen. Das bekommt nun gerade in einem Schulfach wie der Geographie, in dem die Fakten große Bedeutung zu haben und selbst für den Fachlehrer nicht mehr überschaubar zu sein scheinen, eine besondere Bedeutung. Der Lehrer muss sich im alltäglichen Unterrichtsgeschäft darüber im Klaren sein, dass er weder Geographen ausbildet, noch vorrangig geographische Wissenschaft vermittelt. Seine Aufgabe ist es, die Sinne und Blicke der Schüler darauf zu richten, dass sie zusammen mit allen anderen Menschen auf einem zerbrechlichen Planeten leben, dessen Erhalt allein aufgrund seiner Schönheit dem Menschen eine Lebensaufgabe sein muss. Das mag sehr idealistisch klingen

> **Notiz**
>
> ▪ Zentrale Aufgabe von Schule ist der Unterricht.
> ▪ Schüler sind am Ende ihrer Schulzeit vor allem unterrichtet worden. Sie sind dadurch daran gewöhnt, die Welt in Auseinandersetzung mit anderen und in Übereinstimmung mit den eigenen Fähigkeiten zu erkennen und aufzunehmen.
> ▪ Das Fachliche steht in der Schule nicht im Vordergrund.

und den Widerwärtigkeiten der Realität nicht unbedingt entsprechen, sollte aber eine Grundhaltung des Erdkundelehrers sein. Erst dann, wenn er diese Einsicht „verinnerlicht" hat, kann er davon absehen, dass die Schüler alle Nebenflüsse des heimatlichen Baches nach stundenlangem Lernen rezitieren. Er wird einsehen, dass es Wichtigeres gibt, das dem Schüler aber die Liebe zu seiner Heimatregion zugleich nicht austreibt. Er wird eine gewisse Gelassenheit im Umgang mit seinem Fachwissen einnehmen.

Sein Fach ist wie jedes andere nicht das Wichtigste in der Schule. Es kann – weil es einen wichtigen Ausschnitt der Weltkenntnis unterrichtet und reflektiert – nicht beiseite geschoben werden, es ist aber nicht das zentrale Fach im Schnittpunkt von Natur- und Kulturwissenschaften oder das Brückenfach, ohne das die beiden Wissenschaftsbereiche sich berührungslos gegenüber stehen. Diese Gelassenheit kann nur gewinnen, wer sachlich und methodisch fest in seinem Fach verankert ist.

> ■ „Es geht darum, den Schülern eine Aneignung zu ermöglichen, die ihrer inneren Vorstellungswelt zugute kommt. Das Verbindungsglied zwischen der subjektiven Innenwelt und der objektiven Außenwelt ist die Fragehaltung. Indem der Schüler Fragen stellt, stellt er eine Verbindung zwischen seiner bisherigen Erfahrung und dem neuen Stoff her. Die persönliche Bedeutung dessen, was der Schüler im Unterricht lernt, kann er nur selbst herausfinden, deshalb wirkt ein und derselbe Unterricht unterschiedlich auf die einzelnen Schüler. Der Lehrer kann nur dazu anregen, den Schulstoff entsprechend aufzuarbeiten, indem er etwa zu Fragen und Diskussionen ermutigt." (GIESECKE 1999) ■

Unterrichtsgespräch

Das Unterrichtsgespräch ist eine der am meisten benutzten Methoden im Unterricht. Oft hat die Methode den Zusatz „fragend-entwickelnd" oder „problemorientiert". Nach Art des Sokrates unterhält sich der Lehrer mit den Schülern über eine Fragestellung. Er steuert dabei als Diskussionsleiter das Gespräch, ruft die Schüler auf, die sich melden, und achtet auch darauf, dass sich ruhigere Schüler nicht hinter dem ansonsten lebhaften Unterrichtsverlauf verstecken, weil ja immer andere aufgerufen werden.

Grundsätzlich findet diese Methode sowohl bei Lehrern als auch bei Schülern Anklang. Es wird jedoch oft missachtet, dass der Lehrer auch hier nicht die Hauptperson ist, sondern die Schüler, die im Gespräch zu einem Ergebnis kommen sollen. Deswegen ist es strukturell falsch, wenn jeder aufgerufene Schüler dem Lehrer seinen Beitrag sagt, der dann seinen eigenen Kommentar ergänzt und den nächsten Schüler aufruft. Wer seinen Beitrag abgeliefert hat, ist eigentlich „fertig":

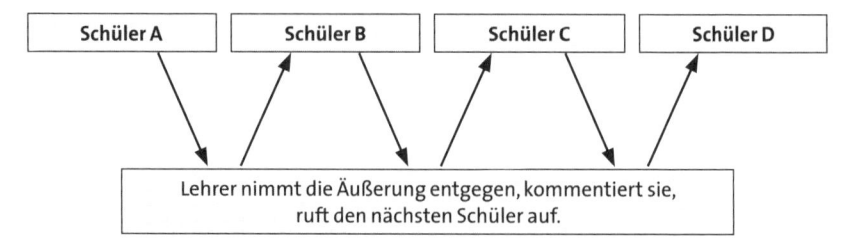

```
Schüler A    Schüler B    Schüler C    Schüler D
      \        /    \        /
       \      /      \      /
        \    /        \    /
   ┌─────────────────────────────────────────┐
   │ Lehrer nimmt die Äußerung entgegen,     │
   │ kommentiert sie, ruft den nächsten      │
   │ Schüler auf.                            │
   └─────────────────────────────────────────┘
```

Sinnvoller und die Schüler stärker einbeziehend verläuft ein Unterrichtsgespräch dann, wenn die rhetorischen Regeln für eine Diskussion auch hier angewendet werden. Der Lehrer – es kann in diesem Fall auch ein Schüler sein – führt eine Rednerliste, auf die die Schüler gesetzt werden, die sich gemeldet haben. Die kommen in ebender Reihenfolge zu Wort, was bedeutet, dass der eine oder andere auch schon mal abwarten muss, bis die Rednerliste bis zu seinem Namen abgearbeitet werden konnte. Die Schüler sagen nicht nur ihre eigene Meinung, sondern gehen auf die Vorredner ein, indem sie – unter Beachtung rhetorischer Formulierungen – deren Meinung bestätigen, ergänzen, richtig stellen, ablehnen oder sie aufgreifen, um das Thema in ihrem Sinne in eine andere Richtung zu lenken:

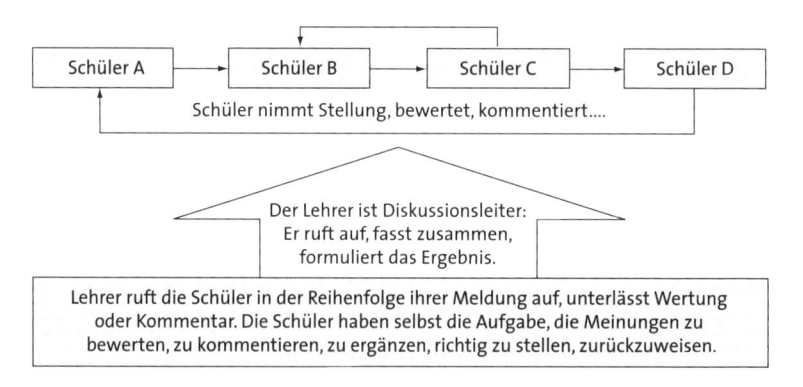

```
Schüler A → Schüler B → Schüler C → Schüler D
      Schüler nimmt Stellung, bewertet, kommentiert....

         ┌─────────────────────────────────┐
         │ Der Lehrer ist Diskussionsleiter:│
         │ Er ruft auf, fasst zusammen,     │
         │ formuliert das Ergebnis.         │
         └─────────────────────────────────┘
   ┌───────────────────────────────────────────────────┐
   │ Lehrer ruft die Schüler in der Reihenfolge ihrer  │
   │ Meldung auf, unterlässt Wertung oder Kommentar.   │
   │ Die Schüler haben selbst die Aufgabe, die         │
   │ Meinungen zu bewerten, zu kommentieren, zu        │
   │ ergänzen, richtig zu stellen, zurückzuweisen.     │
   └───────────────────────────────────────────────────┘
```

Dem Lehrer obliegt die Aufgabe, die Diskussionsbeiträge angemessen zusammenzufassen und dem Unterrichtsgespräch neue Anstöße zu geben. Er hat darauf zu achten, dass das Gespräch themabezogen bleibt und die höfliche Form auch bei Ablehnung einer Meinung gewahrt bleibt. Die Schüler sollen immer das Gefühl haben, dass ihre Meinung erwünscht ist und ernst genommen wird – wenn sie ernst gemeint ist. Wer abschweift oder nicht die Form wahrt, wird vom Diskussionsleiter zurechtgewiesen. Am Schluss des Unterrichtsgespräches fasst der Lehrer das Ergebnis zusammen und formuliert einen stichwortartigen Tafelanschrieb (oder OH-Folie).

Eine Bewertung des Schülerbeitrages soll durch den Lehrer nur erfolgen, wenn der Beitrag tatsächlich in besonderem Maße herauszuheben ist. Die Schüler – besonders ab den mittleren Klassenstufen – müssen sich daran gewöhnen, Beiträge um ihrer Qualität willen zu liefern, nicht deswegen, weil der Lehrer ihnen eine gute Note erteilt. Es spricht nichts dagegen, die Schüler dazu aufzufordern, in ihrem Redebeitrag auch wertend auf den eines Vorredners einzugehen.

Notiz
- Das Unterrichtsgespräch sollen die Schüler unter sich führen.
- Der Lehrer übernimmt die Rolle eines Diskussionsleiters.
- Die Bewertung des einzelnen Schülerbeitrags unterbleibt oder wird den Mitschülern überlassen.

Wettbewerbe

Angesichts steigender Schülerzahlen an allgemeinbildenden Gymnasien, aber auch immer größer werdender Heterogenität der Schüler wird der Lehrer vor die Forderung gestellt, die Schüler gemäß ihren besonderen
- Fähigkeiten,
- Begabungen,
- unterschiedlichen Erfahrungen (beispielsweise durch Reisen oder Auslandsaufenthalten) sowie
- dem Bildungsanspruch und -angebot ihres Elternhauses

und unter Berücksichtigung eines möglichen „Migrationshintergrundes" individuell zu fördern und zu fordern. Im alltäglichen Unterricht muss der Lehrer seinen Unterricht so gestalten, dass alle Schüler zumindest die von ihm als realistisch beurteilte Möglichkeit bekommen, das Unterrichtsziel zu erreichen: Niemand darf (eigentlich) unter- oder überfordert werden. Einen Ausweg wenigstens in der Förderung besonders befähigter Schüler bietet die Anregung und Unterstützung der Schüler zur und an der Teilnahme von Wettbewerben.

> ■ „Teilnahme dringend erwünscht – so könnte man mit drei Worten die Situation der Schülerwettbewerbe umschreiben. Warum genießen sie aber ein so hohes Ansehen sowohl in den Ministerien als auch bei den Fachverbänden? Sie stellen sicher, dass sich die Schüler auch außerhalb der regulären Unterrichtszeit mit geographischen Sachverhalten beschäftigen und diese vertiefen. Die Aussicht, durch einen gesteigerten Einsatz sich zu qualifizieren und ggf. dafür zusätzlich Anerkennung in Form von Urkunden und/oder Preisen zu erhalten, spornt die Schüler zu oft großartigen Leistungen an. Im Rahmen der Vereinbarungen der Kultusministerkonferenz ist es für Schüler der gymnasialen Oberstufe auch möglich zu beantragen, dass die erfolgreiche Teilnahme an einem Wettbewerb zu einer ‚besonderen Lernleistung' ausgebaut werden (z. B. zusätzliches Colloquium in der Schule) und in die Abiturabrechnung eingebracht werden kann. Insgesamt dient die Teilnahme an einem Wettbewerb der Förderung leistungsfähigerer Schüler." (HUNTEMANN 2004, 55) ■

Die Vielzahl von Wettbewerben, die von privater und staatlicher Seite, von Organisationen und der Industrie, von Banken und Sparkassen ausgeschrieben werden, ist kaum noch übersehbar, und Schulleiter geraten in Versuchung, die eine oder andere Ausschreibung nicht mehr an die engagierten Fachkollegen weiterzugeben, weil sie die Seriosität der Ausschreibung nicht beurteilen können. Wettbewerbe richten sich meistens nicht an ein Unterrichtsfach, sondern an alle Schüler und die gesamte Schule. Deswegen ist es ratsam, wenn auch vom Fachlehrer Geographie bei der Schulleitung immer wieder nachgefragt wird, ob Ausschreibungen für Schülerwettbewerbe eingegangen sind, die für das Fach bedeutsam sind.

Es wäre für die Schulen sinnvoll, die Funktion eines „Beauftragten für Schülerwettbewerbe" zu schaffen, der die Wettbewerbe insgesamt und die eingegangenen Ausschreibungen überschaut, fehlende Ausschreibungen individuell anfordert, zur Teilnahme anregt und wünschenswerte öffentlichkeitswirksame Begleitung koordiniert (z. B. Bekanntgabe der laufenden Teilnahme und erfolgreichen Abschlüsse durch Aushang, Würdigung der Preisträger, pressebegleitete Überreichung eines schulinternen Anerkennungspreises, Empfang des erfolgreichen Schülers und des betreuenden Lehrers durch Repräsentanten des öffentlichen Lebens).

Die Teilnehmer an Schülerwettbewerben müssen von einem oder mehreren Lehrern betreut werden. Dabei ist es nicht nur wichtig, als Ansprechpartner für die kleineren und größeren Probleme bereitzustehen, die sich im Verlaufe der Erarbeitung ergeben können, sondern auch „Türöffner" zu sein, wenn es darum geht, Ansprechpartner außerhalb der Schule zu finden oder die Entleihung von erforderlichen Geräten zu vermitteln und rechtlich abzusichern.

Es bleibt leider noch immer weitgehend der Schule überlassen, ob dem betreuenden Lehrer für diese zeitaufwändige und verantwortungsvolle Betreuung eine Entlastung an anderer Stelle gewährt wird oder ob das stillschweigend und weitgehend zu seiner „privaten Angelegenheit" erklärt wird. Wenn Schüler einer bestimmten Schule aber nicht nur eher zufällig, sondern institutionalisiert zur Teilnahme an einem Wettbewerb angeregt, auch dazu gebracht und dadurch in wichtigen Kompetenzen gestärkt und gefördert werden sollen, dann kann sich die Schule der formalen Entlastung des betreuenden Lehrers an anderer Stelle nicht entziehen. Die Festschreibung der Teilnahme an außerschulischen, für die Schüler ausgeschriebenen Wettbewerben im „Schulprogramm" würde dafür eine gesicherte Grundlage bieten. Schüler der gymnasialen Oberstufe können ihre Wettbewerbsteilnahme auch in die Abiturprüfung einbringen:

> „Mit der ‚Bonner Vereinbarung der Ständigen Konferenz der Kultusminister der Länder der Bundesrepublik Deutschland (KMK) zur Gestaltung der gymnasialen Oberstufe vom 28.2.1997' wurde das fachliche Grundlagenwissen um Lernstrategien ergänzt, die in der gymnasialen Oberstufe vermittelt werden sollen. Sie sollen die Selbstständigkeit und Eigenverantwortlichkeit sowie die Team- und Kommunikationsfähigkeit der Schüler unterstützen und können in Form ‚besonderer Lernleistungen' erworben und geübt werden (...) Dabei sind drei unterschiedliche Varianten möglich, wobei ausdrücklich bestimmt wurde, dass die Schüler selbst entscheiden können, ob sie diese Lernleistung in die Gesamtqualifikation der Abiturprüfung einbringen wollen: 1. Seminarkurs (...), 2. Teilnahme an und Beitrag zu einem von den Kultusministerien der Länder anerkannten, geförderten oder veranstalteten Wettbewerb, 3. kursbezogene Haus- oder Facharbeit." (HAAS 2004, 177 f.)

Für das Schulfach Geographie nimmt einen ersten Rang unter den Wettbewerben die Teilnahme im Bereich Geo- und Raumwissenschaften des Bundeswettbewerbs „Jugend forscht" ein, der jährlich auf verschiedenen regionalen Ebenen mit Unterstützung von verschiedenen Partnern aus der Wirtschaft als Sponsoren durchgeführt wird und im Bundeswettbewerb in Zusammenarbeit mit einem Hauptsponsor kulminiert. Auf Bundesebene kann ein gelungener Wettbewerbsbeitrag neben dem anzustrebenden Rang als „Bundessieger" auch mit einem der zahlreichen Sonderpreise von Verbänden, Organisationen oder von staatlichen Stellen belohnt werden. Die

Dotierung der Sonderpreise des „Verbandes Deutscher Schulgeographen" und der „Deutschen Gesellschaft für Geographie" für eine geographische Arbeit muss sich in diesem Feld nicht verstecken. HUNTEMANN (2004) hat auf die für das Fach bedeutsamen Wettbewerbe genauer hingewiesen.

Die Forderungen nach stärkerer Vermittlung wirtschaftlicher Kenntnisse im Unterricht haben dazu geführt, dass auch Wettbewerbe ausgeschrieben werden, die sich mit der Führung von fiktiven Firmen und der Vermarktung ihrer Produkte beschäftigen (z. B. „Start up" der Sparkassen). Auch diese Wettbewerbe können den geographisch interessierten Schüler ansprechen. Der Schülerwettbewerb der „Bundeszentrale für politische Bildung" oder ihrer Landeszentralen stellt oftmals geographisch bedeutsame Themen. Selbst Rhetorik-Schülerwettbewerbe (z. B. die Simulation einer Sitzung der UN-Vollversammlung „MUN") sind lohnenswert, weil die Schüler sich dabei Kenntnisse über ein Land oder ein geographisch bedeutsames Zukunftsthema erarbeiten müssen.

Es ist allerdings insgesamt nicht zu verkennen, dass es im „harten" geowissenschaftlichen Kernbereich der Geographie, also in den unumschränkt naturwissenschaftlichen Fachbereichen (z. B. Geologie, Geophysik, Klimatologie oder Meteorologie) kaum Ausschreibungen für Schülerwettbewerbe gibt. Das hängt sicherlich mit der erforderlichen Überlassung (Vermietung, Finanzierung) von (Mess-)Geräten zusammen, die bei der Erarbeitung eines naturwissenschaftlichen Themas erforderlich sind. Das sollte aber kein Hinderungsgrund für geowissenschaftlich ausgerichtete Institutionen sein, auch in diesem Bereich stärker als bisher tätig zu werden. Auf der anderen Seite gelingt es immer wieder Arbeiten aus dem Bereich der Sozial- und Wirtschaftsgeographie, beim eigentlich streng naturwissenschaftlich ausgerichteten Bundeswettbewerb „Jugend forscht" ganz vorne platziert zu werden.

> **Notiz**
>
> ■ Die Teilnahme an einem Schülerwettbewerb ist auch eine Differenzierungsmaßnahme im Sinne der Förderung besonders begabter Schüler.
> ■ Das breite Spektrum der ausgeschriebenen Wettbewerbe stellt für Schüler aus dem Erdkundeunterricht gute Angebote bereit.
> ■ Ein Wettbewerbsteilnehmer muss von einem Fachlehrer beraten und betreut werden.

Zeitung in der Schule

Der Erdkundeunterricht hat den Anspruch, aktuell zu sein. Diese Aktualität ist am besten über die Tagesinformationen aus den Medien zu erhalten. Besonders in der seriösen, überregionalen Tagespresse finden sich zu aktuellen geographischen – naturwissenschaftlichen wie sozio-ökonomischen – Themen regelmäßig auch allgemeinverständliche Hintergrundberichte.

Das Abonnement einer Tageszeitung, schon gar einer überregionalen, gehört aber heute durchaus nicht mehr zum Standard des Normalhaushaltes, wie Befragungen in der Klasse schnell zeigen. Es ist deswegen nicht verwunderlich, dass Nachrichten-Printmedien in der Schülermeinung oft nicht gut wegkommen. Trotzdem bleibt es der Auftrag des Lehrers, die Schüler auch an diese Informationsmöglichkeit heranzuführen.

Zwei Barrieren verhindern das regelmäßige Lesen einer Tageszeitung: Dafür steht das Familien- oder Taschengeldbudget nicht zur Verfügung, und es besteht die Meinung, man könne die Zeitung aus Zeitmangel doch nicht jeden Tag durchlesen.

In der Schule kann man zwar in einer Unterrichtseinheit die Tageszeitung und ihre Lektüre besprechen und fördern, aber diese vielleicht bis zu 12-stündige Einheit im Fach Deutsch ist zu kurz, als dass sie einen dauerhaften Erfolg zeitigen könnte. Einzelberichte aus einer Tageszeitung, die im Erdkundeunterricht ausgeteilt werden, führen nicht zur Einsicht in den Nutzen der regelmäßigen Zeitungslektüre.

Um trotzdem junge Menschen an die Lektüre der Tageszeitung heranzuführen, bieten viele Zeitungen – überregionale wie lokale – Klassen an, an der Erstellung ihrer Zeitung mit einem eigenen Beitrag im Rahmen eines Projektes „Zeitung in der Schule" mitzuwirken. Verbunden ist das Angebot mit dem Bezug der jeweiligen Zeitung, wobei jeder Verlag unterschiedliche Kriterien zugrunde legt. Außerdem wird die Klasse in der Regel eingeladen, die Entstehung und den Druck einer Zeitungsausgabe im Verlags- und Druckgebäude im Rahmen eines Besuches zu verfolgen.

Als „Gegenleistung" und um die Schüler an die Zeitungslektüre heranzuführen, ermöglicht ihnen der Verlag den kostenlosen Bezug der Zeitung über einen gewissen Zeitraum. Die Spannweite dabei ist groß: Sie reicht vom Bezug 14 Tage lang im Klassensatz, Abgabe bzw. Abholung durch die Klasse im Sekretariat bis zum kostenlosen Einzel-Schüler-Jahresabonnement mit Zustellung nach Hause. Die Erfahrung zeigt allerdings, dass sich eine allmähliche Gewöhnung an und Einbeziehung der Zeitung in den Tagesablauf eines Schülers frühestens nach vier Wochen regelmäßigen Bezugs einstellt und sich erst nach etwa einem halben Jahr potentieller regelmäßiger Lektüre im Unterricht durch Hinweise und Kenntnisse spiegelt. Der Erfolg erscheint bei dem individuellen Jahresabonnement für jeden Schüler am größten.

Die Projekte werden zu unterschiedlichen Zeiten in den Zeitungen selbst ausgeschrieben, die Bewerbung steht den Lehrern für ihre Klassen frei. Viele der Projekte in überregionalen Zeitungen werden vom „Institut zur Objektivierung von Lern- und Prüfungsleistungen IZOP" in Aachen koordiniert, bei dem auch weitere Informationen über die Beteiligung abgerufen werden können (izop.de). Die Möglichkeit der Bewerbung in der lokalen Zeitung kann durch einen Anruf in ihrer Geschäftsstelle schnell geklärt werden.

Da die Themenwahl für die Schüler frei ist, wenngleich in Absprache mit der Redaktion, kann gerade der Erdkundelehrer regionale oder lokale Themen anregen, mit denen die Schüler z.B. der oberen Mittel- oder unteren Oberstufe im Unterricht nicht ohne weiteres in Berührung kommen. Dies muss allerdings behutsam erfolgen, weil sich die Schüler die Gelegenheit oft nicht entgehen lassen wollen, ein für sie interessantes und von ihnen selbst bestimmtes Thema auszuwählen.

Themen aus dem Bereich Umwelt- und Naturschutz bieten sich an, aber auch Wirtschaftsstandort- oder Raum- bzw. Stadtplanungsfragen regen zu eigener Recherche an. Der besondere Vorteil bei der Teilnahme an einem Projekt „Zeitung in der Schule" besteht auch darin, dass die Schüler gleichsam als Journalisten auftreten und die Verantwortlichen – selbst an der Spitze von Institutionen – persönlich befragen können.

Die Erfahrung, einen selbst recherchierten und verfassten Artikel in einer überregionalen Zeitung wiederzufinden, ist für die Schüler eine neue, durchaus prägende Erfahrung.

Nicht jeder Schüler findet an der Lektüre der Zeitung den (vom Lehrer) erhofften Spaß und Anreiz. Selbst wenn die Lektüre im Unterricht geübt wird – was erforderlich ist –, so ist es auch von den familiären Umständen abhängig, ob das Projekt in diesem Sinne beim einzelnen Schüler „nachhaltig" wirkt. Nach mehrmaliger Mitwirkung beim Projekt „Zei-

> **Notiz**
>
> ■ Für den Erdkundeunterricht ist die Tageszeitung ein Reservoir aktueller, im weiten Sinne geographischer Nachrichten.
> ■ Um Schüler an die Lektüre der Tageszeitung heranzuführen, ist die Teilnahme an einem Projekt „Zeitung in der Schule" verbunden mit einem Probeabonnement der Zeitung in hohem Maße förderlich.

tung in der Schule" ergab sich aber, dass kaum ein Schüler die Mitwirkung bedauerte, über die Hälfte die Mitwirkung sehr positiv sah und in allen Klassen etwa 10% der Schüler die Zeitung nach dem Ablauf des Projektes sogar privat weiter abonnierten.

Zusammenhänge

Die Geographie als integrierende Wissenschaft will die komplexen Zusammenhänge darstellen und analysieren, die den Raum verändern. Dabei ist – auch wenn heute immer wieder die Problematik des „Raumes" in Wissenschaft und Didaktik angesprochen wird – doch ein bestimmter, in seiner Größe unterschiedlicher Ausschnitt aus der Geosphäre gemeint. Wenn der Raum nicht mehr Grundlage des Erdkundeunterrichts ist, wird das Fach verschwommen und seine Inhalte „hängen in der Luft". Die Raumbezogenheit ist das, was das Fach Erdkunde von anderen Fächern immer noch unterscheidet.

Zusammenhänge zu erfassen ist für viele Schüler schwierig. Mehr als „7+/–2"[1] Fakten auf einmal kann unser Gehirn nicht verarbeiten, und auch diese Fähigkeit muss trainiert werden. Ein ungeübter Schüler kann also in der Regel eher nur weniger Fakten (als 5) zusammenhängend auf einmal begreifen. Damit wird die geographische Erkenntnis aber ungeahnt schwierig, wenn es darum geht, nicht nur Fakten auswendig zu lernen, sondern sie selbstständig zu erarbeiten.

> „Freilich speichert unser Gehirn die Informationen nicht in einzelnen ‚Abteilungen', sondern in komplexen Netzwerken, die verschiedene Hirnregionen einschließen. (...) Je mehr Sinneskanäle bei der Informationsaufnahme beteiligt sind, desto komplexer und differenzierter wird die Wissensorganisation. Man spricht daher auch von ‚multipler Enkodierung'. Detail- und Faktenwissen muss integriert werden in eine komple-

---

1 „Der Psychologe GEORGE MILLER von der Universität Princeton (New Jersey) hatte 1956 (...) die begrenzte Kapazität dieses Notizblocks im Gehirn nachgewiesen. In seiner wegweisenden Veröffentlichung „Die magische Zahl Sieben plus/minus Zwei" zeigte er, dass Menschen nur fünf bis neun Dinge gleichzeitig im Kopf behalten können." (Ross 2007, 40) Nach WAGNER u. a. 2006, 409 kann „das menschliche Arbeitsgedächtnis nur 5 +/– 2 Elemente gleichzeitig verarbeiten".

xere Struktur, in ‚Zusammenhanggeflechte', in Ordnungsgefüge, in eine Vernetzung." (GUDJONS 2003, 135 f.) ■

Demnach entspricht die geographische Arbeitsweise der Vernetzung der Arbeitsweise unseres Gehirns und müsste also auch zu leisten sein. Im Unterricht wird aber immer wieder deutlich, welche Schwierigkeiten die Schüler haben, in dieser Hinsicht selbst unter Anleitung des Lehrers erfolgreich zu sein.

Klasse 11, Thema „Wetter und Klima": Die Behandlung der einzelnen Wetterelemente und der meteorologischen Einzelfakten macht in der Regel keine Schwierigkeiten. Wenn es aber anschließend darum geht, die planetarische Zirkulation der Atmosphäre zu erklären und damit die Wetterelemente und meteorologischen Fakten in einen Zusammenhang zu bringen, treten Schwierigkeiten auf. Wenn sich der Lehrer gar an die Behandlung des „Ryd-Scherhag-Effekts" traut, um die Entstehung von dynamischen Hoch- und Tiefdruckgebieten am Rande des Jet-Streams zu erklären, nehmen die Nachfragen kein Ende und die Klassenarbeit erweist, dass die Zusammenhänge von zu vielen Schülern entweder nicht verstanden oder zumindest nicht verbalisiert werden können.

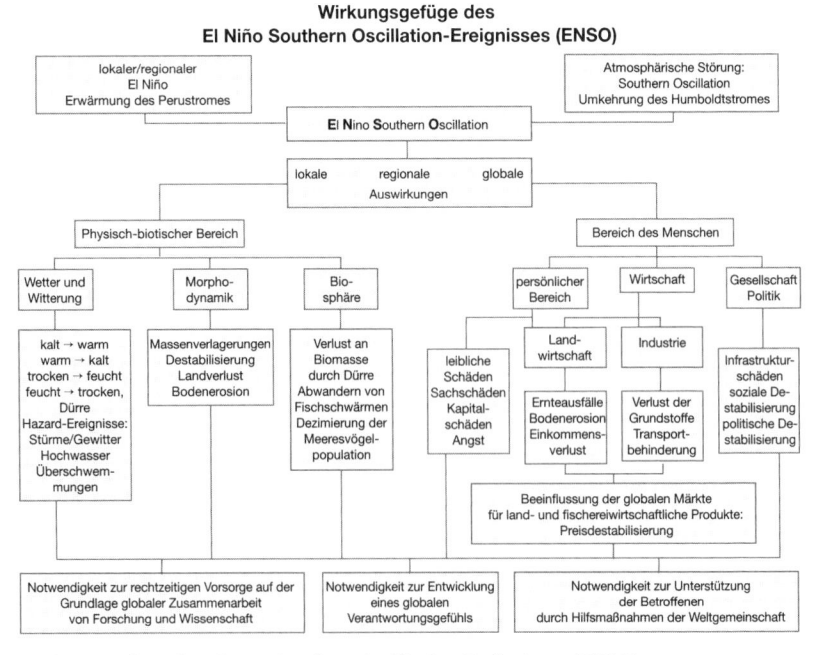

Wirkungsgefüge des El Niño Southern Oscillation-Ereignisses (ENSO). Entwurf: Schallhorn

Eine Möglichkeit, die einzelnen Fakten sichtbar bleiben zu lassen und doch komplexe Zusammenhänge aufzuzeigen, bietet die Entwicklung eines „Strukturschemas" oder „Wirkungsgefüges" an. Dabei geht es darum, die Einzelfakten optisch so in einen Zusammenhang zu bringen, dass eine Verbalisierung anhand des fertigen Schemas möglich ist. Kausal- und Konsekutivsätze sind dann in besonderem Maße zu bilden. Es ist ein Ergebnis auch anzustreben, wenn deutlich wird, dass es nur eines von einigen möglichen ist. Natürlich darf das Strukturschema insgesamt nicht falsch sein, aber es kann möglicherweise nicht alle Einzelheiten aufgreifen, um letztlich nicht doch unübersichtlich zu werden. Der Zusammenhang zwischen den einzelnen Fakten darf nicht deterministisch verstanden werden.

Die Schüler können die Fakten in Form eines „Brainstorming" zunächst sammeln und dann die Aufgabe bekommen, die gefundenen Fakten auf die wichtigsten zu beschränken und ihren Zusammenhang in einem Schema leicht lesbar darzustellen. An den äußeren Rändern eines solchen Strukturschemas befinden sich dann in der Regel Fakten, die nicht weiter begründet werden müssen, weil sie gesicherte Ergebnisse sind. Bei einem Strukturschema, das beispielsweise die ökologischen Zusammenhänge des tropischen Regenwaldes darstellt, kann das Faktum „innertropisches Regenwaldklima" als ein Ausgangspunkt genannt werden, ohne dass es aus der planetarischen Zirkulation der Atmosphäre abgeleitet werden müsste.

In der Unterrichtspraxis kann der Lehrer das Strukturschema bereits bei der Vorbereitung zu entwerfen versuchen. Er kann es dann bereits leer – die einzelnen Kästchen also nicht mit den Fakten ausgefüllt – in den Unterricht als Arbeitsblatt oder OH-Folie mitbringen. Wenn er den Schülern verdeutlicht, dass das eine Hilfe für sie sein und sie zugleich in der Methode üben soll, wird dieses Vorgehen akzeptiert werden.

Der Lehrer kann auch das leere Strukturschema austeilen, wichtige Fakten ungeordnet nennen und die Schüler beauftragen, die Inhalte in die Kästchen einzutragen. Diese Aufgabe gelingt erfahrungsgemäß gut.

Für die praktische Erarbeitung werden die Einzelfakten auf Papierkärtchen geschrieben, die dann so lange verschoben werden, bis das erwünschte Wirkungsgefüge deutlich wird. Das Ergebnis kann dann abgeschrieben und mit Linien verbunden werden. Die Linien sollten andeuten, welche Elemente sprachlich begründet (weil…) oder konsekutiv (daraus folgt…) verbunden werden können. Inwieweit die Erstellung eines Strukturschemas mit dem PC besser zu erreichen ist, ist von der jeweiligen Erfahrung abhängig.

Die Verbindungen zwischen den einzelnen Kästchen sollten sich möglichst nicht (zu oft) schneiden. Wenn es nicht zu umgehen ist, bekommt die Linie einen kleinen Buckel als Brücke. Zur Einübung dieser Darstellungsart eignen sich definierte Begriffe aus der Geographie, z.B. „Boden" oder „Wetter" oder „Stadt". Das als Beispiel dargestellte Wirkungsgefüge (Strukturschema) „El Niño ENSO" (Seite 180; zum ENSO-Ereignis 1996/97 entworfen) ist einerseits sehr komplex, andererseits aber doch streng auf das Wesentliche beschränkt. Es wurde nicht im Unterricht erarbeitet, hier aber öfter besprochen und konnte von den Schülern nach einiger Übung auch gut verbalisiert werden.

Wenn die einzelnen Elemente mit einer Erläuterung auf Karteikärtchen geschrieben wurden, kann man diese den Schülern mit dem Arbeitsauftrag austeilen, sie zu einem Strukturschema zusammenzulegen (Mystery).

Eine andere Möglichkeit, Zusammenhänge strukturiert zu visualisieren, bieten die „Regelkreise". Sie sind im Unterricht beispielsweise bei der Behandlung der Entwicklungsländer üblich; bestimmte von ihnen werden oft in falschem Verständnis als „Teufelskreis" (z.B. der Armut) bezeichnet, die sie nicht sind, denn es wäre geradezu Aufgabe des Unterrichts, zu erarbeiten, wie der Kreislauf durchbrochen werden kann. In der breiten Öffentlichkeit sind sie bekannt seit der Darstellung des Weltmodells in „Grenzen des Wachstums" Anfang der 1970er Jahre (MEADOWS u.a. 1973, 88 f.), das aus vielen miteinander verketteten Regelkreisen besteht, die in sich komplexe Rückkopplungen aufweisen (Abbildungen S.183).

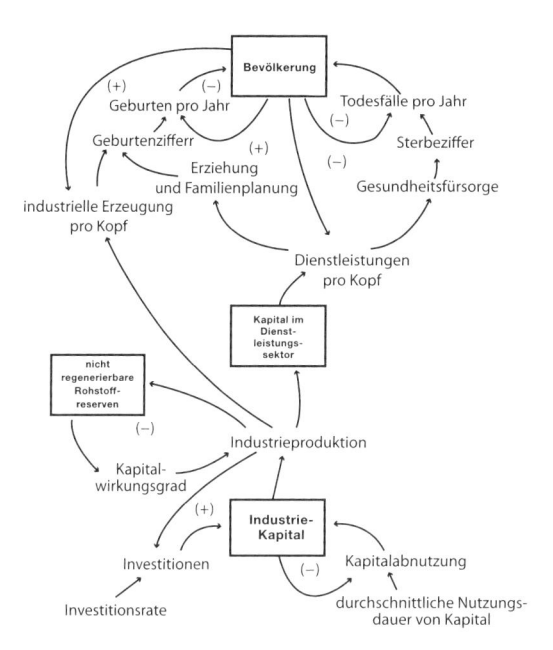

Rückkoppelungsschleifen für Bevölkerung, Kapital, Dienstleistungen und Rohstoffe (aus: MEADOWS u. a. 1973, 86)

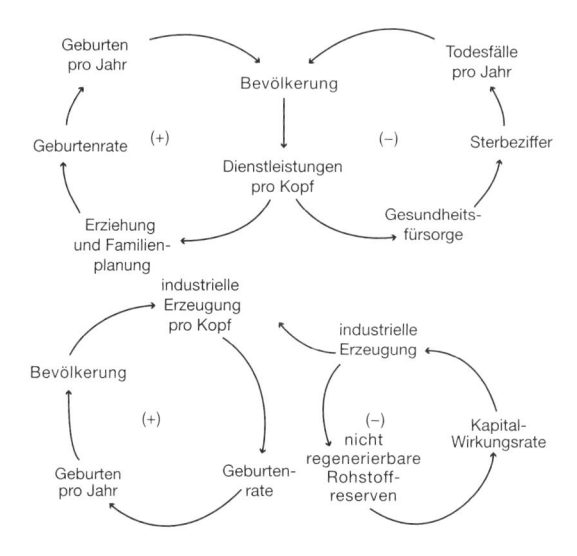

Vier Regelkreise aus der Abbildung oben (aus: MEADOWS u. a. 1973, 87)

Die Darstellung „Grenzen des Wachstums" hat auch das Verständnis der Erde als „System" weiter verbreitet. In einem System werden ebenfalls Zusammenhänge dargestellt; die einzelnen Faktoren sind in vielfältiger Art und Weise komplex miteinander verbunden und reagieren unterschiedlich aufeinander. Schwierig wird die Systemdarstellung dadurch, dass sie quantifiziert sein soll. Einem „Input"-Wert entspricht ein „Output"-Wert. Wird ein Faktor des Systems verändert, ändert sich das Ganze:

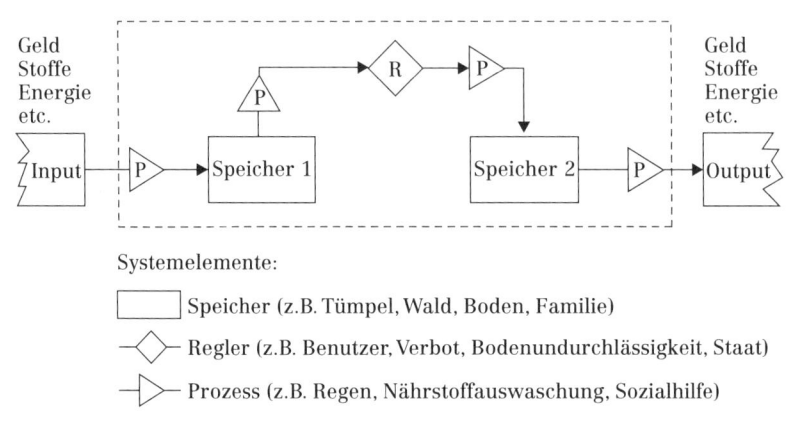

```
Geld                                                    Geld
Stoffe          ┌──────────R────►P─┐                    Stoffe
Energie         │          P       │                    Energie
etc.            │          │       │                    etc.
   Input ──►P──►Speicher 1          Speicher 2──►P──►Output
```

Systemelemente:

☐ Speicher (z.B. Tümpel, Wald, Boden, Familie)

◇ Regler (z.B. Benutzer, Verbot, Bodenundurchlässigkeit, Staat)

▷ Prozess (z.B. Regen, Nährstoffauswaschung, Sozialhilfe)

(aus: LESER 2005, 928)

In Zukunft zu erwartende Entwicklungen können in der Art eines „Szenarios" dargestellt werden. Ein Szenario wird wie folgt definiert (GRAF 2000, 15, nach HERMANN KAHN): „Szenarien beschreiben hypothetisch eine Abfolge von Ereignissen mit dem Ziel, die Aufmerksamkeit für Kausalbeziehungen zu wecken und auf Entscheidungen hinzuwirken."

■ „Zentrales Element dieser Definition ist der hypothetische Charakter, die Frage nach Alternativen denkbarer Zukünfte. Zudem wird mit den Worten ‚Abfolge von Ereignissen' bzw. ‚Kausalbeziehungen' die Forderung nach logischer Konsistenz eines Szenarios unterstrichen. Schließlich wird mit dem Hinweis auf ‚Entscheidungsgrundlage' betont, dass Szenarien auch quantifiziert werden müssen, wenn sie eine taugliche Entscheidungsbasis abgeben sollen. Weitere Merkmale von Szenarien sind:
– Szenarien zeigen Umfeldentwicklungen auf, befassen sich also nicht mit Strategien für Unternehmen oder Volkswirtschaften.
– Es gibt immer verschiedene ‚Zukünfte'. Welche davon eintritt, wird man nie genau wissen. Szenarien sind deshalb geeignet, alternative Zukünfte zu erforschen.
– Kein Szenario wird genauso eintreten, wie es beschrieben wurde, da von diesem Rückwirkungen auf die effektive Entwicklung ausgehen.

– Szenarien sind besonders geeignet, die vielfältigen vernetzten Prozesse im Wirtschaftsleben zu umschreiben. Sie erlauben die Kombination demographischer Veränderungen, gesellschaftlicher Trends, politischer Ereignisse, ökonomischer Variabler, ökologischer Bedingungen und technischer Entwicklungen.
– Ganz im Sinne der Theatersprache gibt also ein Szenario die Szene auf der Bühne und die zukünftige Entwicklung des Geschehens auf dieser wieder."

(GRAF 2000, 15)

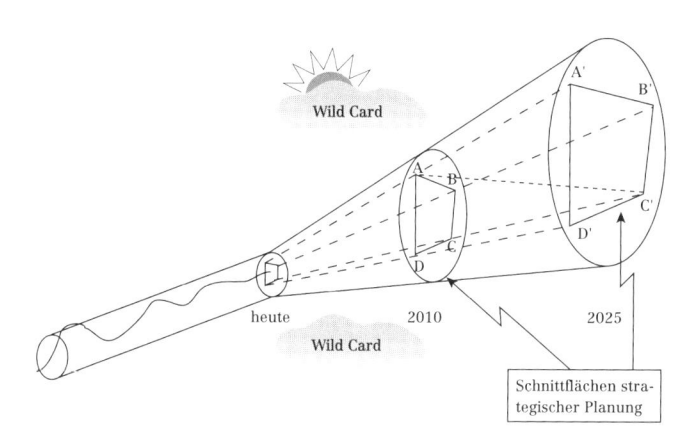

Schematische Darstellung eines Szenarios (aus: GRAF 2000, 22)

Szenarien bewegen sich in dem zeitlichen Bereich zwischen „überschaubar" (in dem die Entwicklung prognostiziert werden kann) und „in ferner Zukunft", für die Entwicklungen als „Hoffnung" vorhergesagt werden können. Ausgangspunkt eines Szenarios ist die spezifische Sicht der Gegenwart, die durch Einbeziehung aller möglichen Veränderungen der infrage kommenden Bedingungen ausgeweitet werden muss. Zu bestimmten Zeiten (in der Abbildung oben in den Jahren 2010 und 2025) werden die Veränderungen der Bedingungen in Form einer Schnittfläche quantifiziert. Die möglichen Veränderungen bewegen sich innerhalb eines Rahmens, dessen oberer Rand das optimistische, dessen unterer Rand das pessimistische Szenario angibt. Bei den „Wild Card's im positiven bzw. negativen Bereich außerhalb der Ränder des Szenariotrichters handelt es sich um nicht vorhersehbare, schwerwiegende

Notiz

■ Das Strukturschema (Wirkungsgefüge) eignet sich gut dafür, komplexe Zusammenhänge optisch darzustellen.
■ Andere methodische Möglichkeiten sind Regelkreise, Systeme, Szenarien oder Modelle.

sich positiv oder negativ auswirkende, auch äußerst unwahrscheinliche Ereignisse, z.B. Katastrophen, die die Überlegungen und Berechnungen des Szenarios obsolet machen.

Das „Millennium Project" der United Nations University listet Herausforderungen und Chancen für die Menschheit an der Jahrhundertwende 1999/2000 auf, die in die Berechnungen eines Szenarios Eingang finden müssen, u.a. (GRAF 2000, 217f.):

Herausforderungen:
- Die Weltbevölkerung wächst dort am raschesten, wo die lebensnotwendigen Grundlagen am knappsten sind.
- Frischwasser wird in einer wachsenden Zahl von Weltregionen immer rarer.
- Die Einkommensverteilung verschlechtert sich weiter und verschärft die sozialen Spannungen im globalen Kontext.
- Die Bedrohung durch neue und wieder auftauchende Krankheiten sowie resistente Mikroorganismen nimmt zu.

Chancen:
- Nachhaltiges Wachstum ist möglich.
- Die Bereitschaft, den langfristigen globalen Trends in der Entscheidungsfindung vermehrt Rechnung zu tragen, wächst.
- Das Potential für wissenschaftliche und technologische Durchbrüche nimmt zu.
- Demokratie verdrängt autoritäre Regierungsformen.

Noch komplexere Darstellungen stellen Modelle dar (Abbildung Seite 187). Sie spielen sowohl in den Natur- wie Wirtschafts- und Sozialwissenschaften eine große Rolle. Modelle sollen komplexe Zusammenhänge nicht nur in ihren Verästelungen darstellen, sondern auch visualisierte und quantifizierte Aussagen über Regeln und Gesetze machen, die in dem abgebildeten System wirken. Die Verbindungen zwischen den einzelnen Elementen müssen also durch vielfältige und doch nicht verwirrende Variationen der Liniendarstellungen erfolgen.

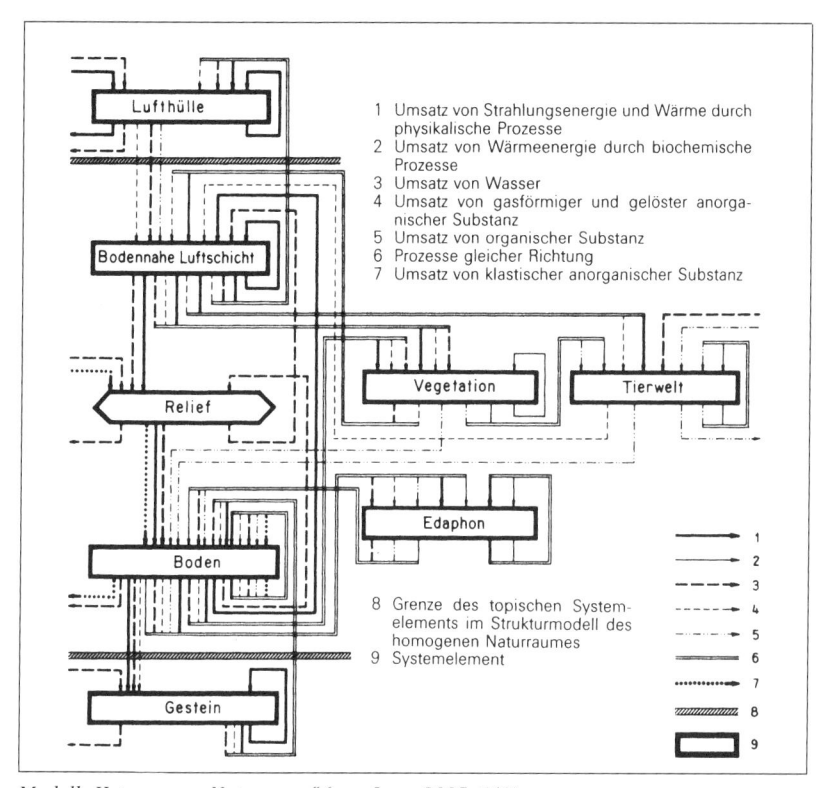

Modell „Heterogener Naturraum" (aus: LESER 2005, 568)

Die zusammenhängenden Darstellungen in der Art des Systems, Szenarios oder Modells gehören eher in die Sekundarstufe II, während Strukturschema und Regelkreis oder Rückkoppelungsschleifen auch schon in früheren Jahrgangsstufen einsetzbar sind.

Unterrichtsstunde

Die reale Unterrichtsstunde ist ein eigentümliches Gebilde. Eigentlich sollten sich Schüler und Lehrer darauf freuen, die Schüler auf Neues, der Lehrer darauf, seinen Schülern einen kleinen weiteren Ausschnitt der Welt nahebringen zu können. Im Alltag scheint bei vielen die Freude an Schule spätestens ab der 7. Klasse abhanden gekommen zu sein. Das festzustellen ist billig – es zu verändern ist Aufgabe von allen an Schule Beteiligten, Lehrern, Schülern, Eltern. Der Methodenwechsel kann dazu vielleicht auch beitragen.

Die Unterrichtsstunde dauert gemeinhin 45 Minuten. Darauf bauen die Lehrpläne auf. Aber die Addition der Minuten, die in der Stunde eher „Leerlauf" sind, ergibt erstaunliche Zahlen. Eine Überschlagsrechnung kann einem nur den Ausruf entlocken: „Da kann doch etwas nicht stimmen!" – nur: was?

In einem zweistündigen Fach wie Erdkunde sind im Schuljahr 80 Unterrichtsstunden vorgesehen, jede zu 45 Minuten, also insgesamt 3600 Minuten. Dafür ist der Lehrplan gemacht, Methoden und Inhalte sollen ebenso vermittelt werden wie Kompetenzen. Rechnen wir:

Der Lehrer schafft es nicht immer, pünktlich zu sein. Ein Kollege oder ein Schüler spricht ihn auf dem Weg zum Klassenraum an, es sind wichtige Fragen zu klären, und eigentlich soll es nicht lange dauern. Aber manchmal dauert es länger. Oft ist der Weg von einem Klassenraum zum nächsten kaum in der Fünf-Minuten-Pause zu schaffen. In der letzten Unterrichtsstunde am Vormittag soll der Lehrer ein paar Minuten vor dem regulären Unterrichtsschluss den Unterricht beenden, damit die Schüler den Klassenraum ordnen können. Wir rechnen für diesen „Unterrichtsleerlauf" fünf Minuten pro Unterrichtsstunde, ergibt minus 400 Minuten.

Besonders in der Mittelstufe verläuft der Unterricht nicht ohne disziplinarische Schwierigkeiten. Die Schüler müssen ermahnt werden, es muss darauf gewartet werden, dass alle wieder „bei der Sache sind"; kurze Erholungspausen sollen in allen Klassen eingeplant werden, und wenn es nur darum geht, dass die Schüler sich ein wenig bewegen oder strecken: pro Unterrichtsstunde ebenfalls fünf Minuten weniger, ergibt wieder minus 400 Minuten.

Die Hausaufgabe von der vorigen Unterrichtsstunde ist zu besprechen und die neue am Schluss der Stunde zu stellen. Wir rechnen mit 15 Minuten pro Unterrichtsstunde, ergibt minus 1200 Minuten (was allerdings kein „Leerlauf" ist, sondern notwendiger Unterrichtsbestandteil).

Während der Vermittlung oder Erarbeitung durch die Schüler ergeben sich ungeplante Wiederholungen oder besondere Verdeutlichungen, weil etwas nicht verstanden wurde. Wieder fünf Minuten weniger pro Unterrichtsstunde, insgesamt minus 400 Minuten.

Immer wieder müssen organisatorische Hinweise an die Schüler gegeben werden, während einer Durchsage der Schulleitung wird der Unterricht unterbrochen, die Atlanten sind doch nicht zu Beginn der Stunde auf dem Schülerplatz, sondern müssen geholt werden, die Hefte und Bücher müssen erst aufgeschlagen werden, wenn der Lehrer dazu aufgefordert hat – drei Minuten pro Unterrichtsstunde, insgesamt minus 240 Minuten.

Unterrichtsstunden fallen aus: Die Schule veranstaltet Projekttage, einen Pädagogischen Tag, den Wintersporttag, Bundesjugendspiele, der Lehrer oder die Klasse ist im Landschulheim, der Lehrer auf Exkursion mit einer anderen Klasse, auf Fortbildung, wird auch krank. Die Vertretung unterrichtet möglicherweise Fachliches, aber nicht in der Kontinuität des Unterrichts des Fachlehrers. Sind sechs Unterrichtsstunden Ausfall im Jahr angemessen? Minus 270 Minuten.

Es bleiben statt 80 Unterrichtsstunden für die Vermittlung der Inhalte und die Einübung der Methoden gemäß dem Lehrplan 690 Minuten, nur 15 Unterrichtsstunden.

Besondere Unterrichtsstunden, die amtlich festgestellt werden (z. B. Lehrproben) oder die Eingang finden in die pädagogische Literatur (wenn schulexterne Experten mit und im Unterricht experimentieren) beginnen und enden pünktlich, die Schüler sind artig und konzentriert wie sonst kaum, das Material ist vorbereitet, alles verläuft so, wie es immer sein sollte, aber nicht ist. Und weil diejenigen, die Lehrpläne erarbeiten lassen, meistens zu diesen Experten gehören, wird die Realität nicht gesehen und Anspruch auf Anspruch gehäuft.

Bei der Formulierung von Fähigkeiten und Standards wird häufig vergessen, dass wir Kinder und Jugendliche vor uns haben, die beispielsweise weniger Erfahrung haben als ihre Lehrer und ganz andere Schwerpunkte bei der Wahrnehmung der Wirklichkeit setzen. Fazit: Anspruch und Wirklichkeit sollten in Einklang gebracht werden – das gilt auch für andere Fächer.

Der unerfahrene Lehrer muss sich nicht grämen, wenn er mit dem Unterrichtsstoff hinterherhinkt. Natürlich will und soll er alles „schaffen", was der eigentliche und der heimliche Lehrplan, das Schulbuch, ihm auftragen. Aber es erscheint unmöglich, wenn der Unterricht nicht oberflächlich werden soll. Daher ist es wichtig, auf Methodisches, Allgemeingeographisches, Transferfähiges großen Wert zu legen. Methodische Kenntnisse und allgemeingültige Aussagen reichen weiter als enge Inhalte.

Gerade deshalb sind Unterrichtsstunden sorgfältig zu planen. Eine Unterrichtsstunde besteht aus sechs Phasen (Abbildung Seite 193):

1. Einstieg/Motivation
In dieser Phase wird an die Hausarbeit aus der vorigen Unterrichtsstunde angeknüpft. Dann wird ein Material vorgelegt, z.B. ein Foto, eine Grafik, ein aktueller Zeitungsartikel, aus dem im Unterrichtsgespräch eine Fragestellung entwickelt wird, die die weitere Stunde strukturieren soll.

2. Formulierung des Unterrichtsinhalts
Im Unterrichtsgespräch oder in der Schülerdiskussion werden der geplante Unterrichtsinhalt und die Stundenintention formuliert; die Problemstellung wird an die Tafel geschrieben.

3. Erarbeitung
Die Schüler bearbeiten in Einzel-, Partner- oder Gruppenarbeit die Problemstellung mithilfe von Materialien (Atlas, Texte, Tabellen, Diagrammen …) weitgehend selbstständig. Der Lehrer kontrolliert den Fortgang der Arbeiten, beobachtet die Aktivität der Schüler, klärt Fragen. Die Zeit, die für die Erarbeitung zur Verfügung steht, ist den Schülern anzugeben.

4. Beantwortung der Leitfragen
Im Unterrichtsgespräch werden die Ergebnisse der einzelnen Gruppen zusammengetragen, verglichen und diskutiert.

5. Ergebnissicherung
Der Lehrer fasst die Ergebnisse zusammen (kann an Schüler delegiert werden, ist dann aber zeitaufwändiger). Entweder durch Schüler oder durch den Lehrer wird das Ergebnis der Unterrichtsstunde formuliert. Die Schüler

müssen aus der Stunde „etwas mit nach Hause" nehmen, was mehr ist als bloße Information: eine Erkenntnis, einen Zweifel, eine Fähigkeit, eine Anregung für ihr eigenes Verhalten.

6. Hausaufgabe

Der Umfang der Hausaufgabe sollte der Zeit angemessen sein, die die Schüler zur Bearbeitung haben. Grundsätzlich ist das im Unterricht Erarbeitete ins Erdkundeheft einzutragen und zu lernen. Die Hausaufgabe kann das Besprochene vertiefen, ausweiten, erhärten, überprüfen.

Für jede Unterrichtsstunde sind Inhalte für die Fälle einzuplanen, dass das Unterrichtsziel schneller erreicht wurde (zusätzlicher Inhalt muss vorgesehen sein) oder der Unterrichtsfortschritt sich langsamer einstellt als geplant (bestimmte Inhalte müssen festgelegt werden, die gekürzt werden können).

Diese Stundenstruktur kann je nach Lehrerpräferenzen oder Schülergewohnheiten variiert werden. Mit der hier vorgeschlagenen Stundenstruktur kann aber erreicht werden, dass

- die Stunde sich in deutlich unterschiedliche, für die Schüler überschaubare Phasen gliedert,
- ein Methodenwechsel gegeben ist,
- die Schüler motiviert sind, denn es gilt eine Frage zu lösen,
- die Stunde schülerorientiert ist,
- ein Lernfortschritt erreicht wird,
- die Schüler das Gefühl haben, selbst zur Lösung der Fragestellung beigetragen zu haben.

Der Verlauf der Unterrichtsstunde wird von Rahmenbedingungen beeinflusst. Die bedeutendste von ihnen ist die Lehrerpersönlichkeit selbst. Lehrer, die es nicht verstehen, die Unterrichtsmethode(n) an die jeweilige Gesamtsituation der Klasse anzupassen, werden Schwierigkeiten haben, mit den Schülern erfolgreichen Unterricht zu gestalten. Außerdem muss bedacht werden, ob die Schüler der Klasse zur Zeit von anderen Einflüssen in erheblichem Maße abgelenkt werden (Zeit vor den Zeugnissen, Ausgabe einer benoteten Klassenarbeit in der vorigen, Klassenarbeit in der nächsten Unterrichtsstunde, Spannung vor außerunterrichtlichen Schulveranstaltungen, auch die Witterung).

Lehrer, die unprofessionell agieren, d. h., ihr Verhalten im Unterricht nicht ständig kontrollieren, sich unklar äußern, unsicher, schlecht vorbereitet oder fachlich nicht exzellent sind, werden im Unterricht scheitern – welche

Methode sie auch immer anwenden. Schüler, die unwillig in die Schule kommen und nicht auf Neues gespannt sind, werden nicht zu einem erfolgreichen Unterricht beitragen können. Die richtige Methode kann aber dazu führen, dass Schüler und Lehrer wechselseitig Positives erfahren: die einen neue Inhalte, Fertigkeiten und Fähigkeiten, die ihnen vermittelt werden, die anderen Fortschritte, die sie bei ihren Schülern feststellen können.

Unterrichtsstunde 193

Möglicher Zeitdruck z. B. Zeugnisse, Klassenarbeitsvorbereitung, Wiederholungsphase, Projektphase

Lehrerpersönlichkeit
- professionell, selbst-kontrolliert, pädagogisch versiert, fachlich exzellent, gelassen -

Verlauf einer Unterrichtsstunde
(45 Minuten – Angaben beispielhaft)

Phasen	A: Begrüßung – Motivation – Einstieg – Wiederholung	B: Stundeninhalt und Leitfrage(n)	C: Erarbeitung	D: (Teil-) Beantwortung der Leitfrage(n)	E: Ergebnissicherung	F: Hausaufgabe, Schlussgruß
Verlauf innerhalb der Phasen	- Besprechung der Hausaufgabe - Anknüpfung an vorige Erkundestunde oder an Hausaufgabe	Formulierung - von Fragen die sich aus Phase A ergeben - der Vorgehensweise: Wir wollen beschreiben / untersuchen/ begründen/ erklären (u.a. Operatoren)	- Auswertung von Materialien	Formulierung / Präsentation der Arbeitsergebnisse	- Zusammenfassen der Arbeitsergebnisse und einvernehmliche Formulierung zur Übernahme ins Erdkundeheft	- Formulierung der Hausaufgabe - Schlussgruß
Methode	- Unterrichtsgespräch - Lehrervortrag - Präsentation anhand z. B. von Text, Bild, Karikatur, Zitat, Zeitungsartikel, Atlas, Lehrbuch	- Unterrichtsgespräch - Schülerdiskussion - Tafelanschrieb - OH-Folie	- Einzel-, Partner- oder Gruppenarbeit - integrativer Frontalunterricht - Freiarbeit - Unterrichtsgespräch	- Unterrichtsgespräch - Lehrer-/Schülervortrag	- Unterrichtsgespräch - Erstellen eines Strukturschemas - Tafelanschrieb - OH-Folie - Erdkundeheft	- Hausaufgabe als möglicher Transfer, Aufzeigen von Verhaltens-konsequenzen, Vertiefung durch Recherche
Zeitbedarf	ca. 10 Minuten	ca. 10 Minuten	ca. 20 Minuten		ca. 10 Minuten	ca. 5 Minuten

Die Kontrolle und Besprechung der Hausarbeit aus der vorigen Unterrichtsstunde kann zeitaufwändig sein. – Zur Vermeidung von Stundenleerlauf oder zu schnellem Vorgehen ist im Falle schnelleren Vorankommens eine inhaltliche Erweiterung ebenso vorzusehen wie eine Kürzung bei größerem Zeitbedarf.

Entwurf und Zeichnung: Schallhorn

Mögliche Disziplinarschwierigkeiten, Ermahnungen, andere Störeinflüsse z. B. Raum, technische Ausstattung, Gesamtsituation der Klasse

Anhang

Literatur

ALTRICHTER, HERBERT/SCHLEY, WILFRIED/SCHRATZ, MICHAEL (Hrsg.) (1998): Handbuch zur Schulentwicklung. Innsbruck-Wien.

ALTMANN, J. (u. a.) (1975): Unterrichtsmodelle zur Stadtgeographie – Sekundarstufe I. Stuttgart = Der Erdkundeunterricht, Sonderheft 2.

ARBEITSSTAB FORUM BILDUNG IN DER GESCHÄFTSSTELLE DER BUND-LÄNDER-KOMMISSION FÜR BILDUNGSPLANUNG UND FORSCHUNGSFÖRDERUNG (Hrsg.) (2001): Empfehlungen des Forum Bildung. Bonn.

BADER, FRIDO J. WALTER (1975): Einführung in die Geländebeobachtung. Darmstadt.

BAHRENBERG, GERHARD (1979): Von der Anthropogeographie zur Regionalforschung – eine Zwischenbilanz. In: SEDLACEK, PETER (Hrsg.): Zur Situation der deutschen Geographie zehn Jahre nach Kiel. Osnabrück = Osnabrücker Studien zur Geographie, Band 2, 59–68.

BAHRENBERG, GERHARD (1995): Der Bruch der modernen Geographie mit der Tradition. In: WARDENGA, UTE/HÖNSCH, INGRID (Hrsg.): Kontinuität und Diskontinuität der deutschen Geographie in Umbruchphasen. Studien zur Geschichte der Geographie. Münster = Münstersche Geographische Arbeiten 39, 151–159.

BALDENHOFER, KURT/MARSCHALL, NICOLAS (2001): Schüler gestalten Webseiten. Das Geo-Internetangebot des Gymnasiums Markdorf. In: Praxis Geographie 11, 18–22.

BAUMERT, JÜRGEN/KLIEME, ECKHARD (u. a.) (Hrsg.) (2001): Deutsches PISA-Konsortium. PISA 2000. Basiskompetenzen von Schülerinnen und Schülern im internationalen Vergleich. Opladen.

BECKER, JÖRG (2001): Neue Medien und Internet. Herausforderungen an die Pädagogik. In: Aus Politik und Zeitgeschichte, B 50, 23–30.

BIRKENHAUER, JOSEF (1971): Erdkunde I. Eine Didaktik für die Sekundarstufe. Düsseldorf = Didaktik. Schriftenreihe für den Unterricht an der Grund- und Hauptschule. Hrsg. Faber, Werner/Oppolzer, Siegfried.

BIRKENHAUER, JOSEF (1986): Erziehungswissenschaftlicher Rahmen. In: Handbuch des Geographieunterrichts. Hrsg. H. KÖCK. Band 1: Grundlagen des Geographieunterrichts. Köln, 59–128.

BÖHN, DIETER (1995): Konzeptionen der schulischen Umwelterziehung in Deutschland. In: BÖHN, DIETER (u. a.) (Hrsg.): Umwelterziehung international. Symposium Würzburg 5. bis 9. Juli 1994. Nürnberg 1995 = Geographiedidaktische Forschungen, Band 27.

BRAND, EVA/BRAND, PETER (2000): Die Zeitung im Unterricht. 1., völlig neubearb. Neuauflage, Kevelaer.

BRUNNER, ILSE (2006): So planen Sie Portfolioarbeit. Zehn Fragen, die weiter helfen. In: BRUNNER u, a., 89–95.

BRUNNER, ILSE/HÄCKER, THOMAS/WINTER, FELIX (Hrsg.) (2006): Das Handbuch Portfolioarbeit. Konzepte, Anregungen, Erfahrungen aus Schule und Lehrerbildung. Velber.

BURKARD, CHRISTOPH/EIKENBUSCH, GERHARD (2000): Praxishandbuch Evaluation in der Schule. Berlin.

CLAUSSEN, CLAUS (Hrsg.) (1995): Handbuch Freie Arbeit. Konzepte und Erfahrungen. Weinheim, Basel.

CZAPEK, FRANK-MICHAEL (2004): Sprachliche Bildung im Geographieunterricht. In: SCHALLHORN, E. (Hrsg.): Erdkunde-Didaktik. Berlin, 111–118.

ERNST, MICHAEL/SALZMANN, WOLFGANG (2004): Lehrpläne und Lehrplanentwicklung. In: SCHALLHORN, E. (Hrsg.): Erdkunde-Didaktik. Berlin, 119–137

DEWDNEY, ALEXANDER K. (1994): 200 Prozent von nichts. Die geheimen Tricks der Statistik und andere Schwindeleien mit Zahlen. Aus dem Amerikanischen von Michael Zillgitt. Basel, Boston, Berlin.

DEUTSCHE GESELLSCHAFT FÜR GEOGRAPHIE (2006): Bildungsstandards im Fach Geographie für den Mittleren Schulabschluss. Berlin.

DUBS, ROLF (1995): Konstruktivismus: Einige Überlegungen aus der Sicht der Unterrichtsgestaltung. In: Zeitschrift für Pädagogik, 889–903.

ELSÄSSER, PETER (u. a.) (1983): Projekte in der Unterstufe. Stuttgart = Der Erdkundeunterricht, Heft 45.

FALK, GREGOR C. (2007): Das Experiment. Einstieg in die Erforschung naturgeographischer Themen. In: Praxis Geographie 1, 36–37.

FISCHER, REINHARD (u. a.) (1981): Projektunterricht. Stuttgart = Der Erdkundeunterricht, Heft 39.

FRAEDRICH, WOLFGANG (1986): Arbeitstechniken im Geographieunterricht. Köln = Schulgeographie in der Praxis. Hrsg. SPERLING, WALTER/THEISSEN, ULRICH/ WAGNER, ERIKA.

FRITSCH, KARL-FRANZ (2001): „Projekt Dorf". Schüler präsentieren Projektergebnisse auf CD-ROM. In: Praxis Geographie 11, 6–9.

FROMMER, HELMUT/KÖRSGEN, SIEGFRIED (1989): Über das Fach hinaus. Fachübergreifender Unterricht. Praktisches Lernen. Pädagogische Tradition. Düsseldorf.

GERLACH, SIEGFRIED (1967): Die Großstadt als Thema eines fächerübergreifenden Erdkundeunterrichts. Stuttgart = Der Erdkundeunterricht, Heft 6.

GESIGORA, LUDGER (2001): Das Verschwinden des deutschen Lehrers. Euphoriepädagogik und Schulwirklichkeit oder Windiges aus Wüste und Weinberg. Münster.

GIESECKE, HERMANN (1997a): Bildungspolitik. Lerninhalte können nicht beliebig sein. Verteidigung des Unterrichts. Der Unterricht als systematische Veranstaltung mit Distanz zum Leben. In: Der Bürger im Staat, Heft 4.

GIESECKE, HERMANN (1997b): Wozu ist die Schule da? Die neue Rolle von Eltern und Lehrern. 2. Aufl., Stuttgart

GIESECKE, HERMANN (1998): Pädagogische Illusionen. Lehren aus 30 Jahren Bildungspolitik. Stuttgart.

GIESECKE, HERMANN (1999): Vom Sinn der Bildung. Gesendet in NDR 4 am 6.7.1999.

GOGOLOK, KRISTIN (2006): Empirische Untersuchungen in der Schulbuchforschung. Eine kritische Bestandsaufnahme aus der Perspektive der Verständlichkeit(sforschung). In: Textlinguistik: Eine Momentaufnahme (Teil I). Mitteilungen des Deutschen Germanistenverbandes, Heft 4, 543. Jg., 474–498.

GOEUDEVERT, DANIEL (2001): Der Horizont hat Flügel. Die Zukunft der Bildung. München.

GRAF, DITTMAR (1989): Begriffslernen im Biologieunterricht der Sekundarstufe I. Empirische Untersuchungen und Häufigkeitsanalysen. Frankfurt an Main.

GRAF, HANS-GEORG (2000): Globale Szenarien. Megatrends im weltweiten Kräftespiel. Frankfurt am Main.

GUDJONS, HERBERT (2003): Frontalunterricht – neu entdeckt. Integration in offene Unterrichtsformen. Bad Heilbrunn.

GUDJONS, HERBERT (2004): Unterrichtsmethoden im Wandel. In: Pädagogik, 56. Jg., Heft 1, 6–11.

GÜNTHER, HENNING (1996): Kritik des offenen Unterrichts. Bielefeld.

GÜRTLER, ARNO (1965): Europa (ohne Mitteleuropa). = Zeichnen im erdkundlichen Unterricht, Heft 2, neu bearbeitet von Ludwig Wolf, 7. verb,. Aufl., Worms.

GUGEL, GÜNTHER (2006): Methoden-Manual „Neues Lernen". Tausend Vorschläge für die Schulpraxis. Neu ausgestattete Sonderausgabe. Weinheim, Basel.

HAAS, HANS-PETER (2004): Leistungsbewertung und „besondere Lernleistungen". In: SCHALLHORN, E. (Hrsg.): Erdkunde-Didaktik. Berlin, 163–181.

HÄCKER, THOMAS (2006): Wurzeln der Portfolioarbeit. Woraus das Konzept erwachsen ist. In: BRUNNER, I., 27–32.

HAGEL, JÜRGEN (1974): Zur Behandlung von Umweltproblemen im Geographieunterricht. In: Geographische Rundschau, 446–452.

HARD, GERHARD (1979): Die Disziplin der Weißwäscher. Über Genese und Funktion des Opportunismus in der Geographie. In: SEDLACEK, PETER (Hrsg.): Zur Situation der deutschen Geographie zehn Jahre nach Kiel. Osnabrück, 11–44 = Osnabrücker Studien zur Geographie, Bd. 2.

HAUBRICH, HARTWIG (u. a.) (1997): Didaktik der Geographie konkret. 3. Neubearbeitung. München.

HAUBRICH, HARTWIG (1997): Informationstechnisches Lernen. In: HAUBRICH, H. (u. a.) (Hrsg.): Didaktik der Geographie konkret. 3. Neubearbeitung. München, 238–243.

HAUBRICH, HARTWIG (2000): Bildung für eine nachhaltige Entwicklung durch Qualitätssicherung in der geographischen Erziehung. In: SCHALLHORN, EBERHARD (Hrsg.): Didaktik und Schule. Dieter Richter zum 65. Geburtstag. Bretten, 41–53.

HAUBRICH, HARTWIG (2001): Lernbox Geographie. Das Methodenbuch. Seelze-Velber.

HAUBRICH, HARTWIG (Hrsg.) (2006): Geographie unterrichten lernen. Die neue Didaktik der Geographie konkret. 2., erw. und vollst. überarb. Aufl., München/Düsseldorf/Stuttgart.

HERRMANN, ULRICH/OLBERTZ, JAN-HENDRIK/SCHLEICHER, ANDREAS (2006): PISA, PISA, PISA – Welche Konsequenzen für Schule und Unterricht kann man wirklich ziehen? In: Forum Bildung, 128–137.

HEYN, ERICH (1973): Lehren und Lernen im Geographieunterricht. Exempel zur Theorie und Praxis. Paderborn.

HILDEBRAND, JENS (1998): Internet Ratgeber für Lehrer. 4., erw. Aufl., Köln.

HOFFMANN, THOMAS (2004) Geographiedidaktik heute – Stand und Anforderung. In: SCHALLHORN, E. (Hrsg.): Erdkunde-Didaktik. Berlin, 14–23.

HÜTTERMANN, ARMIN (2004): Karte und Atlas. in: SCHALLHORN, E. (Hrsg.): Erdkunde-Didaktik. Berlin, 199–205.

HUNTEMANN, VOLKER (2004): Geographische Schülerwettbewerbe. In: SCHALLHORN, E. (Hrsg.): Erdkunde-Didaktik. Berlin, 55–64.

INTERNATIONALE GEOGRAPHISCHE UNION (Hrsg.) (1992): Internationale Charta der geographischen Erziehung. Kommission Geographische Erziehung. o. O.

JANK, WERNER/MEYER, HILBERT (2002): Didaktische Modelle. 5., völlig überarb. Aufl., Berlin.

Kelley, W. (Hrsg.) (1991): Der Heimatplanet. 17.–18. Aufl., Frankfurt am Main.

Klebert, K./E. Schrader E./Straub, W. (1987): Kurzmoderation: Anwendung der Moderations-Methode in Betrieb, Schule und Hochschule, Kirche und Politik, Sozialbereich und Familie bei Besprechungen und Präsentationen. 2. Aufl., Hamburg.

Kron, Friedrich W. (1994): Grundwissen Didaktik. 2. verb. Aufl., München, Basel.

Köck, Helmuth (2006): Von der Unmöglichkeit eines objektiven räumlichen Weltbildes. In: Geographie und Schule, 28. Jg., Heft 164, 20–28.

Koenig, Detlef (2005): Profiguide Methoden. Ausgewählte Methoden im einzigartigen Kompakt-Überblick. Bad Langensalza.

Kolossa, Bernd (2000): Methodentrainer. Arbeitsbuch für die Sekundarstufe II Gesellschaftswissenschaften. Berlin.

Kultusministerkonferenz-Expertenkommission (1995): Weiterentwicklung der Prinzipien der gymnasialen Oberstufe und des Abiturs. Bericht und Vorschläge. Fassung vom 16. Oktober (Manuskript).

Kultusministerkonferenz der Länder, Sekretariat (Hrsg.) (2002): Einheitliche Prüfungsanforderungen (EPA) in der Abiturprüfung Geographie. Beschluss der KMK vom 1.6.1979 in der Fassung vom 24.5.2002. Darmstadt.

Lalor, William G. Jr. (1959): Mit dem U-Boot über den Nordpol. In: The National Geographic Magazine, 1/Januar. Zit: Die große National Geographic Bibliothek. Band II, 1931–1960, Hamburg 2002, 329–348.

Landesinstitut für Erziehung und Unterricht Stuttgart (1998): Internet und Unterricht. Schulprojekte im Netz. Zusammengestellt und kommentiert von Margit Fischbach. Stuttgart.

Leser, Hartmut (Hrsg.) (2005): DIERCKE Wörterbuch Allgemeine Geographie. S. 568, © Bildungshaus Schulbuchverlage Westermann Schroedel Diesterweg Schöningh Winklers GmbH, Braunschweig.

Lethmate, Jürgen (2003): Sind „geographische Experimente" Experimente? In: Praxis Geographie 33, Heft 3, 42 f.

Lethmate, Jürgen (2006): Experimentelle Lehrformen und Scientific Literacy. In: Praxis Geographie 36, Heft 11, 4–11.

Linder, Wilfried (1999): Geo-Informationssysteme. Ein Studien- und Arbeitsbuch. Berlin, Heidelberg, New York.

Mattes, Wolfgang (Hrsg.) (2004): Methoden für den Unterricht. 75 kompakte Übersichten für Lehrende und Lernende. Paderborn.

May, Karl (o. J.): Werke. Digitale Bibliothek Band 77: Karl Mays Werke, 41499–41507.

Meadows, Dennis/Meadows, Donella/Zahn, Erich/Milling, Peter (1973): Die Grenzen des Wachstums. 1. Bericht des Club of Rome zur Lage der Menschheit. 1972, Deutsche Verlags-Anstalt, München, in der Verlagsgruppe Random House GmbH.

MESSNER, RUDOLF (2003): PISA und Allgemeinbildung. In: Zeitschrift für Pädagogik, 400–412.
MINISTERIUM FÜR KULTUS UND SPORT BADEN-WÜRTTEMBERG (Hrsg.) (2001): Bildungsplan für die Kursstufe des Gymnasiums. Villingen-Schwenningen = Lehrplanheft 3.
OBERMANN, HELMUT (2001): Informieren und überzeugen mit Präsentation. In: Praxis Geographie 11, 4–5.
OECD Zentrum für Forschung und Innovation im Bildungswesen (Hrsg.) (2001): Bildungspolitische Analyse 2001. Paris.
OHL, ULRIKE (2007): Mit Stecknadel, Kamera und Interviewleitfaden. Schüler erforschen die Lebensqualität von Stadtteilen. In: Praxis Geographie, Heft 3, 8–13.
POHL, BRUNO (1987): Computereinsatz im Erdkundeunterricht. In: Praxis Geographie, Heft 5, 10.
POHL, BRUNO (2004): Zahlen und ihre Darstellung. In: SCHALLHORN., E. (Hrsg.): Erdkunde-Didaktik. Berlin, 192–198.
RINSCHEDE, GISBERT (2003): Geographiedidaktik. Paderborn, München Wien, Zürich = Grundriss Allgemeine Geographie.
ROSS, PHILIP E. (2007): Wie Genies denken. In: Spektrum der Wissenschaft, Januar, 36–43.

SCHALLER, FRIEDBERT (1983): Arbeitsgemeinschaft „Geographische Spiele" – Ein Bericht. In: Der Erdkundeunterricht, Heft 46, 69–79.
SCHALLHORN, EBERHARD (1972): Stadtkernuntersuchung in Karlsruhe. Die freiwillige Arbeitsgemeinschaft als Möglichkeit der Erweiterung und Vertiefung des erdkundlichen Unterrichts. In: Geographische Rundschau, Heft 6, 236–239.
SCHALLHORN, EBERHARD (1983a): Die Arbeitsgemeinschaft Erdkunde – eine eigenständige Form geographischen Unterrichts auf der Basis der Freiwilligkeit. In: Der Erdkundeunterricht, Heft 46, 4–5.
SCHALLHORN, EBERHARD (1983b): Schlaglichter auf Diedelsheim. Eine AG Erdkunde arbeitet im Heimatraum. In: Der Erdkundeunterricht, Heft 46, 54–68.
SCHALLHORN, EBERHARD (1987): Briefwechsel mit der „Dritten Welt". In: SCHALLHORN, E. (Hrsg.): Heimatbewusstsein und Weltkenntnis. Heinsberg = Der Erdkundelehrer in Baden-Württemberg. Sonderheft, 123–126.
SCHALLHORN, EBERHARD (1998): Unterricht im Fach Erdkunde ist integrativ! Fächübergreifender Unterricht und fächerverbindendes Lernen – „moderne" Grundsätze für den erdkundlichen Unterricht? In: Zeitschrift für den Erdkundeunterricht, Heft 4, 231–239.
SCHALLHORN, EBERHARD (Hrsg.) (2004a): Erdkunde-Didaktik. Berlin.

SCHALLHORN, EBERHARD (2004b): Geographieunterricht in der pluralistischen Schule. In: SCHALLHORN, E. (Hrsg.): Erdkunde-Didaktik. Berlin, 34–43.

SCHALLHORN, EBERHARD (2004c): Geographieunterricht ist fachübergreifend und fächerverbindend. In: SCHALLHORN, E. (Hrsg.): Erdkunde-Didaktik. Berlin, 138–149.

SCHALLHORN, EBERHARD (2004d): Evaluation im Fach Geographie. In: SCHALLHORN, E. (Hrsg.): Erdkunde-Didaktik. Berlin, 182–186.

SCHALLHORN, EBERHARD (2004e): Computer im Geographieunterricht. In: Schallhorn, E. (Hrsg.): Erdkunde-Didaktik. Berlin, 206–211.

SCHALLHORN, EBERHARD/CZAPEK, FRANK-M. (2002): Geographie in der Schule – Heimatbewusstsein und Weltkenntnis. In: EHLERS E. /LESER, H. (Hrsg.) Geographie heute – für die Welt von morgen. Gotha, Stuttgart = Perthes Geographie Kolleg, 155–160.

SCHAUB HORST/ZENKE, KARL. G. (o. J.): dtv Wörterbuch Pädagogik. Berlin, 1495 f.

SCHMIDINGER, ELFRIEDE (2006): Das Portfolio als Unterrichtsstrategie. Portfolios und Unterricht, ein wechselseitiges Verhältnis. In: BRUNNER, I., u. a., 67–72.

SCHRATZ, MICHAEL/IBY, MANFRED/RADNITZKY, EDWIN (2000): Qualitätsentwicklung. Verfahren, Methoden, Instrumente. Weinheim, Basel.

SCHMOLL, HEIKE/KRAUS, JOSEF/GAUGER, JÖRG-DIETER/GREWE, HARTMUT (2002): PISA-E und was nun? Bilanz des innerdeutschen Schulvergleichs. St. Augustin = Konrad-Adenauer-Stiftung (Hrsg.): Zukunftsforum Politik Nr. 46.

SCHULER, STEPHAN (2001): Global lernen – E-Mail-Projekte im Geographieunterricht. In: Praxis Geographie, Heft 11, 23–28.

SCHWAB, HANS-RÜDIGER (1997): Philipp Melanchthon. Der Lehrer Deutschlands. Ein biographisches Lesebuch. 2. Aufl., München.

SEDLACEK, PETER (Hrsg.) (1979): Zur Situation der deutschen Geographie zehn Jahre nach Kiel. Osnabrück = Osnabrücker Studien zur Geographie, Band 2.

SPERLING, JAN BODO/STAPELFELD, URSEL/WASSERVELD, JACQUELINE (2004): Moderation. Teams professionell führen mit den besten Methoden und Instrumenten. München.

SPITZER, MANFRED (2002): Lernen. Gehirnforschung und die Schule des Lebens. Heidelberg.

STATISTISCHES BUNDESAMT (Hrsg.) (2002): Statistisches Jahrbuch 2002 für die Bundesrepublik Deutschland. Stuttgart.

VERBAND DEUTSCHER SCHULGEOGRAPHEN (Hrsg.) (2003): Geowissenschaften und Globalisierung. Memorandum zur geographischen Bildung und Erziehung in Deutschland. Bretten = Schriften des Verbandes Deutscher Schulgeographen e.V., Nr. 7.

VERBAND DEUTSCHER SCHULGEOGRAPHEN (Hrsg.) (2004): Grundlehrplan Geographie. Ein Vorschlag. 2. unv. Aufl., Bretten = Schriften des Verbandes Deutscher Schulgeographen e.V., Nr. 2.

WAGNER, SUSANNE/GÜNTHER, CHRISTIAN/SCHLENKER-SCHULTE, CHRISTA (2006): Zur Textoptimierung von Prüfungsaufgaben. In: Mitteilungen des Deutschen Germanistenverbandes, Heft 4, 53. Jg., Bielefeld, 402–423.

WAGNER, P. (1925): Methodik des erdkundlichen Unterrichts. 1. Teil: Allgemeiner Teil. 2., verb. Aufl., Leipzig = Handbuch des naturwissenschaftlichen und mathematischen Unterrichts, VI. Band, 1. Teil.

WALTER, HEINRICH (1970): Vegetationszonen und Klima. Kurze Darstellung in kausaler und kontinentaler Sicht. Stuttgart.

WEISCHET, WOLFGANG (1970): Chile. Seine länderkundliche Individualität und Struktur. Darmstadt = Wissenschaftliche Länderkunden Band 2/3.

WIECHMANN, JÜRGEN (Hrsg.) (2006): Zwölf Unterrichtsmethoden. Vielfalt für die Praxis. 2. unv. Aufl., Weinheim, Basel.

WINTELER, ADI (2004): Professionell lehren und lernen. Ein Praxisbuch. Darmstadt.

ZIMMERMANN, WOLF-DIETER (1995): Rollen spielen im Schulalltag. In: DLZ 13, 5.

Internet-Adressen

http://www.erdkunde.com
   Weit verzweigte Homepage, die auch ein Angebot wichtiger Links enthält; Seite des Verbandes Deutscher Schulgeographen
http://earth.google.com
   Satellitenansicht der Erde
http://www.learn-line.nrw.de/wettbewerbe/index.jsp
   Wettbewerbe
http://lehrerfortbildung-bw.de/kompetenzen/projektkompetenz/methoden_a_z/metaplan.htm
   Lehrerfortbildung Baden-Württemberg; Landesakademie für Fortbildung und Personalentwicklung an Schulen
http://www.pixelquelle.de
   Bild-Datenbank
http://www.ppt-user.de
   Internet-Portal für Powerpoint-Nutzer
http://www.praesentationload.de
   Seite mit vorgefertigten Folien

Register

A
Abitur *27, 68, 105, 131, 134, 160*
Ablenkung *54*
Abstraktion *157*
Aktualität *72, 136, 155, 177*
Allgemeingeographisches *190*
Anforderung, Anspruch *21, 26, 28, 151*
Anschaulichkeit *20, 65*
Arbeitsanweisung, -blatt *29, 32, 47, 54, 55, 77, 154, 155, 168, 181*
Arbeitswelt *15*
Atlas *98, 141, 142, 167*
Aufsichtspflicht *47*
Ausschreibung *174*
Außerschulische Einrichtungen *69*
Ausstellung *20, 123, 124, 125*

B
Beamer *75, 125, 164*
Beanspruchung *21*
Befragungen *38, 92*
Benotung *47, 55, 79, 80, 92, 136, 151, 173*
Beschriftung *105*
Besichtigung, Betriebsbesichtigung *34, 115, 118*
Bibliographie *132*
Bilder *20, 155*
Bildungspolitik *72*
Bildungsstandards *11, 14, 21, 73*
Binnendifferenzierung *80, 87, 130*
Biologieunterricht *124*
Bleistifte *59*
Brainstorming *112, 181*
Brasilien *137*
Brathähnchenproduktion *137*
Briefmarken *164, 165*
Briefpartnerschaft *52*
Brückenfach *14, 74, 171*
Buntstifte *59, 168*

C
Chemieunterricht *124*

D
Datenerhebung *101*
Deutschunterricht *124, 164*
Diagramme *104, 155, 166*
Diaprojektor *75*
Didaktische Reduzierung *87*
Diskussionsleiter *171*
Domain *50*
Doppelheft *56*
DVD-Player *75*

E
E-Beam-System *165*
Eigenverantwortung *131*
Einheitliche Prüfungsanforderungen Geographie (EPA) *26, 28, 35, 84*
Einseitigkeit *21*
Einzelkämpfer *14, 15, 16*
Eltern *115, 123, 150*
Emissionen *138*
Emotionen *14*
Engagement *62*
Englischunterricht *124*
Entwicklungsländer *136, 138*
EPA s. Einheitliche Prüfungsanforderungen
Epi(dia)scop *75*
Erdbeben in Chile (*1960*) *144, 147*
Erde als System *141*
Erde aus dem Weltraum *144, 148*
Erdkundeheft *91, 164*
Erdkundesammlung *39*
Erfolgskontrolle *79*
Ergebnissicherung *165*
Erziehungsauftrag *54, 61*
Evaluation *49, 60, 76, 112, 120, 130*
Exemplarisches Vorgehen *140, 142*

Exkursion *20, 88, 115, 116, 117, 118, 124*
Experten *20, 116*
Externe *33, 34*

F
Facharbeit *101*
Fachbegriffe *134*
Fächerübergreifender Unterricht *13, 19, 24, 72, 73, 74, 104, 128, 149*
Fächerverbindender Unterricht *13, 19, 24, 62, 66, 74, 104, 128, 149, 164*
Fachkonferenz *91, 151*
Fachsprache *36, 41*
Fachunterricht *59*
Fachwissen *14, 143*
Faserschreiber *59*
Faustskizzen *166, 167, 168*
Feldarbeit *70*
Fernerkundung *110*
Film *77, 143*
Filzschreiber *59*
Flächenfärbung *168*
Flipchart *112, 117*
Formulierungsfähigkeit, -genauigkeit *152, 157*
Fossilien *163*
Fotokarton *122*
Fragebogen *76*
Freiarbeit *20, 154*
Fremdtexte *58*
Fremdwörter *134*
Frontalunterricht *10, 14, 15, 16, 83*

G
Gelassenheit *170*
Geodaten *85*
Geographieraum *66, 75*
Geographiesammlung *66*
Geographische Bildung *98*
Geographische Erörterungen *93*
Geographisches Informationssystem (GIS) *102, 103, 110*
Geography Standards *98*
Geologenhammer *163*
Gestein *162, 163*

GIS s. Geographisches Informationssystem
Globalisierung *62*
Google-Earth *51, 102, 112*
GPS *38*
Grundkurs *25*
Grundlehrplan *14*
Gruppenarbeit *20, ,37, 54, 55, 56, 116, 121, 130*

H
Handlungsorientierung *23, 29, 79, 118*
Handout/Paper *135*
Haptische Tätigkeit *80*
Hausarbeit *89, 101, 155*
Hausaufgaben *56, 57, 58, 101, 133, 149, 191*
Heftführung *27*

I
idiographisch *36*
Indexzahlen *159, 160*
Indischer Ozean *136*
Individualisierung *78*
Informationen *43, 44, 47, 57, 116*
Inhaltsverzeichnis *120, 121*
Innovationspreis für Schulgeographie *71*
Integrationsfach *14, 73, 74*
Interdisziplinäres Forschen *72*
Internationale Charta *14*
Internet *39, 50, 51, 111, 119, 132, 141, 155*
Internetrecherche *57, 92, 141*

J
Jahresbericht der Schule *96, 123*
Jahresleistungsnote *68*
Jahrespensum, -ziel *21*
JANUS *71*
Jugend forscht *68, 70, 126, 175, 176*

K
Karikaturen *155*
Karte *97, 98, 99, 100, 155*
Karte, geologische *117*

Karte, physische *100*
Karte, thematische *100*
Karte, topographische *41, 98, 117, 124, 162*
Karteikarten, -kasten *57, 133*
Kartenarbeit *100, 101, 109*
Klassenfahrt *117*
Klima, -daten *138, 141*
Klimadiagramm *92, 105*
Kommunikation *119*
Kompetenz, fachliche *105*
Kompetenz, personale *55*
Kompetenz, soziale *70, 89, 149*
Kompetenzen *73, 90, 119, 175, 188*
Konzentration *62*
Kooperation *34*
Kulturtechniken *45*
Kunstunterricht *124*
Kursstufe *25, 27*

L
Lagebeziehungen *141*
Länderkunde *139, 141, 142*
Landesbildstellen *77*
Landschaftsgliederung *110*
Landschulheime *117, 163*
Laptop *127*
Laser-Pointer *135*
Legende *59, 99, 105, 168*
Lehrbuch *57, 59, 162*
Lehrerpersönlichkeit *23, 59, 191*
Lehrer-Schüler-Gespräch *83*
Lehrervortrag *37*
Lehrmittelfreiheit *81*
Lehrplan *16, 72, 82, 140, 155, 156, 162, 188, 190*
Lehrplan, heimlicher *155*
Leistung *53, 60, 131*
Leistungsbeurteilung *60, 68, 69, 70*
Leistungskurs *25, 160*
Leitfach *73*
Lektüreliste *132*
Lernen *21, 72, 74*
Luftbild *87, 103, 109, 110*

M
Maßstab *101, 167*
Materialien *57, 119*
Medien, -kompetenz *20, 44, 45, 46, 75, 77, 156*
Meißel *163*
Mental Map *97*
Methoden, -kompetenz *21f., 25, 62, 85, 171, 188, 190*
Migration *61, 173*
Mindmap *58, 166*
Mitarbeit *62*
Modell *186*
Moderation *112, 113, 114, 115*
Moderator *20, 129*
Motivation, intrinsische *91*
Multimedia-CD-ROM *53*
Musikunterricht *124*

N
Nachbarwissenschaften *140*
Nachhaltigkeit *24, 61*
Naturphänomene *67*
Naturwissenschaft und Technik (NwT) *67*
Navigationssysteme *99*
Neigungsfach *25*
Nilbarsch *137*
nomothetisch *36*
Nordpol, geographischer *144*
Nutzungskartierung *37, 38*
NwT s. Naturwissenschaft ...

O
Ökologische Probleme *139*
Operatoren *29, 32, 47, 94*
Originalberichte *142, 145, 146, 147*
Originale Begegnung *115*
Overheadfolie *42, 98, 104, 126, 173, 181*
Overheadprojektor *20, 48, 75*

P

Partnerarbeit 57, 121
PC 57, 58, 59, 108, 121, 164, 181
Persönliche Erfahrungen 83
Physikunterricht 124
Pinnwand 112
PISA 15, 17, 18, 19
Plakat 20, 122
Portfolio 118, 119, 120, 121, 124
Porträt 124
Poster 93, 96, 122, 123
Präsentation 56, 89, 125, 127, 128
Präsentationsprogramm 125, 126
Presse 20, 92, 99, 177
Problemorientierung 79, 142
Professionalität 60
Profil 165
Projekte 23, 35, 73, 89, 129, 130, 149
Projektunterricht 74, 128, 131
Protokoll 93, 95, 96
Prozent 159
Prozentpunkt 159
Prüfung 28, 127
Publikum 132

Q

Qualitätsverbesserung 60, 61, 64
Quellenangabe 58, 119
Quiz 49

R

Raum 13, 14, 149, 179
Recherche 47, 164, 177
Rede 133, 135, 136
Referat 81, 89, 131, 132, 133, 164
Referent 132, 134, 135
Reflexion 76, 120
Reformpädagogik 11, 23, 78
Regelkreise 181, 182
Remote Sensing 87
Rhythmisierung 56, 131
Rollenspiel 115, 149, 150
Rückkoppelung 182, 183, 187

S

Sachorientierung 23
Satellitenbilder 103, 110, 111
Schema, länderkundliche 140, 141
Schlagwort 133
Schott Dscherid 144, 145
Schreiben, handschriftliches 58
Schulalltag 25, 170
Schulausstattung 46
Schulbuch 56, 57, 74, 98, 110, 154, 155, 156, 190
Schülerorientierung 23
Schülerwettbewerbe 15, 68, 70, 71, 174, 176
Schülerzeitung 96, 123
Schulgemeinschaft, -programm 60, 61, 63, 169, 175
Schulstandort 42, 88
Selbstorganisation 131
Seminarfach, -kurs 53, 101, 130
Session 20
Sicherheitsausrüstung 163
Sicherheitsbestimmungen 65, 66, 115, 163
Signaturen 100
Simulationen 49f.
Sojaschrot 137
Sozialform des Unterrichts 81
Spiegelstrich 166
Sprachbarrieren 31
Standort 116
Stationenlernen 80
Statistiken 101, 141, 157
Stegreifspiel 149
Stellungnahme 77
Stereoskopische Auswertung 87, 109, 110
Stichwort 57, 58, 125
Stoffplan 16
Strukturdaten 141
Strukturschema 58, 142, 166, 181, 187
Stundenrhythmisierung 24, 191
Stundentafel 19, 71, 87
Systeme 14, 183, 187
Szenarien 184, 187

T

Tafelanschrieb *20, 56, 165, 166, 173*
Teamarbeit *16, 82*
Texte *20, 57, 155*
Toleranz *61*
Tomaten *137*
Transfer *25, 92, 190*
Transparentpapier *104*
Transparenz *62, 89, 91, 92*
Tropischer Regenwald *137, 138, 143*

U

Überprüfung *77*
Überschrift *105, 167*
Übersicht *61, 157*
Unterrichtsausfall *62, 115*
Unterrichtseinheit *76*
Unterrichtserfolg *12, 61*
Unterrichtsgespräch *20, 57, 171, 172*
Unterrichtsinhalte *62, 190*
Unterrichtssituation *91*
Unterrichtssprache *152*
Unterrichtsstunde *21, 82, 191*
Unterrichtsvorbereitung *165*
Unterrichtswirklichkeit *21, 24*
Urlaubsland *138, 142*
Urlaubstagebuch *164*
USA *136*

V

Valentinstag-Rose *138*
Veranschaulichung *158*
Verbalisierung *41, 92, 158, 166, 181*
Verflechtungen, wirtschaftliche *141*
Verhalten *62, 64, 139*
Vernetzung *180*
Video-/DVD-Kombination *75*
Videoabspielgerät *75*
Viktoriabarsch, -see *137*
Visualisierung *104, 112, 125, 127*
Vorschreibheft *58*
Vortrag *133, 134*
Vorurteile *143*

W

Wandkarte *98*
Weltkarte, eurozentrische *100*
Wettersatellit *111*
Wirtschaftliche Kenntnisse *176*
Wirtschaftswettbewerb *130*
Wissen *21, 24*
Wissenschaftsgeschichte *140*
Wissenschaftspropädeutik *35*
Wolkenatlas *164*
World-Wide-Web *46, 50*
WorldWind *51*

Z

Zahlenangabe, absolute *158, 159*
Zeichenkarton *104*
Zeitung *123, 177*
Zeitvorgabe *54, 55*
Zentrierungsfach *74*
Zielvereinbarung *63*
Zitat *133*
Zuhörer *135*

Ideen für Ihren Unterrichtserfolg

Eberhard Schallhorn (Hrsg.)

Erdkunde-Didaktik
Praxishandbuch für die Sekundarstufe I und II

240 Seiten mit Abb.,
Paperback
ISBN 978-3-589-21899-8

Realschule Enger

Lernkompetenz: Geschichte, Geografie, Politik, Religion
5.-10. Schuljahr
Buch mit Kopiervorlagen auf CD-ROM

200 Seiten mit Abb.,
Paperback
ISBN 978-3-589-21856-1

Gerd Brenner/Kira Brenner

Fundgrube Methoden I
Für alle Fächer

320 Seiten mit Abb.,
Paperback
ISBN 978-3-589-22149-3

Fragen Sie bitte in Ihrer Buchhandlung!

Cornelsen
SCRIPTOR

Fundgruben für Ihren Unterricht

Wer neue Ideen für seinen Unterricht sucht, findet hier eine Fülle von Anregungen und Materialien.

1. Für den Fachunterricht	ISBN 978-
Fundgrube Biologie (Neue Ausgabe)	3-589-22186-8
Fundgrube Deutsch (Neue Ausgabe)	3-589-22176-9
Fundgrube Englisch (Neue Ausgabe)	3-589-22187-5
Fundgrube Englisch handlungsorientiert (Neue Ausgabe)	3-589-22184-4
Fundgrube Erdkunde (Neue Ausgabe)	3-589-22183-7
Fundgrube Ethik und Religion (Neue Ausgabe)	3-589-22180-6
Fundgrube Französisch (Neue Ausgabe)	3-589-22182-0
Fundgrube Kunst (Neue Ausgabe)	3-589-22179-0
Fundgrube Mathematik (Neue Ausgabe)	3-589-22185-1
Fundgrube Musik (Neue Ausgabe)	3-589-22466-1
Fundgrube Physik (Neue Ausgabe)	3-589-22507-1
Fundgrube Sport (Neue Ausgabe)	3-589-22189-9
Fundgrube Geschichte (Neue Ausgabe)	3-589-22177-6
2. Fachübergreifende Titel	**ISBN 978-**
Fundgrube Methoden I - Für alle Fächer	3-589-22149-3
Fundgrube Methoden II - Für Deutsch und Fremdsprachen	3-589-22170-7
Fundgrube Klassenlehrer (Neue Ausgabe)	3-589-22188-2
Fundgrube Vertretungsstunden (Neue Ausgabe)	3-589-22175-2
Die Fundgrube für Denksport und Rätsel	3-589-22055-7

Fragen Sie bitte in Ihrer Buchhandlung!

Cornelsen SCRIPTOR